Johann Schultz

Erläuterungen über des Herrn Professor Kant

Kritik der reinen Vernunft

Johann Schultz

Erläuterungen über des Herrn Professor Kant
Kritik der reinen Vernunft

ISBN/EAN: 9783744600156

Hergestellt in Europa, USA, Kanada, Australien, Japan

Cover: Foto ©ninafisch / pixelio.de

Weitere Bücher finden Sie auf **www.hansebooks.com**

Erläuterungen

über

des Herrn Professor Kant

Critik

der

reinen Vernunft.

Von

M. Johann Schulz,

Königl. Preuß. Hofprediger.

Königsberg,
bei Carl Gottlob Dengel.
1784.

Vorrede

Die Critik der reinen Vernunft, welche Herr Professor Kant der gelehrten Welt vor drey Jahren überliefert hat, ist ohne Zweifel die auffallendste und wichtigste Erscheinung, die sich im Felde der speculativen Weltweisheit ereignen konnte. Dieses Werk, das in Ansehung der Neuheit seines Gegenstandes und der Behandlung desselben ganz Original, und in Ansehung der durchdringenden Scharfsinnigkeit und der kaum erreichbaren Tiefe, die es durchgehends auszeichnen, beynahe das einzige seiner Art ist, zeigt mit apodictischer Gewißheit, nicht nur, daß alle bisherige metaphysische Systeme lauter Sophisterey und leerer Dunst sind; sondern es entdeckt auch den Weg, auf welchem wir endlich einmal zu einer Methaphysik kommen können, die zuverläßig und für unsere Vernunft vollkommen befriedigend sey. Und dieses Werk ist nicht eine Probeschrift eines raschen Jünglings, oder ein Gewebe sinnreicher Extemporaleinfälle eines begeisterten Schwärmers, dem Systeme und Welten umschaffen, eben so leicht ist, als seine

Frü

Frisur umwandeln, sondern ein Werk eines Man-
nes, den Deutschland schon lange als einen seiner
größesten Philosophen ehrt, ein Lehrgebäude, das bis
auf die kleinsten Bruchstücke aufs tiefste durchgedacht
ist, dessen Gründung und Aufführung der ruhige Forscher den größesten Theil seines Lebens gewidmet, über
dessen Idee er schon vor neunzehn Jahren mit dem
berühmten Lambert correspondirte *), und dessen erste
Grundlage er bereits vor vierzehn Jahren in seiner
Inauguraldisputation **) bekannt machte.

Ein Werk von dieser Art verdient nicht nur
die Aufmerksamkeit eines jeden, dem die Berichtigung und Erweiterung unserer allgemeinen Vernunfts-
erkentniße nicht gleichgültig ist, sondern auch die genaueste und sorgfältigste Prüfung der Kenner. Die
Deduction der Unrechtmäßigkeit unserer metaphysischen
Besizzungen ist nun einmal im Archiv der philosophischen Geschichte unsers Jahrhunderts vollständig nie-
dergelegt. Sie darinn ungeprüft liegen lassen, wäre
also ein stillschweigendes Geständniß, daß Kant Recht
habe, und daß wir nunmehr entweder nach seiner
Art

---

*) Joh. Heinrich Lamberts deutscher gelehrter Briefwech-
sel, herausgegeben von Joh. Bernoulli. Erster Band.
S. 340.

**) De mundi sensibilis atque intelligibilis forma et prin-
cipiis. Reg. die XXI. Aug. 1770.

Art philosophiren, oder uns alles weitern Philosophirens gänzlich begeben wollten. Das letztere wäre,
wie Kant sehr naiv anmerkt, wohl eben so viel, als
der Entschluß, um keine unreine Luft mehr einzuath-
men, uns lieber des Athemholens gänzlich zu enthalten. Das erstere aber setzt schon an sich Kentniß
und Untersuchung des Kantschen Systems voraus.

Indessen hat dieses wichtige Werk das eigene
Schicksal, daß man fast allgemein über unüberwind-
liche Dunkelheit und Unverständlichkeit desselben klagt.
Oeffentliche Beweise hievon sind unter andern die beiden Recensionen desselben in den Göttingschen gelehrten Anzeigen, und in der allgemeinen deutschen Bibliothek. Daß nun ein Buch, wie die Critik der reinen Vernunft, wo der Gegenstand der Untersuchung
die ursprüngliche Grundlage und Möglichkeit alles
Empfindens und Denkens, mithin gerade die feinste
und tiefste unter allen Speculationen betrift, wo in
jeder Materie eine gänzliche Abstraction von allem
Sinnlichen erfordert wird, und die Vernunft ganz
für sich allein ohne alle Beihülfe sinnlicher Bilder ar-
beiten muß, wo überdem jeder Tritt noch ungebahnt,
wo jede eröfnete Aussicht ganz fremd und unerwartet,
wo alles zusammen, Vorstellung und Sprache, gleich
neu und ungewohnt ist, — daß ein solches Buch nicht
populär und jedem verständlich seyn kann, daß es

A 3 selbst

selbst geübten Denkern sehr schwer und an=
strengend zuweilen auch dunkel bleiben , und
bey seiner beträchtlichen Größe auch den geduldigsten
Leser ermüden muß, dieses ist, denke ich, wohl gar
nichts Befremdendes.   Daß man aber daßelbe bei=
nahe als ein versiegeltes Buch, daß niemand öfnen
kann, oder als eine solche Tiefe ansieht, die auch
Philosophen durch das Tageslicht des gemeinen Men=
schenverstandes vergeblich zu erhellen suchten — das
ist in der That befremdend.

Dieses unerwartete Schicksal, daß dem Ver=
faffer natürlich sehr unangenehm seyn muste, hatte
inzwischen für das Publikum den günstigen Erfolg,
daß es durch die Prolegomena zu einer jeden künf=
tigen Metaphysik, die als Wissenschaft wird auf=
treten können, welche Herr Prof. Kant im vorigen
Jahre herausgab, eine sehr schätzbare Erläuterung
seiner Critik erhielt.   In der That verbreiten diese
über das System des Verfaffers manches ange=
nehme Licht.   Gleichwohl ist hiedurch die Klage über
die Unverständlichkeit deffelben bis jezt noch wenig
vermindert worden.   Ja es scheint beynahe, daß
man vor den Prolegomenen fast nicht weniger zurück=
bebt, als vor der Critik.   So viel ich davon ein=
sehe, kann vielleicht der Grund hievon darin liegen.
So deutlich auch der Anfang der Prolegomenen den
eigent=

eigentlichen Zweck der Critik enthält, so sind sie doch
im weitern Fortgange in einigen Stellen zu weitläuf-
tig, und mit vielen Nebenumständen durchflochten,
als daß man die eigentliche Kette der Schlüsse bemer-
ken und festhalten könnte. Hier wurde der Verfasser dunkel, bloß weil er zu deutlich seyn wollte. In
den mehresten Materien aber sind sie für sich allein
gar nicht verständlich, sondern erfordern nothwendig
schon eine Bekantschaft mit der Critik, und eine
Vergleichung mit dieser. Diese Vergleichung aber
ist eine so äußerst mühsame und schwierige Sache,
daß man statt der gesuchten Aufklärung sehr oft nur
in noch größere Verwirrung geräth. Hiezu kommt
noch, daß die Critik die synthetische Methode befol-
get, die hier die eigentliche der Natur der Sache
angemessene ist, die Prolegomena dagegen analytisch
verfahren, mithin zwar die Einsicht in die ganze Sache wirklich bereichern, aber dem Leser, der schon
Mühe hat, auf dem einen Wege fortzukommen, durch
die Leitung auf diesen zweiten, die Uebersicht des
Ganzen mehr erschwehren, als befördern.

Dem sey indessen, wie ihm wolle, so hat die
Critik der reinen Vernunft nun einmal das besondere
Schiksal, daß sie selbst für den größten Theil des
gelehrten Publikums eben so viel ist, als ob sie aus
lauter Hieroglyphen bestünde. Sollte es also nicht

A 4 mehr

mehr, als bloße Vermuthung seyn, daß eine kurze allgemein verständliche Zergliederung dieses wichtigen Werks jedem forschenden Freunde der Wahrheit eben so angenehm seyn dürfte, als sie zur künftigen zweck- mäßigen Prüfung desselben, und eben hiedurch zu weitern Fortschritten in der Philofophie, unentbehr- lich zu seyn scheint? Es scheint zwar eine nicht ge- ringe Vermessenheit für den zu seyn, der sich zu ei- nem solchen Unternehmen stark genug glaubt. Allein wenn ich mir ohne Vermessenheit zu sagen getraue, daß das so dunkle System der Vernunftcritik mir, der ich mich doch so wenig zu den Methaphysikern von Profeßion zählen kann, durch bloß wiederholtes lesen und Durchdenken in einem Zeitraum von kaum drey viertel Jahren eben so helle und so geläufig geworden, als irgend eins von denen, die ich vorher durchdacht habe; so sehe ich nicht ab, warum es nicht jedem denkenden Kopfe eben so helle und geläufig werden sollte, wenn ich ihm das, was ich erst aus einem weitläuftigen Werke durch viele Mühe hervorsuchen muste, in einer kurzen Uebersicht von wenigen Bo- gen darstelle.

Da ich nicht eher, als vorigen Sommer, die nöthige Muse fand, die Kantsche Critik im Zusam- menhange durchzulesen; so war mein erster Plan bloß dahin gerichtet, ihren Inhalt mit einer kurzen Prü-

sung

fung in einer ausführlichen Recension mit Weglassung
aller neuen Kunstwörter, so populär, als möglich zu
zergliedern.   Um mich vollkommen zu versichern ob
ich den Sinn der Critik auch überall richtig getrof-
fen, schickte ich die Anzeige des Inhalts, die aber
schon bey weitem die Grenzen einer Recension über-
stieg, dem Herrn Verfasser zur eigenen Entscheidung
zu,   und die freundschaftliche Antwort desselben gab
mir hievon sehr bald die angenehmste Gewißheit.
„Es macht mir, schrieb er unter andern, ungemein
„viel Vergnügen,   Sie an meine Versuche mit
„Hand anlegen zu sehen,   vornehmlich aber die
„Allgemeinheit der Uebersicht, mit der Sie allenthal-
„ben das Wichtigste und Zweckmäßigste auszuheben,
„und die Richtigkeit, mit welcher Sie meinen Sinn
„zu treffen gewußt.   Dieses letztere tröstet mich vor-
„züglich für die Kränkung, fast von niemand ver-
„standen worden zu seyn, und nimmt die Besorg-
„niß weg, daß ich die Gabe mich verständlich zu
„machen, in einem so geringen Grade, vielleicht in
„einer so schweren Materie gar nicht besitze, und
„alle Arbeit vergeblich aufgewandt haben möchte.
„Nun da sich ein Mann findet, der einen Beweis
„abgiebt, daß ich verstanden werden könne, und zu-
„gleich ein Beispiel, daß meine Aufsätze nicht ganz
„unwürdig seyn, durchgedacht zu werden, um sie

A 5   „zu

„zu verstehen, und hernach allererst ihren Werth
„oder Unwerth zu beurtheilen: so hoffe ich, es werde
„die Wirkung thun, die ich wünsche, nämlich die
„längst zurückgelegte Sache der Methaphysik aufs
„neue vorzunehmen und zur Entscheidung zu brin-
„gen.“ Ich wurde hievon sowol in verschiedenen
persönlichen Unterredungen, als auch durch mehrere
gütige Zuschriften, noch vollkommener versichert,
wobey Herr Prof. Kant allemal den Wunsch äußerte,
daß ich meinen Aufsatz nicht in ein Journal einrücken
lassen, sondern ihn noch ausführlicher eingerichtet als
eine besondere Schrift herausgeben, und darin zugleich mich über die eigentliche Art auslassen möchte,
wie die Untersuchung seines Werks, wenn sie für
die Wissenschaft den gewünschten Vortheil haben soll,
anzustellen sey. So schrieb er mir unter andern bald
nachher bey Mittheilung der Recension, seiner Critik
in der allg. deutsch. Bibliothek ausdrücklich: „Da
„Sie, wie mir gesagt worden, das Resultat Ihres
„Urtheils schon aufgesetzt haben, so halte ich diese
„Ihre Theilnehmung für so wichtig, daß ich wün-
„sche, Sie möchten der Vollendung derselben noch
„einigen Aufschub geben, um, wo möglich, dem
„metaphysischen Publikum einen Wink zu geben,
„wie, in welcher Ordnung, und nach welcher auf
„die wesentliche Punkte zu Anfangs allein zu rich-
„ten

„tenden Aufmerksamkeit, die Untersuchung hierüber
„anzustellen, und die Grenze aller unserer Einsicht
„in diesem Felde sicher zu bestimmen wäre.   Denn
„auf diese Art allein kann ein für die Wissenschaft
„vortheilhafter Ausgang gehoffet werden, es mag
„nun von meinen Versuchen viel oder wenig übrig
„bleiben. "

Dergleichen wiederholte Erklärungen, die mich
hinreichend überzeugen konnten,   daß ich den Inhalt der Vernunftcritik richtig gefaßet,   nebst der
wirklichen Erfahrung,   daß mein Aufsatz auch andern,
die mit dem Werke selbst theils nur wenig, theils noch
gar nicht bekannt waren,   vollkommen deutlich und
verständlich war,   schienen mir eine Aufforderung zu
seyn, dem Wunsche des Verfassers gemäß meinen
Aufsatz durch mehrere Ausführlichkeit noch gemein-
nütziger zu machen.   Da ich aber bald einsahe, daß
ich meinen Zweck immer nur unvollkommen erreichen,
und bey aller Deutlichkeit in der Auseinandersetzung
des eigentlichen Systems der Critif dennoch schwerlich bey meinen Lesern allen Mißverstand gänzlich verhüten könnte, wofern ich nicht ins Detail ginge,
und den ganzen Gedankengang des Verfaßers durch
alle Abschnitte der Critif speciell verfolgte, so ent-
schloß ich mich endlich zu der mühsamen Arbeit, den
Abriß der Critif,   nach allen ihren Sätzen und be-

ren

ren Beweisen so vollständig zu machen, daß ein jeder
aus demselben allein die völlige Bekantschaft mit
dem ganzen Inhalte derselben erlangen könute, ohne
daß er erst die beschwerliche Mühe anwenden dörfte,
dieses weitläuftige Werk selbst darüber zu Rathe zu
ziehen. Um aber zugleich deuen, die gerne mit eigenen Augen sehen, und aus der Quelle selbst zu schöpfen wünschen, auch das Lesen der Critik auf die mög-
lichste Art zu erleichtern, so änderte ich meinen an-
fänglichen Entschluß, die neue Terminologie des Verfassers gänzlich wegzulassen, und wählte vielmehr den
Weg, bey jeder Materie zugleich die dahin gehörigen
neuen Kunstwörter deutlich zu erklären, bey ihrem
nachmaligen Gebrauch aber nur sehr sparsam zu seyn.
Auf diese Weise hoffe ich, für jede Classe meiner Leser gesorgt zu haben.

Da ich mich einmal mit der Critik der reinen
Vernunft so vertraut gemacht habe; so war es mein
fester Vorsaz, meiner Erläuterung des Kantschen Systems, und den Winken zu einer zweckmäßigen Prüfung desselben zugleich den eigenen Versuch einer un-
partheyischen und ausführlichen Prüfung beyzufügen.
Allein da die Nähe der Messe mir die Vollendung derselben unmöglich gemacht; so verspare ich diese, wofern das Publikum sie seiner Aufmerksamkeit nicht für
unwürdig hält, zu einer der beiden nächsten Meßen
um-

um so lieber, da Nichtübereilung wohl in keiner Sache nöthiger seyn kann, als in dieser. Noch angenehmer aber würde es mir seyn, wenn mittlerweile Männer von tiefern und ausgebreitetern Kentnißen durch gründliche Beurtheilung des Kantschen Systems meinen geringen Beitrag hiezu ganz entbehrlich machten. Mir wird es schon Befriedigung genug seyn, wenn meine Arbeit das Glück hat, der großen Erwartung, die ein mir unbekannter Gelehrter in dem diesjährigen zwölften Stück der Gothaischen gelehrten Zeitungen dem Publiko davon gemacht hat, auch nur zum Theil zu entsprechen, und über die Critik der reinen Vernunft nur so viel Licht zu verbreiten, daß jeder geübte Denker ohne außerordentliche Anstrengung ihren wahren Inhalt kennen lernen kann, und kein Philosoph durch die Besorgniß, den Verfasser etwa zu mißverstehen, von der Untersuchung dieses wichtigen Werks, zur endlichen gewünschten Entscheidung der wahren Art und Grenze unsers Philosophirens, weiterhin abgeschreckt werden darf.

Ueber

Ueber
Kants Critik der reinen Vernunft.

Erster Abschnitt.
Versuch einer deutlichen Anzeige ihres Inhalts.

Der Zweck der Kantschen Vernunftcritik ist kein geringerer, als dieser, die Vernunft zu ihrer wahren Selbsterkentniß zu führen, die Gerechtsame zu untersuchen, auf welche sie den vermeinten Besiz ihrer metaphysischen Erkentnisse gründet, und eben hiedurch die wahren Grenzen abzustecken, über welche sie sich mit ihren Spekulationen nicht hinauswagen darf, wofern sie sich nicht in ein leeres Feld von lauter Hirngespinsten verirren will — ein Unternehmen, davon schon die bloße Idee den philosophischen Geist ihres Erfinders hinlänglich verräth.

Unsere Erkentnisse, sagt er, fangen von Erfahrung an. Allein die Erfahrung lehrt uns zwar, was da sey, aber nicht, daß es nothwendig so und nicht anders, und also auch jedesmal so seyn müsse. Daher wird durch sie die Vernunft mehr gereizt, als befriedigt, denn diese strebt nach Erkentnissen, die Allgemeinheit und innere Nothwendigkeit mit sich führen. Solche allgemeine Erkentnisse, die zugleich den Character der innern Nothwendigkeit haben, müssen also von der Erfahrung unabhängig, vor sich selbst klar und gewiß seyn, daher nennt man sie Erkentniße a priori, da im Gegen-

gentheil das, was lediglich von der Erfahrung erborgt
iſt, nur a poſteriori oder empiriſch erkannt wird. Die
Vernunft iſt das Vermögen, welches die Principien der
Erkentniſſe a priori an die Hand giebt. Reine Vernunft heiſt daher diejenige, welche die Principien enthält,
etwas völlig und ſchlechthin a priori zu erkennen.

Nun ſind überhaupt zweierley Arten von Urtheilen
oder Sázzen möglich, nämlich entweder iſt das Prädicat
ſchon auf eine verſteckte Weiſe im Begriffe des Subjects
enthalten, oder es liegt ganz außer dem Begriffe des
Subjects. Die Urtheile und Sázze der erſten Art nennt
der Verfaſſer analytiſche, und die von der zweyten Art
ſynthetiſche. — Benennungen, die beide ſehr wohl
gewählt ſind. Analytiſche Sázze erweitern alſo den Begriff des Subjects nicht im mindeſten, denn ſie thun zum
Inhalte deſſelben nichts hinzu, ſondern ſie zergliedern
bloß das, was im Begrif ſchon wirklich, obgleich nur
verworren gedacht wird, und machen daher denſelben
deutlich und verſtändlich. So erweitert z. B. der Saz:
„alle Körper ſind ausgedehnt" meinen Begrif vom Körper nicht im mindeſten, ſondern löſet ihn bloß auf, denn
dieſer Saz iſt bloß analytiſch, indem ich in dem Begrif
des Körpers, die Ausdehnung ſchon wirklich denke. Syn-
thetiſche Sázze dagegen erweitern den Begrif des Subjects und vergrößern daher die Erkentniß deſſelben, denn
dieſe fügen zum Begriffe des Subjects einen ganz neuen
hinzu, der in jenem an und für ſich nicht enthalten iſt.
So iſt z. B. der Saz: „einige Körper ſind ſchwer"
ein ſynthetiſcher Saz, denn der Begrif des Körpers

schließt

ſchließt an ſich den Begrif der Schwere nicht in ſich, da-
her fügt dieſer Saz zum Begrif des Körpers einen neuen
Begrif hinzu, und vergrößert alſo mein Erkenntniß vom
Körper.

Die Möglichkeit analytiſcher Säzze iſt daher leicht einzuſehen. Denn da ſie im Prädicat nur das ſagen, was ſchon
im Subject enthalten iſt; ſo geſchieht die Verknüpfung des
Prädicats mit dem Subjecte bloß durch den Saz des
Widerſpruchs, die Begriffe, die der Saz enthält, mögen
empiriſch ſeyn, oder nicht. Daher ſind auch alle analytiſche Säzze ohne Ausnahme Erkentniſſe a priori, weil
hier die Verknüpfung des Prädicats mit dem Subjecte
keine Erfahrung nöthig hat.

Die Möglichkeit ſynthetiſcher Säzze a poſteriori iſt
gleichfalls offenbar. Denn hier wird die Verknüpfung
des Prädicats mit dem Subjecte durch die Erfahrung
gegeben z. B im Sazze, daß einige Körper ſchwer ſind,
wird das Prädicat der Schwere mit dem Begrif des Körpers durch die Erfahrung verknüpft. Dagegen macht die
Möglichkeit ſynthetiſcher Säzze a priori deſto mehr Schwierigkeit. Denn in ſo fern ſie ſynthetiſche Säzze ſind, ſo
iſt hier das Prädicat nicht im Begrif des Subjects enthalten, alſo kann jenes auch nicht aus dieſem durch den
Saz des Widerſpruchs hergeleitet werden, und in ſo fern
ſie Säzze a priori ſind, ſo kann die Verknüpfung des
Prädicats mit dem Subject auch nicht von der Erfahrung
abhangen. Man nehme z. B. den Saz: alles, was
geſchieht, hat ſeine Urſache: Hier zeigt der Begrif einer
Urſache etwas von dem, was geſchieht, ganz verſchiede-
nes an, und iſt in dem leztern Begriffe gar nicht ent-

hal-

halten.   Daher kann der Begrif der Ursache aus dem Begriffe dessen, was geschieht, durch den Saz des Widerspruchs gar nicht gefolgert werden, sondern der Saz ist synthetisch.   Da er aber nicht nur ein allgemeiner Saz ist, sondern das Prädicat mit dem Subjecte auch auf eine nothwendige Art verknüpft ist; so kann man sich bey dieser Verknüpfung auch nicht auf die Erfahrung berufen, sondern der Saz ist zugleich ein Saz a priori.   Also frägt es sich, wie der Verstand dazu kommt, zu dem Begrif dessen, was geschehen ist, den ganz fremden Begrif einer Ursache, der in jenem gar nicht liegt, gleichwohl als ihm nothwendig zugehörig hinzuzufügen.   Nun beruhet auf solchen synthetischen Sätzen die ganze Endabsicht unserer speculativen Erkentnisse a priori.   Denn die analytischen Säze sind zwar höchst wichtig und nützlich, um unsern Begriffen von Gegenständen die nöthige Deutlichkeit zu geben, aber sie erweitern unsere Begriffe, mithin auch unser Erkentniß von den Dingen nicht, sondern dieses geschiehet bloß durch synthetische Säze.   Also hängt der Werth oder Unwerth aller Erkenntniße a priori von der Frage ab: wie sind synthetische Säze a priori möglich?   Ehe man diese Frage hinreichend zu beantworten weiß, ist es bloß falsche prahlerische Weisheit, auch nur einen einzigen synthetischen Saz für einen Saz a priori auszugeben.   Da nun besonders die eigentlich metaphysischen Säze insgesamt synthetisch und zugleich von der Art sind, daß sie sogar ganz außer dem Felde aller möglichen Erfahrung liegen, z. B. die Unsterblichkeit unserer Seele, das Daseyn eines nothwendigen Urwesens ꝛc. mithin schon ihrer Natur nach Erkent-

B   niße

niße a priori seyn müssen, so entsteht, ungeachtet der großen Menge metaphysischer Systeme, die wir haben, nun auf einmal die unerwartete und auffallende Frage: ob auch überhaupt so etwas, als Metaphysik möglich ist?

Man kann also schon hieraus erkennen, von welchem Gewichte die obige Frage ist, und wie viel Verdienst der Verfasser sich schon dadurch um die Philosophie erworben, daß er diese Frage aufgeworfen, und die Nothwendigkeit ihrer Auflösung so deutlich gezeigt hat. Allein einen um so weit größern Dank verdient er von jedem Denker, daß er die schwere Arbeit selbst übernommen, die Auflösung dieser Frage in ihrer größesten Allgemeinheit und Vollständigkeit zu versuchen. Dies ist eben der ganze Zweck und Inhalt seiner Critik, die er daher mit Recht eine Critik der reinen Vernunft nennt, weil sie nicht eine Beurtheilung philosophischer Systeme, sondern der Vernunft selbst ist, wie diese nämlich vermögend und befugt sey, unabhängig von aller Erfahrung, Begriffe mit einander zu verknüpfen, die an sich einander ganz fremde sind, d. i. synthetische Säze a priori zu erzeugen. Wenn man also erwägt, daß es hier darauf ankommt, das ganze Vermögen der Vernunft durch sie selbst auszumessen, und wenn ich es recht ausdrücken soll, das allerlezte Warum von dem Warum auszuspähen, so wird man leicht einsehen, daß dieses die feinste speculative Untersuchung ist, die irgend von einem Philosophen angestellt werden kann.

Die Critik der reinen Vernunft beschäftigt sich demnach bloß mit der Untersuchung: ob, und in welcher Art synthetische Erkentnisse a priori möglich sind, und wie man dieselbe bloß a priori auf Gegenstände anwenden könne?

könne? Dergleichen Erkentniſſe nun, welche das eine, oder das andere lehren, nennt der Verfaſſer Tranſcendental. Ein Syſtem ſolcher Erkentniſſe würde, wenn daſſelbe zugleich die analytiſche Zergliederung eines jeden darinn vorkommenden Begrifs enthielte, Tranſcendental = Phi= loſophie heißen.   Zu dieſer Wiſſenſchaft muß daher die Vernunftcritik den vollſtändigen Stoff liefern; und wenn nun dieſer erſt da iſt, ſo iſt es nachher leicht, die ausführ= liche Zergliederung der dazu gehörigen Begriffe hinzuzu= fügen.   Der Verfaßer theilt die ganze Critik der reinen Vernunft in die Elementarlehre, und in die Metho= denlehre.   Da es nun zwo verſchiedne Quellen der menſchlichen Erkentniß giebt, Sinnlichkeit und Ver= ſtand; ſo enthält die Elementarlehre zwey Theile, näm= lich die tranſcendentale Sinnenlehre, oder Aeſthetik, und die tranſcendentale Verſtandeslehre, oder Logik.

Die tranſcendentale Aeſthetik.

Die beiden Urquellen unſerer Erkentniſſe ſind die Sinnlichkeit und der Verſtand.   Durch die erſtere wer= den uns Gegenſtände gegeben, durch den leztern werden ſie gedacht.   Die Sinnlichkeit heiſt die Fähigkeit, oder Receptivität, Vorſtellungen durch die Art zu bekommen, wie wir von Gegenſtänden afficirt werden.   Daher lie= fert uns die Sinnlichkeit Anſchauungen, d. i. Vorſtel= lungen, die ſich auf den Gegenſtand unmittelbar bezie= hen.   Der Verſtand dagegen heiſt das Vermögen zu denken.   Dieſer liefert uns alſo Begriffe, d. i. Vor= ſtellungen, die ſich auf den Gegenſtand bloß mittelbar, durch Hülfe anderer Vorſtellungen, beziehen.   Die Wir=

kung

kung eines Gegenſtandes auf die Vorſtellungsfähigkeit, ſo fern wir von demſelben afficirt werden, heiſt Empfin-dung. Eine Anſchauung, die ſich auf den Gegenſtand durch Empfindung bezieht, heiſt empiriſch; eine ſolche dagegen, in welcher nichts iſt, was zur Empfindung gehört, heiſt eine reine Anſchauung. Der unbeſtimmte Gegenſtand einer empiriſchen Anſchauung heiſt Erſchei-nung oder ein Phänomenon. In einer Erſcheinung heiſt das, was der Empfindung, correſpondirt, die Ma-terie derſelben, dasjenige aber, welches macht, daß das Mannigfaltige der Erſcheinung, in gewiſſen Verhält-niſſen geordnet, angeſchauet wird, heiſt die Form der Erſcheinung. Da alſo leztere nicht ſelbſt wieder Empfin-dung ſeyn kann, ſondern vor aller Empfindung, als wel-che durch ſie erſt möglich wird, ſchon vorhergehen muß; ſo muß ſie eine Vorſtellung a priori ſeyn, die bereits in unſerm Gemüthe ſelbſt liegt, und da ſie ſich auf die zu empfindenden Gegenſtände unmittelbar bezieht; ſo muß ſie auch ſelbſt Anſchauung ſeyn. Alſo iſt die Form der Sinnlichkeit, oder die formale Bedingung, unter wel-cher allein empiriſche Anſchauung möglich iſt, ſelbſt An-ſchauung, und zwar reine Anſchauung a priori. Und hieraus erhellet ſchon erſtlich die Möglichkeit ſynthetiſcher Säze a priori in Anſehung derjenigen Wiſſenſchaften, die die Form der Sinnlichkeit zum Object haben, indem hier zu jedem Begriffe des Subjects neue Prädicate un-mittelbar durch reine Anſchauung a priori gegeben werden.

Da nun alle unſere Empfindungen entweder äußere oder innere ſind; ſo muß es auch zwo verſchiedene For-men der Erſcheinungen geben. Die Form der äußern

Er-

Erſcheinungen iſt der **Raum**, die Form der innern die **Zeit.** Denn vermittelſt des äußern Sinnes ſtellen wir uns Gegenſtände als außer uns, und als außerhalb einander vor. Das aber, was dieſe Vorſtellung allein möglich macht, iſt der **Raum.** Denn außer mir heiſt nichts anders, als an einem andern Orte des Raums, als darin ich bin, und außerhalb einander, heiſt nichts anders, als an verſchiedenen Orten des Raums, folglich muß den Vorſtellungen außer uns, und außerhalb einander, ſchon die Vorſtellung des Raums zum Grunde liegen. In dieſem allein iſt die Geſtalt der äußern Dinge, ihre Größe und Verhältniß gegen einander beſtimmt, oder beſtimmbar. Mithin iſt der Raum nichts anders, als die Form aller äußern Erſcheinungen. Der innere Sinn giebt uns zwar keine Anſchauung von der Seele ſelbſt, als einem Object, allein vermittelſt deſſelben ſchauet ſie doch ihren innern Zuſtand an, und zwar ſo, daß wir uns alle Beſtimmungen deſſelben, entweder als zugleich, oder auf einander folgend vorſtellen. Das aber, was dieſe Vorſtellung allein möglich macht, iſt die **Zeit.** Denn zugleich heiſt nichts anders, als in einerley Zeit, und auf einander nichts anders, als in verſchiedener Zeit. Mithin iſt die Zeit eigentlich nichts anders, als die Form aller innern Erſcheinungen. Allein da alle diejenige Vorſtellungen, welche äußere Dinge zu Gegenſtänden haben, als Beſtimmungen unſers Gemüths gleichfals zum innern Zuſtande gehören; ſo iſt die Zeit auch mittelbar die Form aller äußern Erſcheinungen, alſo überhaupt die Form aller ſowohl innern als äußern Erſcheinungen, da hingegen der Raum bloß die Form der äußern Erſcheinungen

iſt.

ift. Also sind Raum und Zeit die beiden Formen der Sinnlichkeit, mithin reine Anschauungen a priori.

Der Verfasser sezt diesen Beweis auf folgende Art umständlicher aus einander. Daß nämlich Raum und Zeit nicht empirische Vorstellungen, die wir aus der Erfahrung schöpfen, sondern Vorstellungen a priori seyn, erhellet

1) daraus, weil sie vor aller Erfahrung vorhergehen, und ihr schon zum Grunde liegen, indem die Empfindung äußerer Dinge ohne die Vorstellung des Raums, und die Empfindung unseres innern Zustandes ohne die Vorstellung der Zeit gar nicht möglich ist.

2) weil Raum und Zeit ganz nothwendige Vorstellungen sind. Denn wir können zwar alle Gegenstände aus dem Raum und der Zeit wegdenken, aber den Raum und die Zeit selbst können wir nicht wegdenken. Aber Vorstellungen, die uns ganz nothwendig ankleben, sind nicht Producte der Erfahrung, sondern Vorstellungen a priori.

3) weil alle Axiomen vom Raum und von der Zeit apo= dictische Gewißheit mit sich führen. Z. E. daß verschie= dene Räume nicht auf einander folgen, und verschiede= ne Zeiten nicht zugleich seyn können, daß zwischen zween Puncten nur eine gerade Linie möglich sey ꝛc. dergleichen apodictische Grundsäze können nicht aus der Erfahrung gezogen werden, sondern sie belehren uns vor aller Erfahrung, und sind daher Säze a pri= ori. Wären sie dagegen aus der Erfahrung geschöpft, so würden wir nur sagen können: so lehrt es die ge= meine Wahrnehmung; nicht aber: so muß es sich verhalten.

Daß

Daß aber Raum und Zeit nicht discursive oder allgemeine Begriffe, sondern Anschauungen seyn, erhellet

1) weil wir uns nur einen Raum, und nur eine Zeit vorstellen können, so daß, wenn wir von verschiedenen Räumen und Zeiten reden, jene nur Theile eben desselben einigen Raums, und diese nur Theile einer und eben derselben einigen Zeit bedeuten, und diese Theile stellen wir uns auch nicht als Bestandtheile vor, aus denen der einige allbefassende Raum und die einige allbefassende Zeit zusammengesezt wäre, sondern wir denken die Theile des Raums bloß in ihm, und die Theile der Zeit bloß in ihr. Da also sowohl der Raum als die Zeit wesentlich einig sind, so daß hier das Ganze nicht durch die Theile, sondern vielmehr die Theile bloß durch das Ganze möglich sind; so können Raum und Zeit nicht allgemeine Begriffe seyn, sondern sie sind unmittelbare Vorstellungen, also Anschauungen.

2) weil alle Grundsäze vom Raum und der Zeit synthetische Säze sind, z. E. daß die gerade Linie der kürzeste Weg zwischen zween Puncten sey, daß verschiedene Zeiten nicht zugleich seyn können ꝛc. Da nun synthetische Säze nie aus bloßen allgemeinen Begriffen entstehen können; so können Raum und Zeit nicht allgemeine Begriffe seyn, mithin sind sie Anschauungen.

3) weil wir uns sowohl den Raum, als die Zeit, als eine unendliche Größe vorstellen, mithin alle bestimmte Größe ihrer Theile nur durch Einschränkungen des unendlichen Raums und der unendlichen Zeit, keinesweges aber aus einem allgemeinen Begriffe vom Raum und der Zeit möglich ist: Wären also Raum und Zeit

nicht

nicht Anschauungen, sondern allgemeine Begriffe; so
wäre gar kein Begriff von der Größe und den Verhältnissen im Raum und in der Zeit möglich.

Da also Raum und Zeit nichts Empirisches haben, sondern reine Vorstellungen a priori, aber nicht
allgemeine Begriffe, sondern Anschauungen a priori
sind; so sind sie reine Anschauungen a priori. Allein
dieses können sie auf keine andere Art seyn, als
wenn man sie als die ursprünglichen Formen der Sinnlichkeit betrachtet, unter denen wir allein eine empirische
Anschauung von Gegenständen haben können. Da nun
die Geometrie den Raum, und die Arithmetik die Zahlen zum Object hat, das Zählen aber nicht anders, als
vermittelst der Zeit geschieht; so ist hieraus klar, wie
Geometrie und Arithmetik, d. i. wie reine Mathematik möglich ist, nämlich weil allen mathematischen Begriffen eine reine Anschauung als Stoff synthetischer Säze
a priori zum Grunde liegt. Und eben hieraus sieht man
nicht nur den Grund, woher die reine Mathematik eine
reine Vernunftwissenschaft ist, deren Säze ins gesamt
Säze a priori, und daher apodictisch gewiß sind, sondern auch woher sie die gröste Evidenz haben, nämlich weil
der Mathematiker alle seine Begriffe construiren, d. i. sie
in einer reinen Anschauung darstellen kann und muß.

Aus allem diesem zieht der Herr Verfasser endlich
folgende sehr merkwürdige Schlüsse:

1) Raum und Zeit sind also nicht Geschöpfe einer dich-
tenden Phantasie, sondern sie sind die beiden Formen
unserer Sinnlichkeit, d. i. die subjective Bedingungen,
unter welchen allein, theils unsern innern, theils unsern äußern Sinnen Gegenstände erscheinen können,
                                        mithin

mithin haben ſie eine nothwendige Beziehung auf Gegenſtände, nämlich auf Erſcheinungen, alſo objective
Realität.   Daher muß nicht nur alles, was ein Gegenſtand unſerer äußern Anſchauung ſeyn ſoll, im Raum,
und alles, was ein Gegenſtand unſerer äußern Anſchauung überhaupt ſeyn ſoll, in der Zeit ſeyn, ſondern alles
was vom Raum und der Zeit gilt, muß auch aufs präciſeſte von dem gelten, was im Raum und in der Zeit
iſt.   Da ferner die Receptivität des Subjects, von
Gegenſtänden afficirt zu werden, nothwendiger Weiſe
vor allen Anſchauungen dieſer Objecte vorhergeht; ſo
läſt ſich hieraus zugleich verſtehen, wie die Form aller
Erſcheinungen vor allen wirklichen Wahrnehmungen,
mithin a priori, im Gemüthe vorhanden ſeyn muß.

2) Eben daher aber, weil Raum und Zeit bloße Formen
der Sinnlichkeit, mithin nichts weiter, als ſubjective
Bedingungen ſind, unter welchen allein uns ſinnliche Anſchauung möglich iſt; ſo ſind ſie weder etwas
vor ſich beſtehendes, noch Eigenſchaften und Beſtimmungen, die an den Dingen ſelbſt haften, ſondern ſie
exiſtiren bloß als Vorſtellungen, die unſerer Sinnlichkeit als nothwendige Bedingungen anhangen, in uns,
ſo daß, wenn wir von den ſubjectiven Bedingungen unſerer menſchlichen Anſchauung abſtrahiren, Raum und
Zeit bloße idealiſche Dinge, d. i. Nichts ſind.   Obgleich alſo die Form der äußern Erſcheinungen, nämlich der Raum, von der Art iſt, daß er uns als etwas
außer uns befindliches von unſerm Gemüthe vorgeſtellt wird; ſo iſt er doch bloß etwas in unſerer Vorſtellung, außer derſelben aber gar nichts.

B 5

3) Hier-

3) Hieraus folgt alſo, daß wir nicht ſagen können, daß diejenigen Dinge, welche wir die äußern nennen, und die wir uns, vermöge der Natur unſerer Sinnlichkeit, im Raum, als ausgedehnt, figurirt, undurchdringlich, beweglich ꝛc. vorſtellen, auch ohne Rückſicht auf unſere ſinnliche Vorſtellung von ihnen, an ſich einen Raum einnehmen, und an ſich ausgedehnt, undurchdringlich, beweglich wären, und eine Geſtalt hätten ꝛc. Denn alle dieſe Prädicate legen wir ihnen nur ſo fern bey, ſo fern ſie Gegenſtände unſerer Sinnlichkeit ſind, und uns als ſolche erſcheinen. Nun aber können wir gar nicht urtheilen, ob die Anſchauungen anderer denkenden Weſen an eben dieſelbe Form gebunden ſind, und ob ſie daher nicht die Dinge, die uns unſere Anſchauung, im Raum, als ausgedehnt ꝛc. vorſtellt, unter einer ganz andern Form anſchauen können. Mithin können wir gar nicht ſagen, daß die Dinge, die uns als außer uns, im Raum, und ausgedehnt erſcheinen, auch an ſich dieſe Eigenſchaften haben. Ein Gleiches gilt auch von den Gegenſtänden unſers innern Sinnes Dieſer ſtellt uns ſowohl die äußern, als innern Dinge in der Zeit, entweder als zugleich, oder auf einander folgend, mithin veränderlich vor. Allein hier können wir eben ſo wenig ſagen, daß dieſes Zugleichſeyn, oder dieſe Folge, imgleichen das, was wir uns an ihnen als Veränderung vorſtellen, Eigenſchaften ſind, die ihnen an ſich ſelbſt zukommen, und daß jedes denkende Weſen überhaupt ſich dieſelben unter dieſen Eigenſchaften vorſtelle. Alſo kennen wir die Dinge bloß,

wie

wie sie uns erscheinen, mithin sind sie für uns nichts
weiter, als Erscheinungen oder Phänomena. Was
sie an sich selbst seyn mögen, davon wissen wir nichts,
und können auch nichts wissen, sondern das Etwas,
was diesen Erscheinungen zum Grunde liegt, und sich
uns, zu Folge der Natur unserer Sinnlichkeit, als
ausgedehnt, veränderlich ꝛc. zu erkennen giebt, ist uns
an sich selbst, und nach seiner eigentlichen Beschaffenheit gänzlich unbekannt. Dieses unbekannte Etwas
nennt daher der Verfasser den transcendentalen Gegenstand der Erscheinungen, mithin ist dieser in allen
Erscheinungen für uns einerley, nämlich ein unbekanntes Etwas $= x$.

Die transcendentale Logik.

Erste Abtheilung.

Transcendentale Analytik.

Nachdem der Verfasser die Formen der Sinnlichkeit bestimmt hat; so geht er zu den Formen des Denkens über. Die Wissenschaft von diesen heißt die transcendentale Logik. Die allgemeine Logik beschäftiget sich
mit der Form des Denkens überhaupt, oder mit denjenigen Verstandesregeln, denen alle unsere Erkentnisse
ohne Unterschied gemäß seyn müssen. Sie abstrahirt daher von allem Inhalt, oder dem Materialen der Erkentnisse, und sieht gar nicht darauf, woher sie entspringen,
ob sie empirische oder reine Begriffe seyn, und auf was

für

für Gegenstände sie sich beziehen mögen.   Die transcendentale Logik dagegen hat es gerade mit dem Inhalt oder
der Materie unserer Erkentnisse, und mit ihrem Ursprun-
ge zu thun.   Denn sie soll eben untersuchen, ob und wie
der Verstand bloß a priori synthetische Säze erzeugen
kann; wie Begriffe, die der Verstand sich selbst macht,
und die also bloß etwas Subjectives in uns sind, dennoch eine Beziehung auf Gegenstände, mithin objective
Realität haben können; und welches endlich die Grenze
sey, in welche der Gebrauch unserer Erkentnisse a priori
eingeschlossen ist.

Da nun diese Untersuchung nicht anders, als durch
eine genaue und vollständige Zergliederung unsers ganzen
Verstandesvermögens geschehen kann; so ist die ganze
transcendentale Logik eigentlich nichts anders, als eine
Analytik aller reinen Begriffe und Grundsäze a priori.
Da indessen die Vernunft sehr geneigt ist, im Gebrauch
ihrer Erkentniße a priori, die wahren Grenzen zu überschreiten, und es sehr oft wagt, bloß mit der allgemeinen Logik,
die doch gar nichts mit den Gegenständen der Erkentniß zu
thun hat, dennoch über Gegenstände zu urtheilen; so
bauet sie sich oft Systeme, die auf bloßem Schein und
Sophisterey beruhen.   Diesen betrüglichen Schein aufzudecken, ist also mit eine Sache, die der transcendentalen Logik obliegt, und den Theil derselben, der sich hiemit beschäftiget, nennt daher der Verfasser die transcendentale Dialectik.   Aus diesem Grunde theilt er daher
die transcendentale Logik in 2 Abtheilungen, nämlich in
die transcendentale Analytik und Dialectik.   Die erstere
aber

aber handelt wiederum in zwey Büchern von der Analyſik der Begriffe und der Grundſätze.

I.
Die Analytik der Begriffe.

Die Sinnlichkeit liefert uns Anſchauungen, aber alle dieſe Anſchauungen würden blinde, Gedankenloſe Anſchauungen ſeyn, wenn nicht der Verſtand ſie dächte, d. i. das Mannigfaltige in denſelben in Begriffe zuſammenfaßte und darüber urtheilte.   So wie es nun Formen der Sinnlichkeit giebt, die es möglich machen, daß wir das Mannigfaltige der Erſcheinungen, in gewiſſe Verhältniſſe geordnet, anſchauen können; ſo muß es auch Formen des Denkens geben, die es möglich machen, daß wir das Mannigfaltige unſerer Vorſtellungen, dieſe ſeyn Anſchauungen oder Begriffe, in gewiſſen beſtimmten Verhältniſſen geordnet denken können. Dieſe urſprüngliche Formen des Denkens können nun nicht Anſchauungen ſeyn ; denn unſer Verſtand kann ſo wenig anſchauen, als die Sinne denken können, alſo ſind ſie Begriffe, und dadurch ſie erſt alles Denken möglich wird, ſo müſſen ſie nothwendige Begriffe ſeyn, folglich nichts empiriſches oder von der Erfahrung erborgtes haben, ſondern als reine Begriffe a priori im Verſtande allem Denken zum Grunde liegen.   Alſo giebt es reine Verſtandesbegriffe a priori, die die Form, oder die ſubjectiven Bedingungen alles Denkens enthalten.   Nun iſt Denken und Urtheilen einerley, denn Begriffe ſind allemal Prädicate möglicher Urtheile, mithin muß es gerade ſo viele reine Verſtandesbegriffe geben, als es verſchiedne Arten von

Ur-

Urtheilen giebt. Leztere lehrt uns glücklicher Weise schon die Logik, und aus dieser stellt sie daher der Verfasser ganz vollständig in folgender Tafel vor.

Die Urtheile sind nämlich

1) der Quantität nach: allgemeine, besondere, einzelne.

2) der Qualität nach: bejahende, verneinende, unendliche.

3) der Relation nach: categorische, hypothetische, disjunktive.

4) der Modalität nach: problematische, assertorische, apodictische.

Da diese Eintheilung der Urtheile von der gewohnten Technik der Logiker in einigen Stücken abzuweichen scheint; so ist zur Verhütung des Mißverstandes folgendes zu merken:

1) Was den Gebrauch der Urtheile in Vernunftschlüssen betrift; so sagen die Logiker mit Recht, daß man die einzelnen Urtheile den allgemeinen gleich behandeln könne. Denn eben weil sie gar keinen Umfang haben, so bezieht sich ihr Prädicat eben so, wie bey allgemeinen Urtheilen, auf alles, was unter dem Begriff des Subjekts enthalten ist. Vergleicht man dagegen ein einzelnes Urtheil mit einem allgemeinen, bloß als Erkentniß, der Größe nach; so verhält sich jenes zu diesem, wie Einheit zur Unendlichkeit, und ist also von ihm wesentlich unterschieden.

2) Die unendlichen Urtheile werden zwar in der allgemeinen Logik mit Recht zu den bejahenden gezählt, weil man hier gar nicht auf den Inhalt des Prädicats sieht, ob es bejahend, oder verneinend ist,

son-

ſondern nur darauf, ob es dem Subject beygelegt, oder ihm entgegengeſezt werde. Z. E. wenn ich ſage: die Seele iſt nicht ein ſterbliches Weſen; ſo iſt dieſes eben ſo viel, als wenn ich ſage: die Seele iſt ein nichtſterbliches Weſen. Sieht man aber, wie es die tranſcendentale Logik erfordert, zugleich auf den Inhalt des Prädicats; ſo ſagt ein unendliches Urtheil eigentlich nur ſo viel: ich ſoll den unendlichen Umfang der Erkentniſſe dadurch beſchränken, daß ich das Prädicat davon abtrenne, und in den übrigen noch immer unendlich bleibenden Umfang das Subject ſezze, alſo ſind hier die unendlichen Urtheile von den bejahenden ſo fern wirklich zu unterſcheiden. Z. B. wenn ich ſage: die Seele iſt nicht ſterblich; ſo heiſt dieſes bloß ſo viel: die Seele iſt eine von der unendlichen Menge der Dinge, welche übrig bleiben, wenn ich die unendliche Sphäre alles Möglichen dadurch begrenze, daß ich alles Sterbliche von ihr wegnehme.

3) In den categoriſchen Urtheilen betrachtet man das Verhältniß des Prädicats zum Subject, in den hypothetiſchen das Verhältniß des Grundes zur Folge, in den disjunctiven das Verhältniß der eingetheilten Erkentniß, und der geſammten Grade der Eintheilung unter einander. In einem disjunctiven Urtheile iſt daher eine gewiſſe Gemeinſchaft der Erkentniſſe, die darin beſtehet, daß ſie ſich wechſelſeitig einander ausſchlieſſen, aber dadurch doch im Ganzen die wahre Erkentniß beſtimmen, indem ſie zuſammengenommen den ganzen Inhalt einer einigen gegebnen Erkentniß ausmachen. Z. E. wenn ich ſage: die Welt iſt entweder

durch

durch einen blinden Zufall da, oder durch innere Nothwendigkeit, oder durch eine äußere Ursache; so nimmt
jeder dieser Säze einen Theil der Sphäre des möglichen Erkentnisses über das Daseyn der Welt ein, und
alle zusammen die ganze Sphäre.

4) Die Modalität der Urtheile hat das Besondere an sich,
daß sie nichts zum Inhalt, oder zur Materie des Urtheils beyträgt, sondern nur den Werth der Copula
in Beziehung auf das Denken überhaupt angeht.
Urtheile heißen problematische, wenn man das Bejahen oder Verneinen als bloß möglich (beliebig) annimmt, assertorische, wenn man es als wirklich (wahr)
betrachtet, apodictische, wenn man es als nothwendig ansieht. So sind z. B. in einem disjunctiven Urtheil alle Säze problematisch, in einem hypothetischen die Hypothesis problematisch, und die Thesis
assertorisch.

Dieser Verschiedenheit der Urtheile gemäß liefert nun
der Verfasser alle reinen Verstandesbegriffe, die er mit
dem Aristoteles Categorien nennt, in folgender Tafel.
Die reinen Verstandesbegriffe

1) der Quantität sind: Einheit, Vielheit, Allheit.

2) die der Qualität: Realität, Negation, Limitation.

3) die der Relation: Substanz, Ursache, Gemeinschaft.

4) die der Modalität: Möglichkeit, Daseyn, Nothwendigkeit.

Da indessen diese reine Verstandesbegriffe die bloße
Form des Denkens betreffen; so haben sie an sich keinen
Inhalt, d. i. keine Beziehung auf irgend einen Gegenstand,

son-

ſondern ſie ſind an ſich ganz leer und können kein Erkentniß liefern, und da ſie als Begriffe a priori auch von
keiner Erfahrung hergenommen worden, ſo entſteht nun
die Frage: wie wir berechtigt ſind, dieſelben in unſern
Urtheilen auf wirkliche Gegenſtände anzuwenden, d. i.
wie ſich Begriffe a priori auf Gegenſtände beziehen können? Die Beantwortung dieſer Frage nennt der Verfaſſer die Deduction dieſer Begriffe (nach der Analogie,
da man die Entſcheidung der Frage: quid juris? die Deduction nennt). Dieſe Deduction iſt nun folgende: Das,
was ſich auf den Gegenſtand unmittelbar bezieht, iſt Anſchauung. Unſer Verſtand aber kann nichts anſchauen,
folglich bezieht ſich jeder Verſtandesbegriff auf Gegenſtände nur mittelbar, nemlich vermittelſt einer Anſchauung, d. i. er muß allemal irgend eine Anſchauung oder
Erſcheinung zum Inhalt, oder zum Objecte haben; ſonſt
iſt er völlig leer und ohne alle Bedeutung. Da nun ein
reiner Begriff nichts weiter, als die bloße Form des
Denkens oder Urtheilens enthält; ſo kann er ſich nicht
anders auf Gegenſtände beziehen, als in ſo fern er zur
Form ſynthetiſcher Urtheile in Anſehung der Erſcheinungen gebraucht wird. Nun führt ein reiner Begriff a priori Allgemeinheit und innere Nothwendigkeit mit ſich,
folglich beſtimmt er in dem ſynthetiſchen Urtheile die Verknüpfung der Erſcheinungen als nothwendig und allgemein
gültig (z. E. in dem Urtheil: der Sonnenſchein iſt die
Urſache vom Warmwerden des Steins, zeigt der Begriff der Urſache an, daß der Stein jedesmal nothwendig
warm werden muß, wenn er lange genug von der Sonne
beſchienen worden). Allein ein Urtheil, das die Erſchei-

C   nun-

nungen als allgemein gültig und nothwendig beſtimmt,
heiſt ein **Erfahrungsurtheil.** Mithin können reine Verſtandesbegriffe ſich nicht anders auf Gegenſtände beziehen, als in ſo fern ſie die Form zu Erfahrungsurthei-
len abgeben. Alſo beruhet ihre objective Gültigkeit bloß
darauf, daß durch ſie Erfahrung möglich iſt.

Nachdem alſo aus der Deduction der reinen Verſtandesbegriffe erhellet, daß ſie nicht anders auf Gegenſtände bezogen werden können, als in ſo fern durch ſie Erfahrung möglich iſt; ſo unterſucht der Verfaſſer noch
die ſubjectiven Quellen, d. i. die Fähigkeiten oder Vermögen der Seele, welche die Grundlage a priori zur
Möglichkeit aller Erfahrung ausmachen. Dieſe ſind
Sinn, Einbildungskraft, und **Apperception.**

Durch die Sinne werden uns Anſchauungen gegeben, welche, wenn ſie mit Bewuſtſeyn verbunden ſind,
Wahrnehmungen heißen. Nun enthält eine jede Anſchauung ein Mannigfaltiges in ſich, mithin verſchiedne
Wahrnehmungen, die aber, ſo wie ſie die Sinne liefern, an ſich in unſerm Gemüthe zerſtreut und einzeln
vorhanden ſind. Soll nun aus dieſem Mannigfaltigen
der Anſchauung eine einzige Vorſtellung werden; ſo iſt
erſtlich das Durchlaufen dieſes Mannigfaltigen, und dann
eine Verbindung oder Zuſammennehmung deſſelben nöthig.
Da nun die Sinne ſelbſt hiezu untüchtig ſind, indem dieſe
die Eindrücke bloß empfangen, aber nicht zuſammenſet-
zen und verbinden können; ſo muß in uns ein thätiges
Vermögen ſeyn, welches hiezu tüchtig iſt, und dieſes
nennen wir die **Einbildungskraft.** Dieſe muß demnach
die verſchiedenen Eindrücke, oder das Mannigfaltige der

An-

Anschauung zuerst in ihre Thätigkeit aufnehmen und gleich= sam durchgehen, d. i. apprehendiren, und sodann dieses Mannigfaltige der Anschauung verbinden und in ein Bild bringen. Daher nennt der Verfasser diese Verbindung des Mannigfaltigen der Anschauung die **Synthesis** der Ap= prehension in der Anschauung. Nun ist ferner dieses Zu= sammennehmen des Mannigfaltigen jederzeit successiv, und daher nicht anders möglich, als daß wir von diesen mannig= faltigen Vorstellungen erst eine nach der andern in Gedan= ken fassen. Dieses aber erfordert, daß ich beym Fortgehen zu den folgenden Vorstellungen jedesmal die vorherge= henden im Gemüthe reproducire. Denn, geschähe dieses nicht, sondern verlöhre ich die vorhergehenden Vorstellun= gen, indem ich zu den folgenden fortgehe; so würde nie= mals eine Verbindung derselben, mithin niemals eine ganze Vorstellung entspringen. Also muß die Einbil= dungskraft zugleich ein Reproductionsvermögen haben, die vorhergehenden Wahrnehmungen zu den nachfolgenden herüber zu rufen, und so ganze Reihen derselben darzu= stellen; und es muß zweytens die Synthesis der Appre= hension in der Anschauung noch jederzeit mit der Syn= thesis der **Reproduction** in der Einbildung verknüpfet werden.

Indessen würde alle Reproduction in der Reihe der Vorstellungen vergeblich seyn, wofern wir uns nicht be= wußt wären, daß das, was wir denken, eben dasselbe sey, was wir einen Augenblick zuvor dachten. Soll also aus dem Mannigfaltigen, nach und nach Angeschauten und denn auch Reproducirten, ein Gedanke oder Begriff werden; so muß drittens noch das **Bewußtseyn**, oder

die

die Apperception hinzukommen, welche daſſelbe in eine Vorſtellung vereinigt, folglich der Syntheſis der Apprehenſion und Reproduction Einheit giebt, und aus derſelben ein Ganzes macht. Dieſes nennt der Verfaſſer die Syntheſis der Recognition im Begriffe.

Alſo ſezt die Möglichkeit der Erfahrung eine dreifache Syntheſis voraus, nämlich der Apprehenſion in der Anſchauung, der Reproduction in der Einbildung, und der Recognition im Begriffe durch die Apperception, oder das Bewuſtſeyn.

Dasjenige alſo, welches alle unſere Anſchauungen erſt zu Gedanken macht, daß aus denſelben eine Erkentniß werden kaum, iſt das Bewuſtſeyn von der Identität unſerer apprehendirten und reproducirten Vorſtellungen. Nun gehören dieſe Vorſtellungen zu unſerm innern Zuſtande, mithin beſteht gedachtes Bewuſtſeyn im Bewuſtſeyn der Identität unſers innern Zuſtandes. Dieſes aber beruhet auf Empfindung durch den innern Sinn, mithin iſt es bloß empiriſch. Allein dieſes empiriſche Bewuſtſeyn ſezt nothwendig ein reines voraus, das vor demſelben a priori vorhergeht, und es erſt möglich macht. Denn da unſer innere Zuſtand flieſſend und wandelbar iſt; ſo iſt auch das empiriſche Bewuſtſeyn unſers innern Zuſtandes wandelbar, mithin könnten wir niemals wiſſen, daß unſer innere Zuſtand, den wir uns vorhin vorſtellten, eben derſelbe ſey, wofern nicht ein unwandelbares nothwendiges Bewuſtſeyn unſerer Selbſt demſelben a priori vor aller Empfindung zum Grunde läge. Dieſes reine unwandelbare Selbſtbewuſtſeyn, welches der Verfaſſer die tranſcendentale Apperception nennt, iſt es daher,

wel=

welches a priori alle unſere mannigfaltige Vorſtellungen
in einen Begriff verknüpfet, und daher ihrer Syntheſis
oder Verknüpfung die erforderliche Einheit giebt. Alſo
beruhet die Einheit der Verknüpfung unſerer mannigfaltigen Vorſtellungen, mithin die Möglichkeit aller Erfahrung, auf einem nothwendigen Princip a priori, nämlich auf der Einheit unſers reinen unwandelbaren Selbſtbewuſtſeyns.

Allein, beruhet die Einheit der Verknüpfung unſerer
Vorſtellungen auf einem nothwendigen Princip a priori;
ſo muß auch die Verknüpfung unſerer mannigfaltigen Vorſtellungen ſelbſt auf einem nothwendigen Princip a priori
beruhen. Denn, wenn dieſes nicht wäre, ſondern die Einbildungskraft das Mannigfaltige der Anſchauung bloß auf
ein Gerathewohl apprehendirte, aſſociirte und reprodu-
cirte; ſo wären dieſe mannigfaltigen Vorſtellungen ohne
beſtimmten Zuſammenhang, bloße regelloſe Haufen, mithin könnte aus ihrer unbeſtimmten ganz zufälligen Verknüpfung unmöglich eine nothwendige Einheit a priori
werden. ——

Alſo ſetzt das reine Bewuſtſeyn auch eine reine Einbildungskraft voraus, d. i. ein Vermögen das Mannigfaltige der Anſchauung in der Apprehenſion und Reproduction nach nothwendigen Bedingungen a priori zu verknüpfen.

Auf dieſe Weiſe beruhet alſo ſowohl die Verknüpfung
des Mannigfaltigen der Anſchauung in der Apprehenſion
und Reproduction, als auch die Einheit dieſer Verknüpfung, wodurch dieſelbe erſt ein Gedanke wird, auf nothwendigen Bedingungen, die ſchon vor aller Erfahrung,

mit-

mithin a priori, in unserm Verstande liegen, und die also erst alle Erkenntniß, mithin auch alle Erfahrung möglich machen. Nun heist die Vorstellung einer Bedingung, nach welcher ein gewisses Mannigfaltiges verknüpft werden kann, eine Regel, und wenn diese Verknüpfung nothwendig ist, ein Gesez. Also beruhet die Möglichkeit der Erfahrung auf gewissen Regeln und Verstandesgesezzen a priori. Dergleichen Regeln und Gesezze des Verstandes aber sezzen reine Begriffe a priori voraus. Mithin beruhet die Möglichkeit der Erfahrung auf reinen Verstandesbegriffen a priori. Da nun dasjenige, was alles Erkenntniß erst möglich macht, die Form desselben heist; so sind die reinen Verstandesbegriffe, oder Categorien, die Form alles möglichen Erfahrungserkentnisses, mithin haben dieselben auf alle Gegenstände möglicher Erfahrung, d. i. auf alle Erscheinungen, eine nothwendige Beziehung, so, daß leztere bloß vermittelst ihrer in einer solchen durchgängigen Verknüpfung und Einheit stehen, daß sie ein regelmäßiges Ganzes, oder wahre Erfahrung heißen können. Und so ist hieraus die Art, wie die reinen Verstandesbegriffe sich a priori auf Gegenstände beziehen, d. i. objective Realität haben können, einleuchtend, mithin ihre Deduction erwiesen.

Anstatt also, daß die reinen Verstandesbegriffe ihren Ursprung aus der Erfahrung ableiteten, und von ihr erborgt wären; so leitet vielmehr umgekehrt die Erfahrung ihren Ursprung und ihre ganze Möglichkeit bloß von ihnen ab. Allein, da sie bloß die Formen aller Erkentniß von Gegenständen enthalten; so haben sie an sich selbst gar keinen Inhalt, und bezeichnen also an sich gar

keinen

keinen Gegenſtand, oder das Materiale der Erkentniß;
ſondern ſie enthalten an ſich bloß die allgemeinen Bedingungen, unter welchen der Verſtand Gegenſtände, die
bereits anders woher unmittelbar gegeben ſind, erkennen
kann. Da uns nun auf keine andere Art Gegenſtände unmittelbar gegeben werden können, als
durch die Sinnlichkeit; ſo können die reinen Verſtandesbegriffe bloß auf Gegenſtände der Sinnlichkeit,
mithin bloß auf Erſcheinungen bezogen werden. Wollte
man ſie alſo auf Dinge an ſich ſelbſt beziehen; ſo wären ſie ganz leere Begriffe ohne allen Gegenſtand, mithin
ohne objective Realität, alſo ohne allen Inhalt und ohne
alle Bedeutung. Alſo kann uns von dem, was die Dinge an ſich ſelbſt ſind, der Verſtand eben ſo wenig, als
die Sinnlichkeit lehren, und ſo wenig wir ſagen können,
daß die Dinge an ſich ſelbſt im Raum und in der Zeit ſind,
ſo wenig können wir auch ſagen, daß die Dinge an ſich
ſelbſt eine Größe haben, daß ſie Subſtanzen ſind, daß
ſie im Verhältniſſe der Urſach und Wirkung ſtehen ꝛc.

Wenn man einen Begriff auf Erſcheinungen beziehet;
ſo nennt der Verfaſſer dieſes ſeinen empiriſchen Gebrauch.
Beziehet man ihn dagegen auf Dinge an ſich ſelbſt; ſo
nennt er dieſes ſeinen tranſcendentalen Gebrauch. Alſo
ſind die reinen Verſtandesbegriffe bloß von empiriſchem,
keinesweges aber vom tranſcendentalen Gebrauch.

2.
Analytik der Grundſätze.

Die reinen Verſtandesbegriffe enthalten, wie gezeigt worden, nichts vom Materialen, oder Inhalt der
Erkentniß, ſondern bloß die intellectuale Form derſel-

E 4 ben,

ben, nämlich die allgemeinen Bedingungen, oder Regeln,
unter welche alle Erscheinungen subsumirt werden müssen.
Etwas unter Regeln subsumiren, d. i. unterscheiden, ob
es unter einer gegebnen Regel stehe, oder nicht, heißt
urtheilen, und das Vermögen hiezu die Urtheilskraft. Also ist zum richtigen Gebrauch der reinen Verstandesbegriffe, Urtheilskraft nöthig. Nun kann die
allgemeine Logik für die Urtheilskraft gar keine Vorschrif-
ten geben. Denn da sie von allem Inhalte der Erkentniß abstrahirt; so kann sie nichts weiter thun, als die
bloße Form der Erkentniß in Begriffen, Urtheilen und
Schlüssen analytisch aus einander sezzen, und dadurch
formale Regeln für jeden Gebrauch des Verstandes überhaupt zu Stande bringen, aber gar nicht zeigen, wie
man unter diese Regeln subsumiren, d. i. unterscheiden
soll, ob etwas darunter stehe, oder nicht. Daher kann
die gewöhnliche Logik zwar den Verstand belehren, und
mit Regeln ausrüsten, aber nicht die Urtheilskraft, sondern diese ist ein besonderes Talent, das gar nicht be-
lehrt, sondern nur geübt seyn will, und daher das Spe-
zifische des sogenannten Mutterwizzes ausmacht, dessen
Mangel keine Schule ersezzen kann. Eben darin besteht
auch daher der einzige und große Nuzzen der Beyspiele,
daß sie die Urtheilskraft schärfen, indem sie gleichsam ihr
Gängelwagen sind, und sie in der Anwendung der Regeln auf besondere Fälle üben, da sie hingegen der Richtigkeit und Präcision des Verstandes gemeiniglich Abbruch
thun, weil sie nur selten die Bedingung der Regel adäquat erfüllen, und außerdem den Verstand gewöhnen,
die allgemeinen Regeln nur mechanisch, als bloße Formeln zu gebrauchen. Allein wenn gleich die allgemeine
Logik

Logik der Urtheilskraft keine Vorſchriften geben kann;
ſo iſt es doch mit der tranſcendentalen Logik ganz anders
bewandt. Denn da dieſe ausdrücklich auf den Inhalt
der Erkentniß ſieht; ſo iſt es ihr eigentliches Geſchäfte,
die richtige Anwendung der reinen Begriffe, oder Regeln
des Verſtandes, auf Gegenſtände zu lehren, d. i. zu zeigen, ob ein Gegenſtand unter dieſen Regeln ſtehe, oder
nicht, und auf dieſe Weiſe, als Critik, die Fehltritte der
Urtheilskraft (lapſus judicii) im Gebrauch der wenigen
reinen Verſtandesbegriffe, die wir haben, zu verhüten.
Und in der That iſt dieſer Nuzzen, ob er gleich bloß ne-
gativ iſt, der wahre und eigentliche Nuzzen der Philoſophie, wozu billig ihre ganze Scharfſinnigkeit und Prü-
fungskunſt aufgeboten werden muß, indem alle bisherige Verſuche es hinlänglich zeigen, daß ſie als Doctrin,
die dem Verſtande im Felde reiner Erkenniſſe a priori
Erweiterung zu verſchaffen meint, nicht das mindeſte
ausrichten kann.

Nun frägt es ſich aber: wie kann man denn Gegenſtände auf reine Verſtandesbegriffe ſubſumiren?
Denn in allen Subſumtionen eines Gegenſtandes unter
einem Begriff, muß die Vorſtellung des erſtern mit dem
leztern gleichartig ſeyn, d. i. der Begriff muß das enthalten, was in dem Gegenſtande, der unter ihm ſubſu-
mirt wird, vorgeſtellt wird, denn das bedeutet eben der
Ausdruck: ein Begriff ſey unter dem Gegenſtande enthalten. So kann ich z. E. einen Teller unter den Begriff des Cirkels bloß deshalb ſubſumiren, weil ich mir
bey jenem eben die Rundung, als bey dieſem vorſtelle,
mithin die Vorſtellungen des Tellers und des Cirkels

gleich-

gleichartig sind. Nun sind reine Verstandesbegriffe bloß auf Erscheinungen anwendbar, Verstandesbegriffe und Erscheinungen aber sind ganz ungleichartig, indem jene bloß den Verstand, diese aber bloß die Sinnlichkeit zur Quelle haben. Also entsteht die ganz natürliche und erhebliche Frage: wie man die reinen Verstandesbegriffe auf Erscheinungen anwenden könne. Soll dieses möglich seyn; so muß es also nothwendig ein Drittes geben, was einerseits mit dem reinen Verstandesbegriffe, und andererseits mit der Erscheinung gleichartig ist, und vermittelst dessen also die Anwendung des erstern auf die leztere möglich wird. Diese vermittelnde Vorstellung nennt der Verfasser das transcendentale Schema, und das Verfahren des Verstandes mit demselben den Schematismus der reinen Verstandesbegriffe. Dieses Schema ist nun die Zeit. Denn da diese nicht nur eine Anschauung a priori, sondern auch die formale Bedingung aller Erscheinungen überhaupt ist; so ist sie so fern, als sie nicht nur auf einer Regel a priori beruht, sondern auch allgemein ist, mit jedem Verstandesbegriffe gleichartig. Da aber die Zeit auch die Form einer jeden Erscheinung, mithin in dieser allemal enthalten ist; so ist sie so fern auch mit jeder Erscheinung gleichartig. Also ist die Subsumtion eines Gegenstandes auf einen reinen Verstandesbegrif, oder die Anwendung des leztern auf den erstern nie anders möglich, als vermittelst der Zeitbestimmung, mithin ist diese das transcendentale Schema aller reinen Verstandesbegriffe.

Man muß dieses Schema eines Begrifs von einem Bilde desselben unterscheiden. Denn ersteres zeigt nur

ein

ein allgemeines Verfahren an, einem Begriffe ſein Bild
zu verſchaffen. So iſt, wenn ich drey Puncte ... hin-
ter einander ſezze, dieſes ein Bild von der Zahl drey.
Denke ich mir dagegen eine Zahl überhaupt, ſie ſey, welche ſie wolle, z. E. tauſend; ſo denke ich hier nicht ein
Bild, ſondern bloß eine Methode, dem Begriffe der
Zahl gemäß, eine Menge in einem Bilde vorzuſtellen,
ob ich gleich lezteres, beſonders bey großen Zahlen, ſel-
ten überſehen, und mit dem Begriffe der Zahl vergleichen kann. In der That liegen unſern reinen Begriffen
nicht Bilder der Gegenſtände, ſondern Schemata zum
Grunde. Denn kein Bild des Gegenſtandes kann einem
reinen Begriff deſſelben völlig congruiren. So kann
z. B. dem Begriffe von einem Triangel überhaupt, kein
Bild jemals adäquat ſeyn, weil es nie die Allgemeinheit
des Begrifs erreichen kann, indem dieſer für alle mögliche Triangel gilt. Wir haben daher von einem Triangel überhaupt bloß das Schema in unſern Gedanken,
nämlich eine Regel, nach welcher die Einbildungskraft
unſere Anſchauung, einem gewiſſen allgemeinen Begriffe
gemäß, beſtimmt. Eben ſo bedeutet der Begriff vom
Hunde eine Regel, nach welcher meine Einbildungskraft
die Geſtalt eines vierfüßigen Thieres allgemein verzeichnen
kann, ohne auf irgend eine beſondere Geſtalt, die mir
die Erfahrung darbietet, eingeſchränkt zu ſeyn.

Das reine Bild aller äußern Größen (quantorum)
iſt der Raum; und das reine Bild aller Gegenſtände
der Sinne überhaupt, iſt die Zeit. Das reine Schema
der Größe aber (quantitatis) als eines Verſtandesbe-
grifs, iſt die Zahl, d. i. eine Vorſtellung, die die ſuc-

ceſſive

cessive Addition von Einem zu Einem (gleichartigen) zusammenbesaßt, mithin ist die Zahl nichts anders, als die Einheit der Synthesis des Mannigfaltigen einer Anschauung überhaupt, dadurch, daß ich die Zeit selbst in der Apprehension der Anschauung erzeuge.

Das Schema der Realität, d. i. desjenigen, was einer Empfindung überhaupt correspondirt, und dessen Begriff also ein Seyn (in der Zeit) anzeigt, ist die stetige Erzeugung derselben in der Zeit, indem man von der Empfindung, die eine gewisse Größe hat, in der Zeit bis zum Verschwinden derselben hinabgeht, oder vom Nichtseyn der Empfindung bis zu einer gewissen Größe derselben hinaufsteigt.

Das Schema der Substanz ist die Beharrlichkeit des Realen in der Zeit, d. i. die Vorstellung desselben, als eines Substrati der empirischen Zeitbestimmung, welches bleibt, indem alles andere wechselt. Das Schema der Causalität ist die Succeßion des Mannigfaltigen, insofern sie einer Regel unterworfen ist. Das Schema der Gemeinschaft der Substanzen ist das Zugleichseyn der Bestimmungen der einen mit den Bestimmungen der andern, nach einer allgemeinen Regel. Das Schema der Möglichkeit ist die Zusammenstimmung der Verknüpfung verschiedener Vorstellungen mit den Bedingungen der Zeit überhaupt, also die Bestimmung der Vorstellung eines Dinges zu irgend einer Zeit. Das Schema der Wirklichkeit ist das Daseyn in einer bestimmten Zeit. Das Schema der Nothwendigkeit ist das Daseyn zu aller Zeit.

Nimmt man alles dieſes zuſammen; ſo iſt klar, daß das Schema der Quantität die Erzeugung der Zeit ſelbſt, oder die Zeitreihe, das Schema der Qualität die Erfüllung der Zeit, oder den Zeitinhalt, das Schema der Relation das Verhältniß der Wahrnehmungen unter einander zu aller Zeit, oder die Zeitordnung, und das Schema der Modalität die Zeit als Correlatum der Beſtimmung eines Gegenſtandes, ob und wie er zur Zeit gehöre, oder den Zeitinbegriff in Anſehung aller möglichen Gegenſtände enthalte und vorſtellig mache, und daß alſo die Schemate der reinen Verſtandesbegriffe nichts als Zeitbeſtimmungen a priori nach Regeln ſind. Da nun die Zeit die eigentliche Form des innern Sinnes iſt; ſo erhellet hieraus, daß die Schemate der reinen Verſtandesbegriffe bloß darauf hinausgehen, der Verbindung des Mannigfaltigen der Anſchauung in dem innern Sinne, und ſo indirect im Bewuſtſeyn Einheit zu verſchaffen, und daß ſie alſo die wahren und einzigen Bedingungen ſind, den reinen Verſtandesbegriffen eine Beziehung auf Objecte, mithin objective Realität zu verſchaffen. Allein da dieſe Schemate insgeſammt Zeitbeſtimmungen ſind, mithin die Form der Sinnlichkeit betreffen; ſo erhellet hieraus zugleich, daß die objective Realität der reinen Verſtandesbegriffe auf Bedingungen eingeſchränkt iſt, die außer dem Verſtande, nämlich in der Sinnlichkeit, liegen, und daß ſie alſo von den Gegenſtänden nicht gelten, wie ſie an ſich ſind, ſondern nur, wie ſie uns erſcheinen.

Nachdem nun der Verfaſſer die Schemate, oder die Bedingungen gezeigt, vermittelſt deren die reinen

Ver-

Verstandesbegriffe auf Gegenstände bezogen werden können; so geht er zur Untersuchung aller Grundsäze des reinen Verstandes selbst fort.

Der oberste Grundsaz aller analytischen Urtheile ist der Saz des Widerspruchs, welcher also heißt: Keinem Dinge kommt ein Prädicat zu, welches ihm widerspricht. Dieser Saz ist die allgemeine Bedingung aller möglichen Urtheile, ohne Rücksicht, ob und auf welchen Gegenstand sie sich beziehen mögen, indem jedes Urtheil, das sich selbst widerspricht, schon, ohne Rücksicht auf seinen Inhalt, an sich selbst nichts ist, weil es sich selbst aufhebt. Daher ist derselbe das allgemeine und völlig hinreichende Principium aller analytischen Urtheile. Denn da in diesen der Begrif des Prädicats schon im Begriffe des Subjects enthalten ist; so wird hier im Prädicat das Gegentheil vom Begriffe des Subjects jederzeit richtig verneint, der Begrif des Subjects selbst aber von ihm richtig bejahet. Allein für synthetische Urtheile ist der Saz des Widerspruchs zwar eine conditio sine qua non, aber kein hinreichendes Principium der Wahrheit. Denn da hier der Begrif des Prädicats in dem Begriffe des Subjects gar nicht enthalten ist; so kann man jenen von diesem, ohne sich im mindesten zu widersprechen, eben sowohl verneinen, als bejahen. So ist z. E. weder in dem Saz: der Sonnenschein ist die Ursache der Wärme, noch in dem Gegensaz: der Sonnenschein ist nicht die Ursache der Wärme, der geringste Widerspruch. Man hat zwar bisher dem Sazze des Widerspruchs das Ansehen eines synthetischen Sazzes gegeben, da man in denselben den Begrif der Zeit eingemischt, und ihn durch die Formel

mel ausgedruckt hat: Es ist unmöglich, daß etwas zu=
gleich sey und nicht sey.　Allein in dieser Formel ist nicht
nur das Wort unmöglich ganz überflüßig, indem die=
ses schon im Sazze: ein Ding kann nicht zugleich seyn
und nicht seyn, selbst liegt, sondern es gehöret
auch das Wort zugleich gar nicht in den Saz
des Widerspruchs, indem derselbe als ein bloß logischer
Grundsaz, der für alle mögliche Erkentnisse gilt, gar
nicht auf Zeitbedingungen eingeschränkt werden muß.

Die synthetischen Grundsäzze erfordern also noch ein
ganz anderes Principium, als den Saz des Widerspruchs.
Nun ist aus dem vorigen klar, daß kein synthetisches
Erkentniß a priori möglich ist, als in so fern auf dem=
selben die Möglichkeit der Erfahrung beruht.　Also ist das
oberste Principium aller synthetischen Urtheile dieses:
keine Verknüpfung reiner Begriffe hat objective Sültig=
keit, als in so fern durch sie ein Erfahrungsurtheil entste=
het.　Daher ist aus bloßen Begriffen keine Erkentniß
eines Gegenstandes möglich.　Also sind alle synthetische
Grundsäzze des reinen Verstandes nichts anders, als die
Grundsäzze von der Möglichkeit der Erfahrung.　Nun
heißt die Wissenschaft, welche die allgemeinen Principien
möglicher Erfahrung enthält, die reine Naturwissen=
schaft, oder Physiologie.　Also erhellet hieraus, wie
reine Naturwissenschaft möglich ist, nämlich, in so fern
alle Erscheinungen, nach der verschiedenen Form ihrer
Anschauung, unter reine Verstandesbegriffe subsumiret,
und hiedurch synthetische Säzze a priori erzeugt werden,
welche die Erscheinungen auf eine nothwendige Art ver=
knüpfen, und eben daher ein Natursystem ausmachen,

wel=

welches vor aller empirischen Naturerkentniß vorhergeht, und diese erst möglich macht. Daher sind die synthetischen Grundsäzze des reinen Verstandes zugleich die allgemeinen Naturgesezze, oder die **Grundsäzze der Naturwissenschaft.**

Hieraus folgt also, daß die oberste Gesezgebung der Natur bloß in uns selbst, d. i. in unserm Verstande liegt, und wir müssen also die allgemeinen Gesezze der Natur nicht von der Natur vermittelst der Erfahrung abstrahiren, und herleiten, sondern umgekehrt die Natur, ihrer allgemeinen Gesezmäßigkeit nach, bloß in den in unserer Sinnlichkeit und dem Verstande liegenden Bedingungen der Möglichkeit suchen. Also ist es zwar ein widersinnigscheinender, aber dennoch gewisser Saz: der Verstand schöpfet seine Gesezze a priori nicht aus der Natur, sondern schreibt sie dieser vor.

Die Tafel der synthetischen Grundsäzze des reinen Verstandes läßt sich nun aus der Tafel der reinen Verstandesbegriffe vollständig verfertigen. Denn da die leztern die allgemeinen Formen aller möglichen synthetischen Urtheile bestimmen; so muß es eben so viele Hauptgattungen von synthetischen Grundsäzzen des reinen Verstandes geben, als es Hauptgattungen von reinen Verstandesbegriffen giebt. Mithin giebt es, nach der obigen Tafel der Categorien vier Hauptklassen der synthetischen Grundsäzze, die der Verfasser auf folgende Art benennt:

1) Axiomen der Anschauung,
2) Anticipationen der Wahrnehmung,
3) Analogien der Erfahrung,
4) Postulate des empirischen Denkens überhaupt.

Die

Die beyden erſtern Arten nennt er die mathematiſchen, die beiden leztern aber die dynamiſchen Grundſäze, weil jene einer intuitiven, dieſe aber einer bloß diſcurſiven, obzwar beiderſeits einer völligen Gewißheit fähig ſind.

I. Das Axiom der Anſchauung heiſt alſo: Alle Erſcheinungen ſind ihrer Anſchauung nach extenſive Größen. Beweis. Denn eine Größe heiſt eine extenſive, wenn die Vorſtellung des Ganzen erſt durch die Vorſtellung der Theile möglich wird. Nun iſt die bloße Anſchauung an allen Erſcheinungen entweder der Raum, oder die Zeit, in beiden aber iſt die Vorſtellung des Ganzen erſt durch die Vorſtellung der Theile möglich z. B. ich kann mir keine Linie vorſtellen, ohne ſie erſt in Gedanken zu ziehen, d. i. von einem Punkte an, alle Theile nach einander zu erzeugen, und eben ſo kann ich mir keine Zeitgröße vorſtellen, ohne erſt durch den ſucceſſiven Fortgang von einem Augenblick zum andern jeden Zeittheil, den ſie enthält, zu erzeugen. Alſo ſind alle Erſcheinungen ihrer Anſchauung nach extenſive Größen.

Auf dieſem Axiom der Anſchauung beruht die Anwendbarkeit der reinen Mathematik auf Gegenſtände der Erfahrung, ſo daß alles, was jene lehrt, auch von dieſen aufs präciſeſte gelten muß, z. E. die unendliche Theilbarkeit. Alle Einwürfe dawider ſind alſo nur Chikanen einer falſch belehrten Vernunft, die irriger Weiſe die Gegenſtände der Sinne von der formalen Bedingung unſerer Sinnlichkeit loszumachen gedenkt, und sie als Dinge an sich betrachtet, da sie doch bloße Erscheinungen sind.

II. Der Grundsaz von den Anticipationen der Wahrnehmung heißt so: In allen Erscheinungen hat die Empfindung und das Reale, welches ihr an dem Gegenstande entspricht (realitas phaenomenon) eine intensive Größe, d. i. einen Grad. **Beweis.** Denn jede einzelne Empfindung erfüllt nur einen Augenblick, und hat also keine extensive Größe. Indessen ist jede Empfindung einer Verringerung fähig, so daß sie abnehmen und so allmählig ganz verschwinden kann. Nun heißt das, was in der empirischen Anschauung der Empfindung correspondirt, Realität (realitas phaenomenon), und was dagegen dem Mangel derselben entspricht, Negation = o. Mithin ist zwischen Realität in der Erscheinung und zwischen der Negation ein continuirlicher Zusammenhang vieler möglicher Zwischenempfindungen, die immer kleiner werden, bis sie endlich = o werden, d. i. das Reale in der Erscheinung hat eine Größe, die aber nicht extensiv ist, sondern nur als eine Einheit apprehendirt wird, in welcher die Vielheit bloß durch Annäherung zur Negation vorgestellet werden kann. Nun heißt eine solche Größe die intensive Größe, oder ein Grad. Also hat jede Realität in der Erscheinung eine intensive Größe, d. i. einen Grad. Z. B. eine jede Farbe, z. E. die rothe, hat einen Grad, der, so klein er auch seyn mag, niemals der kleinste ist, und so ist es auch mit der Wärme, Schwere, Elasticität rc.

Aus

Aus diesem Grundsatze folgt

1) daß alle Erscheinungen, sowohl extensiv, als in-
tensiv betrachtet, stetige oder continuirliche Größen
sind, d. i. solche, in welchen kein Theil der Kleinst-
mögliche, oder einfach ist, und die man daher
auch fliessende zu nennen pflegt; mithin giebt es
es in den Theilen einer Erscheinung selbst keinen
Absprung (non datur saltus).

2) Da jeder Sinn einen bestimmten Grad der Receptivität der Empfindungen haben muß; so ist keine
Wahrnehmung, mithin auch keine Erfahrung möglich, die unmittelbar, oder mittelbar (durch welchen Umschweif im Schliessen man immer wolle)
einen gänzlichen Mangel alles Realen bewiese, d. i.
es kann aus der Erfahrung niemals ein Beweis
vom leeren Raum, oder einer leeren Zeit gezogen
werden, mithin giebt es auch zwischen den Erscheinungen keine Kluft oder Lücke (non datur hiatus).
Denn der gänzliche Mangel des Realen in der sinnlichen Anschauung kann erstlich selbst nicht wahrgenommen werden, zweytens kann er auch niemals
daraus gefolgert werden, weil eine Erscheinung
einen größern Grad der Realität hat, als die andere. Denn da bey unveränderter extensiven Größe der Erscheinung, der Grad ihrer Realität bis
zum Nichts oder Leeren gleichwohl durch unendliche Stufen abnehmen kann; so muß es unendlich
verschiedene Grade geben, mit welchen Raum oder
Zeit erfüllet seyn, und bey einerley extensiven Größe kann doch die intensive in der einen Erscheinung

D 2   größer

größer ſeyn, als in der andern. So kann eine
Ausſpannung, die einen Raum erfüllt, z. E. Wärme, und ſo auch jede andere Realität, in ihren
Graden ins Unendliche abnehmen, und dennoch
mit dieſen kleinern Graden den vorigen Raum eben
ſo wohl erfüllen, als vorher, ohne im mindeſten
den kleinſten Theil dieſes Raums leer zu laſſen.
Daher iſt es eine grundloſe Vorausſetzung der Na-
turlehrer, daß das Reale im Raum allerwärts
einerley ſey, und ſich nur der extenſiven Größe, d. i.
der Menge nach unterſcheiden könne, und daß deshalb, weil wir bey Körpern von gleichem Volumen dennoch eine verſchiedene Quantität der Materie wahrnehmen, dieſes Volumen in allen Materien, obzwar in verſchiednem Maaße, leer ſeyn
müſſe.

Uebrigens nennt der Verfaſſer dieſen zweyten
Grundſaz eine Anticipation der Wahrnehmung deshalb, weil derſelbe dasjenige a priori beſtimmt,
was doch zur empiriſchen Kentniß gehört, nämlich
was ſich an jeder Empfindung als Empfindung überhaupt finden muß, mithin der Verſtand hier auf
eine befremdende Weiſe der Erfahrung in demjenigen vorgreift, was gerade die Materie derſelben
angeht, die man nur aus ihr ſchöpfen kann.

III. Der allgemeine Grundſaz von den Analogien der
Erfahrung iſt dieſer: Alle Erſcheinungen ſtehen, ihrem Daſeyn nach, a priori un er Regeln der Beſtimmung ihres Verhältniſſes unter einander in einer Zeit.

Bei

Beweis. Denn die Zeit iſt die Form aller Erſcheinungen, mithin können wir die Erſcheinungen, ihrem
Daſeyn nach, nicht anders beſtimmen, als in ſo
fern wir uns ihres Verhältniſſes unter einander in der
Zeit bewuſt ſind. Allein, wenn dieſes mannigfaltige Bewuſt ſeyn der verſchiedenen Erſcheinungen, ihren Zeitver-
hältniſſen nach, ein Erkentniß für uns werden ſoll; ſo
muß daſſelbe nothwendig in einem einzigen urſprünglichen Bewuſtſeyn vereinigt werden, mithin muß unter
allen Erſcheinungen, nach ihrem Verhältniſſe in der Zeit,
ein gewiſſer nothwendiger Zuſammenhang d. h. ſynthetiſche Einheit ſeyn. Dieſer Zuſammenhang aber kann nicht
von den Erſcheinungen ſelbſt, mithin nicht von der Erfahrung gegeben werden, weil jede Erſcheinung als etwas
einzelnes für ſich keine nothwendige Verknüpfung mit etwas anderm lehren kann. Alſo muß dieſer Zuſammenhang a priori gewiſſe Regeln der allgemeinen Zeitbeſtimmung geben, unter welchen alle Erſcheinungen ſtehen.

Dieſe Regeln ſind es nun eben, die der Verfaſſer
die Analogien der Erfahrung nennt. In der Mathematik bedeuten die Analogien Formeln, welche die Gleichheit zweyer Größenverhältniße ausſagen, und dieſe
ſind jederzeit conſtitutiv, d. i. durch drey gegebne Glieder der Proportion iſt allemal auch das vierte gegeben.
In der Philoſophie dagegen verſteht er unter der Analogie
bloß die Gleichheit zweier qualitativen Verhältniſſe, wo
ich aus drey gegebenen Gliedern nur das Verhältniß zu
einem vierten, nicht aber das vierte Glied ſelbſt erkennen kann, wohl aber eine Regel habe, es in der Erfah-

D 3   rung

rung zu suchen, und ein Merkmal, es in derselben auf-
zufinden.

Analogien der Erfahrung sind also nichts weiter,
als Regeln, nach welchen aus Wahrnehmungen, nicht
Wahrnehmung selbst, sondern nur Einheit der Erfahrung entspringen soll, und daher gelten sie als Grundsätze von den Gegenständen (der Erscheinung) nicht, wie
die Axiomen der Anschauung und die Anticipationen der
Wahrnehmung, constitutiv, sondern bloß regulativ, d. i.
wenn uns eine Wahrnehmung in einem Zeitverhältnisse
gegen andere (obzwar unbestimmte) gegeben ist; so lehren uns die Analogien der Erfahrung a priori nicht,
welche andere und wie große Wahrnehmungen, sondern
bloß, wie sie, dem Daseyn nach, in diesem modo der
Zeit mit jener nothwendig verbunden sey. Da es nun
überhaupt drey modi der Zeit giebt, nämlich Beharrlichkeit oder Dauer (Daseyn in aller Zeit), Folge (Daseyn in verschiedener Zeit) und Zugleichseyn (Daseyn in
einerley Zeit); so giebt es auch überhaupt drey verschiedne
Analogien der Erfahrung.

Die erste Analogie der Erfahrung ist der Grundsaz der Beharrlichkeit, und heißt so: Alle Erscheinungen
enthalten das Beharrliche (Substanz) als den Gegenstand selbst, und das Wandelbare (Accidenz) als dessen
bloße Bestimmung, d. i. eine Art, wie der Gegenstand
existirt.

Beweis. Denn alle Erscheinungen sind in der Zeit,
entweder nach einander, oder zugleich. Nun ist unsere
Apprehension des Mannigfaltigen in der Erscheinung jederzeit successiv, also immer wechselnd, mithin kann diese

allein

allein uns niemals lehren, ob dieſes Mannigfaltige zugleich ſey, oder nach einander folge, wofern nicht an
ihr etwas zum Grunde liegt, was jederzeit iſt, d. i. etwas Bleibendes und Beharrliches, von welchem aller
Wechſel und Zugleichſeyn nichts als ſo viel Arten (modi
der Zeit) ſind, wie das Beharrliche exiſtirt. Alſo ſind
bloß im Beharrlichen Zeitverhältniſſe möglich, mithin iſt
dieſes das Subſtratum aller Zeitbeſtimmung, folglich
auch die Bedingung der Möglichkeit der Erfahrung, und
an ihm kann alles Daſeyn und aller Wechſel in der Zeit
nur als ein modus der Exiſtenz deſſen, was bleibt und
beharrt, angeſehen werden. Alſo iſt in allen Erſcheinungen das Beharrliche der Gegenſtand ſelbſt, d. i. die
die Subſtanz (phaenomenon), alles aber, was wech-
ſelt oder wechſeln kann, gehört nur zu der Art, wie die
Subſtanz exiſtirt, mithin zu ihren Beſtimmungen, d. i.
zu ihren Accidenzen.

Dieſen Grundſaz der Beharrlichkeit zu beweiſen, iſt
noch nie einem Philoſophen eingefallen. Auf ihm beruhet der alte Saz: aus nichts wird nichts. Denn wenn
dasjenige an der Erſcheinung, was man Subſtanz nennen will, das eigentliche Subſtratum aller Zeitbeſtimmung ſeyn ſoll; ſo muß ſowohl alles Daſeyn in der vergangenen, als das in der künftigen Zeit, daran einzig
und allein beſtimmt werden können, mithin ſezt der Na-
me Subſtanz ſchon ihr Daſeyn zu aller Zeit voraus, daher ſind die beiden Säzze der Alten: gigni de nihilo
nihil, in nihilum nil poſſe reuerti, mit einander unzer-
trennt verknüpft, und man darf nicht beſorgen, daß
der erſtere der Abhängigkeit der Welt von einer ober-

D 4   ſten

ften Urfache (auch fogar ihrer Subftanz nach) entgegen
feyn dörfte, indem diefe Säzze gar nicht die Dinge an
fich felbft, fondern bloß ihre Erfcheinungen im Felde der
Erfahrung angehen, deren Einheit niemals möglich feyn
würde, wenn wir neue Dinge, der Subftanz nach, wollten entftehen laffen, denn alsdenn fiele die Identität des
Subftratum weg, woran aller Wechfel allein durchgängige Einheit hat.

Auf diefen Grundfaz der Beharrlichkeit gründet fich
nun auch die Berichtigung des Begriffs von Veränderung. Entftehen und Vergehen find nicht Veränderungen
deffen, was entfteht, oder vergeht. Veränderung ift
eine Art zu exiftiren, welche auf eine Art zu exiftiren
eben deffelben Gegenftandes erfolgt. Daher ift alles,
was fich verändert, bleibend, und nur fein Zuftand
wechfelt, mithin kann man fagen: nur das Beharrliche (die Subftanz) wird verändert, das Wandelbare
aber leidet keine Veränderung, fondern nur einen Wechfel, indem einige Accidenzen aufhören und andere an-
heben. Veränderung kann daher nur an Subftanzen
wahrgenommen werden, mithin kann das Entftehen oder
Vergehen fchlechthin gar keine mögliche Wahrnehmung
feyn. Denn man nehme an, daß etwas fchlechthin anfinge zu feyn, fo müften wir einen Zeitpunct haben, in
welchem es nicht war. Nun müften wir diefen nothwendig an Dinge heften, die fchon da waren und bis zum
Entftehen des neuen Dinges fortdauren, denn eine leere
Zeit, die vorherginge, ift kein Gegenftand der Wahrnehmung. Mithin wäre das, was entfteht, nur eine

Be-

Beſtimmung desjenigen, was ſchon vorher war und fort-
daurete, alſo nur ein Accidenz von dieſem, aber keine
Subſtanz. Eben ſo iſt es auch mit dem Vergehen, denn
dieſes ſezt die empiriſche Vorſtellung einer Zeit voraus,
da eine Erſcheinung nicht mehr iſt.

Die zweite Analogie der Erfahrung iſt der **Grundſaz der Erzeuung**, und heiſt alſo: Alles, was geſchieht
(anhebt zu ſeyn), ſezt etwas voraus, worauf es nach
einer Regel folgt.

Beweis. Denn daß etwas geſchieht, d. i. daß ein
Zuſtand anfängt zu ſeyn, der vorher nicht war, kann
nicht empiriſch wahrgenommen werden, wofern nicht
eine Erſcheinung vorhergeht, die dieſen Zuſtand nicht
in ſich enthält; denn eine Wirklichkeit, die auf eine leere
Zeit folgt, mithin ein Entſtehen, vor dem kein Zuſtand
der Dinge vorhergeht, kann eben ſo wenig wahrgenommen werden, als die leere Zeit ſelbſt. Mithin ſezt jede
Wahrnehmung von etwas, was geſchieht, eine andere
voraus, die ihr vorhergeht, und auf welche ſie folgt,
und zwar ſo, daß dieſe Ordnung in dem, was vorhergehen und folgen ſoll, ſich nicht umkehren läſt, ſondern
völlig beſtimmt iſt. Nun aber iſt unſere Apprehenſion
des Mannigfaltigen der Erſcheinung jederzeit ſucceſſiv,
dieſes mag zugleichſeyn, oder auf einander folgen, mithin kann dieſelbe an ſich uns niemals lehren, daß A vorhergehe und B folge, oder welches von beiden eigentlich
das Vorhergehende, und welches das Nachfolgende ſey.
Denn die bloße Folge in einer Apprehenſion berechtigt
mich noch nicht, auf die Folge im Object zu ſchlieſſen.

Z. E.

Z. E. wenn ich das Mannigfaltige in der Erscheinung eines Hauses nach einander betrachte; so kann ich deshalb nicht schließen, daß dieses Mannigfaltige auch wirklich objectiv auf einander folge. Soll daher die Wahrnehmung von dem, was geschieht, möglich seyn; so muß in dem Mannigfaltigen der Erscheinungen eine solche objective Ordnung vorhanden seyn, daß die Apprehension dessen, was geschieht, auf die Apprehension dessen, was vorhergeht, nach einer bestimmten Regel allemal nothwendig folgt. Denn nur auf diese Art kann das, was geschieht, seine bestimmte Zeitstelle bekommen, wenn nämlich im vorhergehenden Zustande etwas vorausgesezt wird, worauf jenes jederzeit, d. i. nach einer Regel folgt, z. E. wenn ich das Mannigfaltige in der Erscheinung eines Hauses betrachte; so ist es gleichviel, ob ich von oben oder von unten anfange, hier ist die Ordnung in der Folge meiner Apprehensionen ganz willkührlich. Aber wenn ein Schiff den Strohm hinab gehet, so kann ich es nicht zuerst unterhalb und nachher oberhalb wahrnehmen, sondern ich sehe es erst oberwärts und nachher unterwärts, hier ist also die Ordnung in der Folge der Wahrnehmungen bestimmt, und diese sind an jene gebunden, mithin ist hier die subjective Folge der Apprehension von der objectiven Folge der Erscheinung durch eine nothwendige Regel bestimmt. Also sezt alles, was geschieht, etwas voraus, worauf es nach einer Regel folgt. Aus diesem Grundsaz der Erzeugung folgt also das Naturgesez: nichts geschieht durch ein blindes Ohngefähr (in mundo non datur casus).

Da

Da dasjenige, auf welches etwas nothwendig d. i. nach einer Regel folget, die Ursache von diesem genennet wird; so heißt der Grundsaz der Erzeugung kurz so: alles, was geschieht, hat eine Ursache. So sehr es also auch das Ansehen hat, als ob wir uns den Begriff von Ursache bloß in der Erfahrung bilden, indem wir aus der Wahrnehmung, daß gewisse Begebenheiten nie anders, als auf eben dieselben vorhergehenden Erscheinungen folgen, die Regel ziehen, daß dieses jederzeit und also nothwendig geschehen müsse; so ist die Unrichtigkeit dieses Vorgebens schon daraus klar, weil in diesem Fall der Saz: alles, was geschieht, hat eine Ursache, eben so zufällig, als die Erfahrung selbst, mithin seine Nothwendigkeit und Allgemeinheit bloß angedichtet wäre. Vielmehr können wir den Begriff der Ursache bloß daher aus der Erfahrung herausziehen, weil unser Verstand ihn schon a priori in die Erfahrung geleget hat.

Denn wir können selbst in der Erfahrung die Folge einer Begebenheit niemals dem Objecte beilegen, und sie von der subjectiven Folge unserer Apprehension unterscheiden, als wenn eine Regel zum Grunde liegt, die uns nöthigt, vielmehr diese Ordnung der Wahrnehmung, als eine andere zu beobachten. Unsere Vorstellungen können nicht aus sich selbst herausgehen, sondern sie bleiben an sich bloß subjective Bestimmungen, und Modificationen unserer selbst. Sollen sie also eine Beziehung auf einen Gegenstand, d. i. objective Realität erhalten, so geschiehet dieses bloß dadurch, daß ihre Verbindung auf eine Art nothwendig gemacht und einer Regel unterworfen wird, und also in ihrem Zeitverhältnisse eine gewisse Ordnung nothwendig ist. Da es ein nothwendiges Gesetz unserer Sinnlichkeit, mithin die formale Bedingung aller Wahrnehmungen ist, daß die vorige Zeit die folgende nothwendig bestimmt, indem wir zur folgenden nicht anders, als durch die vorhergehende kommen können; so ist es auch ein unentbehrliches Gesetz der empirischen Vorstellung der Zeitreihe, daß die Erscheinungen in der vergangenen Zeit jedes Daseyn in der folgenden bestimmen, d. i. nach einer Regel festsezzen, weil wir die Continuität im Zusammenhange der Zeit bloß an den Erscheinungen empirisch erkennen können. Der Saz des zureichenden Grundes ist demnach der Grund von der Möglichkeit der Erfahrung, nämlich von der objectiven Erkentniß der Erscheinungen, in Ansehung ihres Verhältnisses in der Reihenfolge der Zeit. Man könnte zwar einwenden, daß dieser Saz der Causalität bloß auf die Succeßion der Erscheinungen passe, da doch oft Ursache und Wirkung zugleich wäre, z. E. der geheizte Ofen und die Stubenwärme, die Kugel und das Grübchen, das sie in ein Küßen drückt, sind zugleich da. Allein man muß merken, daß hier bloß die Ordnung der Zeit und nicht der Ablauf derselben in Betrachtung kommt, das Verhältniß zwischen Ursache und Wirkung bleibt, wenn gleich keine Zeit verlaufen ist. Das Grübchen im Küssen erfolgt zwar zugleich mit dem Druck der Kugel, aber wenn das Küßen irgendwoher schon ein Grübchen hat, so erfolgt darauf nicht der Druck einer bleyernen Kugel.

Der

Der Begrif der Urfache führt uns nun auf den Begrif der Handlung, diefer auf den Begrif der Kraft, und diefer auf den Begrif der Subftanz; nämlich: Wo eine Handlung, mithin Thätigkeit und Kraft ift; da ift auch Subftanz. Denn alle Wirkung befteht in dem, was da gefchieht, mithin im Wandelbaren, was die Zeit, der Succeßion nach, bezeichnet, daher ift das lezte Subject deffelben das Subftratum alles Wechfelnden, mithin das Beharrliche, d. i. die Subftanz.

Aus diefem Grundfazze der Caußalität folgt endlich das Gefez der Continuität aller Veränderungen. Denn, wenn fich ein Ding verändert, d. i. aus einem Zuftande a in einen andern b übergeht; fo ift zwifchen dem Augenblick, da es aus dem erften Zuftande herausgeht, und zwifchen dem, da es in den andern Zuftand kommt, allemal eine Zeit, mithin muß es fich binnen diefer Zeit in einem Zwifchenzuftande zwifchen dem erften und andern Zuftande befinden. Alfo bringt die Urfache ihre Veränderung nicht plözlich hervor, fondern wie die Zeit vom Anfangsaugenblick bis zum zweyten durch continuirliche Zwifchenzeiten wächft, fo wird auch die Größe der Realität der Veränderung erft durch alle kleinere Grade, die zwifchen dem erften und lezten enthalten find, erzeugt. Alfo ift jede Veränderung nur durch eine continuirliche Handlung der Urfache möglich, welche, fo fern fie gleichförmig ift, ein Moment heift, und aus diefen Momenten befteht alfo nicht die Veränderung, fondern fie wird durch fie als ihre Wirkung erzeugt. Aus diefem Gefezze der Continuität folgt alfo, daß es in der Folge, der Er-

schei-

ſcheinungen eben ſo wenig, als in den Erſcheinungen ſelbſt einen Abſprung giebt (in mundo non datur ſaltus).

Die dritte Analogie der Erfahrung iſt der Grund-ſaß der Gemeinſchaft, und heiſt alſo: Alle Subſtanzen, ſo fern ſie zugleichſind, ſtehen in durchgängiger Gemein-ſchaft (d. i. Wechſelwirkung unter einander). **Beweis.** Denn Dinge ſind zugleich, ſo fern ſie in einer und der-ſelben Zeit exiſtiren. Letzteres aber erkenne ich bloß dar-an, wenn die Ordnung in ihrer Apprehenſion gleichgül-tig iſt, d. i. wenn ich in meiner Wahrnehmung ſowohl von A anfangen und zu B fortgehen, als rückwärts von B an-fangen und zu A fortgehen kann. Denn exiſtirten die Dinge A und B in verſchiedenen Zeiten, ſo daß z. E. A vorherginge, und B folgte; ſo wäre es unmöglich in meiner Wahrnehmung von B anzuheben, und rückwärts zu A fortzugehen. Nun nehme man an, in einer Man-nigfaltigkeit von Subſtanzen, als Erſcheinungen, wäre jede derſelben völlig iſolirt, d. i. keine wirkte auf die an-dere, und empfänge von dieſer wechſelſeitig Einflüſſe; ſo wäre das Zugleichſeyn derſelben kein Gegenſtand mög-licher Wahrnehmung. Denn man denke ſich, ſie wären durch einen völlig leeren Raum getrennt; ſo könnte ich zwar die eine zuerſt, und die andere nachher betrachten, allein da unſere Apprehenſion des Mannigfaltigen in der Erſcheinung jederzeit ſucceſſiv iſt; ſo könnte ich hieraus noch nicht wiſſen, ob von beiden Erſcheinungen wirklich objectiv die eine auf die andere folgte, oder ob beide zugleichſeyn. Mithin muß außer dem bloßen Daſeyn der Subſtanz noch etwas ſeyn, wodurch die Subſtanz A der Subſtanz B, und auch umgekehrt B der Subſtanz A ihre

Stelle

Stelle in der Zeit bestimmt, weil nur unter dieser Bedingung beide Substanzen als zugleich existirend wahrgenommen werden können.   Nun aber bestimmt nur dasjenige dem andern seine Stelle in der Zeit, was die Ursache von ihm, oder von seinen Bestimmungen ist.   Also
muß jede Substanz die Ursache von gewissen Bestimmungen der andern und zugleich in Ansehung ihrer eigenen
Bestimmung eine Wirkung von der andern seyn, d. i.
sie müssen entweder unmittelbar oder mittelbar in dyna-
mischer Gemeinschaft, oder in commercio stehen, wofern ihr Zugleichseyn in irgend einer möglichen Erfahrung
erkannt werden soll.

Durch dieses Commercium machen also die Substanzen nicht ein bloß ideales, sondern reales Composi-
tum aus.

IV.   Die Postulate des empirischen Denkens überhaupt, oder die Grundsäzze der Modalität sind folgende:

1) Was mit den formalen Bedingungen der Erfahrung (der Anschauung und den Begriffen nach) übereinkommt, ist möglich.

2) Was mit den materialen Bedingungen der Erfahrung (der Empfindung) zusammenhängt, ist wirklich.

3) Dessen Zusammenhang mit dem Wirklichen, nach
allgemeinen Bedingungen der Erfahrung bestimmt
ist, ist (existirt) nothwendig.

Die

Die Säzze: ein Ding ist möglich, wirklich, nothwendig, sind nicht analytische, sondern synthetische Säzze.
Denn in keinem derselben ist das Prädicat, das sie vom
Gegenstande aussagen, in dem Begriffe des Gegenstandes selbst enthalten, sondern wenn der Begrif eines Gegenstandes schon ganz vollständig ist; so läßt er es doch
noch völlig unentschieden, ob der Gegenstand auch möglich, geschweige denn wirklich, oder gar nothwendig sey.
Diese Säzze haben aber das Besondere, daß sie nicht
objectiv, sondern bloß subjectiv synthetisch sind, d. i. die
Prädicate der Möglichkeit, Wirklichkeit, oder Nothwendigkeit, welche sie dem Gegenstande beilegen, vermehren
gar nicht den Begriff desselben, weil, wenn dieser schon
ganz vollständig ist, doch noch die Frage übrig bleibt,
ob der mit allen seinen Bestimmungen schon vollständig
gedachte Gegenstand, bloß möglich, oder auch wirklich,
oder gar nothwendig sey, mithin fügen erwähnte Prädicate nichts zu dem Gegenstande selbst hinzu, sondern sie
bestimmen bloß die Art, wie derselbe sich zu unserm Erkentnißvermögen verhält, nämlich das Prädicat der Möglichkeit zeigt an, daß der Begrif des Gegenstandes mit
den formalen Bedingungen der Erfahrung im Verstande
übereinkomt, das Prädicat der Wirklichkeit, daß er mit
der Empfindung, als der Materie der Sinne, im Zusammenhange, und durch diese vermittelst des Verstandes bestimmt ist, das Prädicat der Nothwendigkeit endlich zeigt an, daß er durch den Zusammenhang der Wahrnehmungen nach Begriffen bestimmt ist.   Die drey
Grundsätze der Modalität sind also nichts weiter, als Erklärungen der Begriffe der Möglichkeit, Wirklichkeit, und

Noth-

Nothwendigkeit, und ſagen vom Begriffe eines Dinges nichts anders, als die Handlung des Erkentnißvermögens, dadurch er erzeugt wird. Nun heiſt in der Mathematik derjenige practiſche Saz, welcher beſtimmt, wie ein Begrif erzeugt wird, ein **Poſtulat**, z. E. mit einer gegebnen Linie aus einem gegebnen Punct in der Ebene einen Cirkel zu beſchreiben, und ein dergleichen Saz kann nicht bewieſen werden, weil das Verfahren, das er fordert, gerade das iſt, wodurch wir den Begrif von einer ſolchen Figur zuerſt erzeugen. Aus dieſem Grunde iſt man berechtigt, auch die drey Grundſäzze der Modalität ohne Beweis zu poſtuliren. Poſtulate des empiriſchen Denkens aber heißen ſie, weil ihr Gebrauch bloß auf das Feld möglicher Erfahrung eingeſchränkt iſt, indem alle Categorien, mithin auch die Categorien der Möglichkeit, Wirklichkeit, und Nothwendigkeit nicht anders objective Gültigkeit haben, als in ſo fern durch ſie Erfahrung möglich iſt.

Was alſo zuerſt das Poſtulat der Möglichkeit betrift; ſo iſt es zwar eine nothwendige logiſche Bedingung, daß der Begrif eines möglichen Dinges keinen Widerſpruch enthalten müße, aber zur objectiven Realität des Begrifs, d. i. der Möglichkeit des Gegenſtandes, der durch den Begrif gedacht wird, iſt dieſes bey weitem nicht genug, ſondern hiezu wird noch erfordert, daß der Begrif des Dinges auch den formalen Bedingungen gemäß iſt, unter denen allein daſſelbe als ein Gegenſtand der Erfahrung gedacht werden kann. Nur hieran kann man alſo die Möglichkeit eines Dinges erkennen, nie aber aus dem bloſſen Begriffe deſſelben, ſo rein dieſer auch von allem

E   Wi-

Widerspruch seyn mag. Daher beruhet eben die objective Realität der Categorien, daß z. E. dergleichen Dinge, die ich mir als Substanzen, oder Accidenzen, als
Ursache, oder Wirkung, oder auch als Wechselwirkung
vorstelle, in der That möglich sind, nicht darauf, weil
diese Begriffe nichts widersprechendes in sich fassen, sondern bloß darauf, weil sie die formalen Bedingungen
aller Erfahrung sind. Wollte man sich dagegen aus
dem Stoff, den uns die Erfahrung darbietet, so gar neue
Begriffe von Substanzen, von Kräften und Wechselwir-
kungen machen, ohne von der Erfahrung selbst das Beispiel ihrer Verknüpfung zu entlehnen, so würde man in
lauter Hirngespinste gerathen, deren Möglichkeit gar kein
Kennzeichen vor sich hat, wenn man gleich einen solchen
Begriff noch so sorgfältig davor sicherte, daß er sich nicht
widerspräche. Eine Substanz, die beharrlich im Raum
wäre, doch ohne ihn zu erfüllen, oder eine besondere
Grundkraft unsers Gemüths, das Künftige zum voraus
anzuschauen, oder endlich ein Vermögen unserer Seele,
mit entfernten Menschen in Gemeinschaft der Gedanken
zu stehen, alles dieses sind Begriffe, deren Möglichkeit
ganz grundlos ist, weil sie nicht auf Erfahrung und deren Gesetze gegründet werden kann.

Das Postulat der Wirklichkeit fordert *Wahrnehmung*, mithin Empfindung, nemlich entweder unmittelbare Empfindung des Gegenstandes selbst, dessen Daseyn man erkennen will, oder wenigstens Zusammenhang
mit irgend einer wirklichen Wahrnehmung, nach den Analogien der Erfahrung. So erkennen wir z. E. das Daseyn

ſeyn einer magnetiſchen Materie aus der Wahrnehmung
des gezognen Eiſenfeils, obgleich eine unmittelbare
Wahrnehmung dieſer Materie, wegen der Grobheit unſerer Sinne, unmöglich iſt. So wenig wir daher aus
dem bloßen Begriffe eines Dinges auf ſein Daſeyn ſchlieſſen können, ſo wenig können wir, außerhalb dem Felde
möglicher Erfahrung, das Daſeyn irgend eines Dinges
erforſchen.

Was endlich das Poſtulat der Nothwendigkeit betrift, ſo geht dieſe nicht bloß auf die formale oder logiſche Nothwendigkeit in der Verknüpfung der Begriffe, ſondern auf die materiale Nothwendigkeit im Daſeyn; daher
kann dieſe gleichfalls nie aus bloßen Begriffen, ſondern
bloß aus der Verknüpfung mit demjenigen, was wahrgenommen wird, nach allgemeinen Geſezzen der Erfahrung erkannt werden. Nun kann kein ander Daſeyn
unter der Bedingung anderer gegebener Erſcheinungen,
als nothwendig erkannt werden, als das Daſeyn der
Würkungen aus gegebenen Urſachen. Alſo iſt es nicht
das Daſeyn der Subſtanzen, ſondern bloß ihres Zuſtandes, wovon wir die Nothwendigkeit erkennen können,
und zwar nur aus andern wahrgenommenen Zuſtänden,
nach den empiriſchen Geſezzen der Cauſalität. Mithin
können wir keine andere Nothwendigkeit erkennen, als
bloß die Nothwendigkeit der Wirkungen in der Natur,
deren Urſachen uns gegeben ſind, und das Merkmal der
Nothwendigkeit im Daſeyn reicht alſo nicht weiter, als
das Feld möglicher Erfahrung. Daher ſchränkt ſich daſſelbe bloß auf den Grundſaz ein: alles, was geſchieht, iſt
vermöge des Grundſazzes der Cauſalität, hypothetiſch

E 2   noth-

nothwendig.   Hieraus folgt alſo das Naturgeſez: keine
Nothwendigkeit in der Natur iſt blinde, ſondern bedingte,
mithin verſtändliche Nothwendigkeit (in mundo non datur fatum).   Auf dieſe Art ſtehen alſo die vier Grundſäzze: in mundo non datur hiatus, non datur ſaltus,
non datur caſus, non datur fatum, als Naturgeſezze
a priori feſt.   Zum Beſchluß dieſer Materie wirft der
Verfaſſer die merkwürdige Frage auf: ob das Feld der
möglichen Dinge größer ſey, als das Feld der wirklichen,
und ob dieſes wiederum größer ſey, als das Feld der
nothwendigen Dinge.   Es ſcheint zwar, als könnte man
geradezu die Zahl der möglichen Dinge größer, als die
Zahl der wirklichen ſetzen, weil zur Möglichkeit des Dinges noch etwas hinzukommen müße, wenn daſſelbe wirklich werden ſoll.   Allein dieſes Hinzukommen zum Möglichen hat keinen Sinn; denn was über daſſelbe noch
zugeſezt werden ſollte, wäre unmöglich.   Bloß zu unſerm Verſtande kann über die Zuſammenſtimmung des
Dinges mit den formalen Bedingungen der Erfahrung
etwas hinzukommen, nämlich die Verknüpfung deſſelben
mit irgend einer Wahrnehmung.   Unſer Verſtand kann
alſo über dieſe Frage nichts entſcheiden, weil er es nur
mit der Syntheſis deßen zu thun hat, was gegeben iſt.

Dieſe Feſtſtellung der ſynthetiſchen Grundſäzze des
reinen Verſtandes, zeigt es nun völlig, daß die reinen
Verſtandesbegriffe bloß auf Erſcheinungen oder Gegenſtände der Erfahrung anwendbar, und daher nie von
tranſcendentalem, ſondern lediglich von empiriſchem Gebrauche ſind.   Aus dieſem Grunde können wir auch keinen einzigen von ihnen definiren, ohne uns zu Bedin-

guns

gungen der Sinnlichkeit, mithin zur Form der Erſcheinungen herabzulaſſen.   Den Begriff der Größe eines Dinges kann niemand anders erklären, als
durch die Beſtimmung, wie vielmal Eins in ihm geſezt
iſt, allein dieſes Wievielmal gründet ſich auf die ſucceſſi-
ve Wiederholung des Eins, mithin auf die Zeit.   Realität kann man im Gegenſaße mit der Negation nur alsdenn erklären, wenn man ſich eine Zeit (als den Inbegrif von allem Seyn) gedenkt, die entweder womit erfüllet, oder leer iſt.   Laße ich beym Begrif der Subſtanz die Beharrlichkeit (ein Daſeyn zu aller Zeit) weg;
ſo iſt er bloß die logiſche Vorſtellung von einem Subject,
das nicht weiter ein Prädicat von einem andern ſeyn kann,
allein alsdenn weiß ich gar keine Bedingungen, unter
welchen dieſer logiſche Vorzug irgend einem Dinge eigen
ſeyn werde; mithin wüſte ich gar nicht, ob dieſer Begrif
überall irgend etwas bedeute, und ich könnte daher aus
ihm nicht das mindeſte folgern.   Laße ich beim Begrif
der Urſache die Zeit weg, in der etwas auf etwas anderes nach einer Regel folgt; ſo bliebe darin nichts weiter
übrig, als daß die Urſache ſo etwas ſey, woraus ſich auf
das Daſeyn eines andern ſchlieſſen läſt, allein einestheils
würden hiedurch Urſache und Wirkung gar nicht von einander zu unterſcheiden ſeyn, und anderntheils wüſte man
alsdenn keine Bedingungen, unter welchen man von etwas auf das Daſeyn eines andern ſchließen könnte, mithin hätte der Begrif gar keine Beſtimmung, wie er auf
irgend ein Object paße.   Zwar tritt hier der vermeinte
Grundſaz: alles Zufällige hat eine Urſache, ziemlich gra-
vitätiſch auf, als habe er ſeine eigne Würde in ſich ſelbſt.

E 3   Allein

Allein hier frägt es sich erst, was zufällig sey? Antwortet man: zufällig ist das, dessen Nichtseyn möglich ist; so frägt es sich wieder, woran man diese Möglichkeit des Nichtseyns erkennen könne, wofern man sich nicht in der Reihe der Erscheinungen eine Succession, nämlich die Folge eines Daseyns, auf das Nichtseyn, oder des Nichtseyns auf ein Daseyn, mithin einen Wechsel vorstellt. Denn wenn man sagte: das Nichtseyn eines Dinges ist möglich, wenn es sich nicht widerspricht, so ist dieses eine lahme Berufung auf eine logische Bedingung, die zwar zum Begrif nothwendig, aber zur realen Möglichkeit bey weitem nicht hinlänglich ist, indem ich, ohne mir selbst zu widersprechen, jede existirende Substanz als nicht existirend wegdenken kann, ohne daß hieraus die Möglichkeit ihres Nichtseyns an sich selbst folgte. Da der Begrif der Ursache sich nicht ohne die Bedingung der Zeit erklären läst, so ist von selbst klar, daß auch der Begrif der Gemeinschaft, oder der wechselseitigen Causalität sich ohne dieselbe nicht erklären lasse. Was endlich die Begriffe der Möglichkeit, Wirklichkeit, und Nothwendigkeit betrift; so ist für sich einleuchtend, daß sie nicht anders, als durch offenbare Tautologie erkläret werden können, wenn man, ohne sich zu den Bedingungen der Sinnlichkeit herabzulassen, die Definition dieser Begriffe bloß aus dem reinen Verstande schöpfen will.

Hieraus läst sich nun leicht erkennen, daß die gewöhnliche Eintheilung der Dinge in Phaenomena und Noumena gar keinen Grund hat. Durch Phaenomena versteht man Erscheinungen, so fern sie als Gegenstände gedacht

gedacht werden. Durch Noumena (intelligibilia) würde man alſo Dinge verſtehen müſſen, die bloß Gegenſtände des Verſtandes ſind, und gleichwohl als ſolche,
obgleich nicht ſinnlich, ſondern coram intuitu intellectuali,
angeſchauet werden können. Nun ſollte man denken,
daß der Begrif der Erſcheinung ſchon von ſelbſt die objec-
ctive Realität des Noumenon an die Hand gebe. Denn
wenn uns die Sinne etwas bloß vorſtellen, wie es erſcheint, ſo muß dieſes Etwas doch auch an ſich ſelbſt
ein Ding, mithin ein von unſerer Sinnlichkeit unabhän-
giger Gegenſtand, alſo ein Gegenſtand einer nicht ſinnlichen Anſchauung d. i. des Verſtandes ſeyn. Auf dieſe
Art ſcheinen alſo die Dinge an ſich ſelbſt, d. i. das Etwas, das ihrer Erſcheinung als ihr Object entſpre-
chen muß, dergleichen Noumena zu ſeyn, die der reine
Verſtand vor ſich, ohne alle Einmiſchung der Sinnlichkeit, unmittelbar erkennen könnte, und ſo würde eine Erkentniß möglich ſeyn, in welcher gar keine Sinnlichkeit
angetroffen wird, und die vor ſich ſchlechthin objective
Realität hat, ſo daß uns dadurch Gegenſtände vorgeſtellt
werden, wie ſie ſind, da hingegen im empiriſchen Gebrauche unſers Verſtandes Dinge bloß erkannt werden,
wie ſie erſcheinen. Allein dieſe Folgerung iſt nichtig.
Denn dieſes Etwas, auf welches wir eine jede Erſcheinung, als auf ihr Object nothwendig beziehen müſſen,
iſt für uns ein Etwas = x, wovon wir nicht das mindeſte wiſſen, noch wiſſen können; mithin kann dieſes
nicht ein Noumenon heißen, ſondern es bedeutet bloß
einen ganz unbeſtimmten Gegenſtand, deſſen Begrif bey
allen Erſcheinungen immer eben derſelbe, nämlich bloß
der ganz unbeſtimmte Gedanke von Etwas überhaupt iſt.

Also findet die Eintheilung der Gegenstände unserer Erkentnisse in Phaenomena und Noumena, ingleichen die
Eintheilung der Welt in eine Sinnen = und Verstandes-
welt (mundum sensibilem et intelligibilem) gar nicht
statt, und wenn man daher sagt: die Sinne stellen uns
die Gegenstände vor, wie sie erscheinen, der Verstand
aber, wie sie sind; so heist das leztere nichts weiter,
als so viel: der Verstand zeigt, wie sie als Gegenstände
der Erfahrung im durchgängigen Zusammenhange der
Erscheinungen gedacht werden müssen. Der Begrif eines Noumenon ist zwar nicht widersprechend, indem niemand beweisen kann, daß die sinnliche Anschauung die einzige mögliche Art der Anschauung sey. Allein da auch niemand beweisen kann, daß außer der sinnlichen Anschauung noch eine andere nicht sinnliche möglich sey, indem
wir uns von einem Verstande, der seine Gegenstände
nicht discursiv durch Categorien, sondern intuitiv in einer nicht sinnlichen Anschauung erkennen kann, nicht die
geringste Vorstellung seiner Möglichkeit machen können;
so läst sich doch die objective Realität des Begrifs eines
Noumenon, d. i. die Möglichkeit bloß intelligibler Gegenstände, gar nicht einsehen.

Da man also weder die Möglichkeit, noch die Unmöglichkeit bloß intelligibler Gegenstände beweisen kann; so ist der
Begrif eines Noumenon ein bloßer Grenzbegrif, durch welchen der Verstand einestheils die Anmaaßung der Sinnlichkeit
einschränkt, als ob das Gebiet der sinnlichen Erkentnisse sich
über alles, was der Verstand denkt, erstreckte, anderen-
theils aber sich auch selbst die Grenzen sezt, daß er durch seine
Begriffe außerhalb dem Felde der Sinnlichkeit nichts po-
sitives erkenne, sondern die Dinge an sich selbst bloß un-

ter

ter dem Namen eines unbekannten Etwas denken könne.
Nun nennt der Verfaffer einen Begrif, der keinen Wi-
derfpruch enthält, der auch als eine Begrenzung gegebner Begriffe mit andern Erkenntniffen zusammenhängt, deffen objective Realität aber auf keine Weife erkannt werden kann, problematifch. Alfo ift der Begrif eines
Noumenon bloß problematifch.

Dadurch daß man die Phaenomena und Noumena
verwechfelt hat, find diejenigen Begriffe zweideutig geworden, die zur Vergleichung gegebener Begriffe gehören, und welche der Verfaffer die Reflexionsbegriffe
nennt. Diefe find nach dem Leitfaden der reinen Ver-
ftandesbegriffe folgende vier:

1) Einerleiheit und Verfchiedenheit,

2) Einftimmung und Widerftreit,

3) das Innere und Aeußere,

4) Materie und Form.

Denn wenn wir zween gegebne Begriffe unter einander vergleichen, fo überlegen wir jedesmal, ob das,
was der eine enthält, auch in dem andern enthalten fey,
oder nicht, ob fie beide zusammengedacht werden können,
oder ob fie einander widerfprechen, ob in dem einen oder
andern etwas innerlich enthalten fey, oder zu ihm an-
derswoher hinzukomme, und endlich ob fie in der That
gegeben, oder nur Arten feyn, gegebene Begriffe zu denken. Vergleichen wir nun zween gegebene Begriffe bloß
im Verftande, ohne uns darum zu bekümmern, zu welchem Erkentnißvermögen ihre Objecte gehören, ob als
Noumena vor den Verftand, oder als Phänomena vor
die Sinnlichkeit; fo heift diefe Vergleichung eine logi-

E 5.   fche

ſche Reflexion. Allein aus dieſer folgt noch nicht, daß
das, was von den Begriffen gilt, auch von den Gegenſtänden gelte, auf welche ſie bezogen werden. Lezteres
findet zwar ſtatt, wenn dieſe Gegenſtände als Noumena
betrachtet werden, denn da dieſe bloß vor den Verſtand
gehören, ſo muß das, was aus der Vergleichung ihrer
Begriffe folgt, auch von ihnen ſelbſt gelten. Sind dagegen die Gegenſtände, auf welche ſich die gegebenen Begriffe beziehen, Phänomena; ſo macht hier die Sinnlichkeit Einſchränkungen, auf die man nothwendig Rückſicht
nehmen muß, wofern nicht eine unvermeidliche Amphibolie in den obigen Reflexionsbegriffen entſtehen ſoll.
Wollen wir daher gegebene Begriffe nicht bloß logiſch
vergleichen, ſondern ſie bey dieſer Vergleichung zugleich
auf ihre Gegenſtände beziehen; ſo müſſen wir zuvörderſt
überlegen, vor welche Erkentnißkraft ihre Vergleichung
gehöret, ob vor den reinen Verſtand, oder vor die Sinnlichkeit. Dieſe Ueberlegung, durch welche einem jeden
Begrif ſeine Stelle in unſerer Erkentnißkraft angewieſen
wird, nennt der Verfaſſer die tranſcendentale Reflexion,
ſo wie er die Stelle, die dem Begrif in unſerm Erkentnißvermögen ertheilt wird, den tranſcendentalen Ort,
und die Anweiſung nach Regeln, dieſen Ort einem jeden
Begrif zu beſtimmen, die tranſcendentale Topik nennt.

Wenden wir nun dieſes auf die obigen vier Reflexionsbegriffe an; ſo muß man erſtlich die Einerleiheit der
Noumenen nicht mit der Einerleiheit der Phänomenen
verwechſeln. Wenn uns ein Gegenſtand mehrere male,
aber immer mit eben denſelben innern Beſtimmungen der
Qualität und Quantität dargeſtellt wird; ſo iſt derſelbe,

wenn

wenn er als ein Gegenſtand des reinen Verſtandes betrachtet wird, immer eben derſelbe, und nicht viel, ſondern nur ein Ding, d. i. numeriſch einerley. Denn da
hier der Gegenſtand bloß durch Begriffe vorgeſtellet wird,
ſo muß derſelbe nothwendig immerfort ein und eben derſelbe ſeyn, wofern die Begriffe von ihm immer ein und
eben dieſelbe ſind. (Z. E. ich mag ein allervollkommen-
ſtes Weſen ſo vielmal denken, als ich will, ſo bleibt es
doch immer nur eins.) Iſt dagegen der Gegenſtand eine
Erſcheinung, ſo folgt dieſes gar nicht; ſondern, wenn gleich
zwey ſinnliche Gegenſtände den Begriffen nach ganz einerley ſind, ſo können ſie doch zu gleicher Zeit in verſchied-
nen Oertern des Raums ſeyn, und dieſe Verſchiedenheit
der Oerter iſt daher ſchon ein genugſamer Grund zu ihrer
numeriſchen Verſchiedenheit. Denn ein Theil des Raums
mag dem andern immerhin völlig gleich und ähnlich ſeyn, ſo
iſt er doch außer ihm, und eben dadurch ein vom erſtern
unterſchiedner Theil, z. E. zwey Cubikfuße Raum ſind,
den Begriffen nach, ganz einerley, aber dennoch macht
der bloße Unterſchied ihrer Oerter, daß ſie zwey verſchiedne Cubikfuße ſind (numero diuerſa). Daher muß dieſes auch von allem, was an verſchiedenen Oertern des
Raums zugleich iſt, gelten, ſo ſehr es ſich ſonſten auch
ähnlich und gleich ſeyn mag. So kann man z. E. bey
zwey Tropfen Waſſer von aller innern Verſchiedenheit der
Qualität und Quantität völlig abſtrahiren, und doch können ſie numeriſch verſchieden ſeyn, wenn ſie an verſchiedenen Oertern zugleich angeſchauet werden. Alſo gilt das
Leibnizſche principium indiſcernibilium zwar von Nou-
menis, aber keinesweges von Phaenomenis, mithin iſt

es

es kein Gesez der Natur, sondern bloß eine analytische
Regel, oder eine Vergleichung der Dinge durch bloße Begriffe.   Will man zweitens von der Einstimmung und
dem Widerstreit der Realitäten richtig urtheilen; so muß
man gleichfalls erst überlegen, ob die Realitäten, von denen die Rede ist, realitates noumena oder phaenomena
sind, d. i. ob sie bloß durch den reinen Verstand gedacht werden, oder ob sie das Reale in den Erscheinungen bedeuten.   Im erstern Fall läßt sich zwischen Realitäten als bloßen Bejahungen kein Widerstreit denken, d. i.
ein solches Verhältniß, da sie in einem Subjecte verbunden einander ihre Folgen aufheben.   Dagegen können die
Realitäten in der Erscheinung, unter einander allerdings
im Widerstreit seyn, so daß sie, vereint in demselben Subjecte, die eine die Folge der andern ganz oder zum Theil
vernichte.   Z. E. von zwey Kräften, die in einem Körper
nach entgegengesezten Richtungen wirken, hebt die eine
die Wirkung der andern entweder ganz oder zum Theil auf.
Daraus also, daß zwischen Realitäten, als bloßen Bejahungen, kein logischer Widerspruch seyn kann, folgt also
noch nicht, daß sie auch in dem Gegenstande vereinbar
seyn, ohne einander Abbruch zu thun, und eben daher gilt
auch der Leibnizische Grundsaz: alle Uebel sind nichts als
Folgen von den Schranken der Geschöpfe, d. i. Negationen, weil diese das einzige Widerstreitende der Realität
seyn, bloß von dem Begrif eines Dinges überhaupt.   In
so fern er aber von Dingen als Erscheinungen gelten soll;
so ist er ein unrichtiger Saz.

Wenn man drittens vom Innern und Aeußern der
Substanzen richtig urtheilen will; so muß man gleichfalls
erst

erſt darauf ſehen, ob die Subſtanz, von der man redet, bloß ein Gegenſtand des reinen Verſtandes (ſubſtantia noumenon) oder eine Erſcheinung (ſubſtantia phaenomenon) ſeyn ſoll. An einem Object des reinen Verſtandes iſt nur dasjenige innerlich, was dem Daſeyn nach keine Beziehung auf irgend etwas von ihm verſchiednes hat. Denn nach bloßen Begriffen iſt das Innere das Subſtratum aller Verhältniſſe oder äußern Beſtimmungen. Dagegen ſind die innern Beſtimmungen einer ſubſtantia phaenomenon im Raum nichts, als Verhältniſſe, und ſie ſelbſt ganz und gar nichts anders, als ein Inbegrif von lauter Relationen. Denn die Subſtanz im Raum, oder die Materie, erkennen wir bloß durch Kräfte, die in demſelben wirkſam ſind, entweder andere dahin zu treiben, oder ſie vom Eindringen in ihn abzuhalten, mithin kennen wir von ihr nichts Schlechthin-ſondern lauter Comparativ-Innerliches, das ſelbſt wieder aus bloßen Verhältniſſen im Raum beſteht. Denn was das Etwas, oder das Ding an ſich ſelbſt ſey, welches das eigentliche Object der Erſcheinung, die wir Materie nennen, ausmacht, davon wiſſen wir nichts, und wenn daher die Klage: wir ſehen das Innere der Dinge gar nicht ein, ſo viel heißen ſoll: wir begreifen nicht durch den reinen Verſtand, was die Dinge, die uns erſcheinen, an ſich ſeyn mögen; ſo iſt ſie ganz unvernünftig, denn das hieße eben ſo viel, als fordern, daß wir ohne Sinne Dinge anſchauen können, d. i. daß wir nicht Menſchen, ſondern Weſen ſeyn ſollen, von denen wir ſelbſt nicht einmal angeben können, ob ſie möglich, vielweniger wie ſie beſchaffen ſeyn. Da Leibniz ſich die Subſtanzen als Noumena vorſtellte; ſo konnte er auch nicht anders

ſchließen,

schließen, als daß sie etwas Schlechthin - Inneres haben müßen, was von allen äußern Verhältnissen, folglich auch
von aller Zusammensetzung frey wäre, und daß also die
Substanzen und selbst die Bestandtheile der Materie einfache Subjecte seyn müßten.   Nun aber lassen sich ferner
an diesen Subjecten keine andere innere Accidenzen denken, als die uns unser innerer Sinn darbietet.   Daher
war es natürlich, daß er ihnen auch insgesammt Vorstel-
lungskraft beilegte.   So wurden denn die Monaden fertig, die den Grundstoff des ganzen Universum ausmachen
sollen,   deren thätige Kraft aber nur in Vorstellungen besteht.   Da aber auf diese Art jede Substanz bloß in sich
selbst wirksam, und nur mit ihren Vorstellungen beschäftiget
ist; so findet auch keine wechselseitige Wirkung zwischen
ihnen statt, mithin schloß er natürlich: irgend eine dritte
und in alle insgesamt einfließende Ursache müsse die Folge ihrer Zustände so eingerichtet haben, daß sie einander
beständig correspondiren,   und so konnte sein Principium
der möglichen Gemeinschaft der Substanzen kein anderes
seyn, als eine vorher bestimmte Harmonie.

Was endlich viertens die Materie und Form betrift, so sind diese beiden Begriffe mit jedem Gebrauch
des Verstandes so unzertrennlich verbunden, daß sie sogar
aller andern Reflexion zum Grunde gelegt werden.   Der
erstere bedeutet das Bestimmbare überhaupt, der zweite
dessen Bestimmung.   Die Logiker nannten ehedem das Allgemeine die Materie, den spezifischen Unterschied aber die
Form.   In jedem Urtheile kann man die gegebenen Begriffe die logische Materie, ihr Verhältniß aber vermit-
                                                telst

telst der Copula die Form des Urtheils nennen. In jedem
Wesen sind die Bestandstücke desselben (essentialia) die
Materie; die Art, wie sie in einem Dinge verknüpft sind,
die wesentliche Form. Auch wurde in Ansehung der Dinge überhaupt unbegränzte Realität, als die Materie aller
Möglichkeit, Einschränkung derselben aber (Negation) als
diejenige Form angesehen, wodurch sich ein Ding vom andern unterscheidet. Alles dieses aber gilt bloß, wenn man
die Dinge als Gegenstände des reinen Verstandes betrachtet, und sich also bloß mit dem Begriffe eines Dinges überhaupt beschäftiget. Denn der Verstand verlangt
zuerst, daß etwas (wenigstens im Begriffe) gegeben sey,
um es auf gewisse Art bestimmen zu können, daher geht
im Begriffe des reinen Verstandes die Materie der Form
vor. Allein wenn wir uns nicht bloß mit leeren Begriffen beschäftigen, sondern sie auf Gegenstände beziehen wollen, so geht hier umgekehrt die Form der Materie vor.
Denn da unsere Begriffe sich nicht unmittelbar auf Gegenstände beziehen können, sondern bloß vermittelst der
sinnlichen Anschauung; so werden uns die Gegenstände
nicht durch reinen Verstand, sondern bloß als Erscheinungen durch sinnliche Anschauung gegeben. Diese aber
setzt schon Raum und Zeit, als die reinen Formen der
Anschauung voraus. Wenn also nicht von bloßen Begriffen, sondern von ihren Gegenständen die Rede ist; so
geht die Form allemal der Materie vorher. Da also Leibniz alle Substanzen als Noumena betrachtete; so konnte
er sich auch nicht anders vorstellen, als daß die Materie
der Form vorhergehen müßte. Er nahm daher zuerst Monaden an, und gab ihnen innerlich eine Vorstellungs-
kraft

kraft. Da aber die Materie gleichwohl eine äußere Er
ſcheinung im Raum und in der Zeit iſt; ſo muſte er nothwendig auch äußere Verhältniſſe der Subſtanzen annehmen.
Nun aber geſtand er der Sinnlichkeit keine eigene Art der
Anſchauung zu, ſondern da er alle Vorſtellungen und ſelbſt
die empiriſchen bloß im Verſtande ſuchte; ſo ließ er den
Sinnen nur das verächtliche Geſchäfte, die Vorſtellungen
des Verſtandes zu verwirren und zu verunſtalten, indem
er die ſinnlichen Vorſtellungen für nichts weiter als für verworrene Begriffe des Verſtandes hielt. Alſo muſte er
auch die äußern Verhältniſſe der Subſtanzen in Anſehung
des Raums und der Zeit im bloßen Verſtande ſuchen, und
ſo waren ihm Raum und Zeit nichts anders, als die intelligible Form der Verknüpfung der Subſtanzen und ihrer Zuſtände als Dinge an ſich ſelbſt, nämlich der Raum
die Ordnung in der Gemeinſchaft der Subſtanzen, und
die Zeit die Folge ihrer Zuſtände, und ſo gingen die Sub
ſtanzen und ihre Zuſtände als Materie, dem Raum und
der Zeit, als der Form ihrer Verknüpfung vor.

Auf dieſe Art glaubte Leibniz, durch die Amphibolie der Reflexionsbegriffe hintergangen, der Dinge innere
Beſchaffenheit zu erkennen, indem er alle Gegenſtände
nur mit dem Verſtande und den abgeſonderten formalen
Begriffen ſeines Denkens verglich. So wie Locke die
Verſtandesbegriffe insgeſammt ſenſificirt, d. i. für bloße
empiriſche, aber abgeſonderte Reflexionsbegriffe ausgegeben hatte; ſo intellectuirte dagegen Leibniz die bloßen Er
ſcheinungen, und hielt ſie für Vorſtellungen der Dinge an
ſich ſelbſt, die ſich von den Begriffen des reinen Verſtandes bloß logiſch in Anſehung der Deutlichkeit unterſchiedend,

den, weil sie durch die Sinne verworren gemacht wür=
den. Anstatt also den Verstand und die Sinnlichkeit als
zwo ganz verschiedene Quellen von Vorstellungen zu be=
trachten, die aber nur in Verknüpfung objectiv gültig von
Dingen urtheilen können; so hielt sich ein jeder dieser
großen Männer nur an eine von beiden, die sich ihrer
Meinung nach unmittelbar auf Dinge an sich selbst bezö=
ge, indessen daß die andere nichts that, als die Vorstel=
lung der erstern zu ordnen, oder zu verwirren. Da also
Leibniz bey der Vergleichung der Begriffe sinnlicher Ge=
genstände keine Rücksicht auf die besondere Bedingungen
ihrer Anschauung nimmt; so ist sein ganzes intellectuelles
System der Welt wirklich auf dem falschen logischen Grund=
saze erbauet: was in einem allgemeinen Begriffe nicht
enthalten ist, das ist auch in den besondern nicht enthal=
ten; dessen Falschheit aber vor sich einleuchtend ist, in=
dem die besondern Begriffe eben darum so heißen, weil
sie mehr in sich enthalten, als im allgemeinen Begriffe
gedacht wird.

Zum Beschluß dieser ganzen Materie zeigt der Ver=
fasser noch die verschiednen Arten von Etwas und Nichts,
und wie man sie nach der Anweisung der Categorien un=
terscheiden kann.

1) Dem Begriffe von Allem, Vielem und Einem ist Keins
entgegengesezt; daher ist ein Begrif ohne einen Ge=
genstand, der ihm in der Anschauung gegeben werden
kann, ein leerer Begrif und also Nichts (ens rati=
onis), obgleich darin nichts Widersprechendes ist, z. E.
die Noumena.

F   2) Re=

2) Realität ist Etwas, — Negation ist der Begrif von dem Mangel eines Etwas. Wenn also einem Gegenstande des Begrifs die Realität mangelt; so ist er ein leerer Gegenstand und daher Richts (ens priuatiuum), wie z. E. der Schatten, die Kälte.

3) Als bloße Formen der Anschauung sind Raum und Zeit zwar Etwas, aber ohne Substanzen sind sie an sich keine Gegenstände, die angeschauet werden können, mithin sind sie ohne Gegenstände leere Anschauungen, also Richts (ens imaginarium).

4) Da ein Begrif, der sich selbst widerspricht, Richts ist, so ist der Gegenstand eines Begrifs, der sich selbst widerspricht, ein leerer Gegenstand ohne Begrif, also Richts (nihil negatiuum), z. E. eine geradlinigte Figur von zwo Seiten.

Der transcendentalen Logik
Zweite Abtheilung.
Transcendentale Dialectik.

Das Hauptresultat der transcendentalen Analytik war dieses, daß der Verstand sich selbst seine Grenzen sezt, indem er alle seine Begriffe und Grundsäze bloß auf Gegenstände möglicher Erfahrung einschränkt. Nun aber liegen diejenigen Erkentnisse, die für die Vernunft gerade die wichtigsten sind, und daher den wesentlichen Zweck der Metaphysik ausmachen, ganz außer dem Gebiete aller möglichen Erfahrung. Mithin wird hier erst die Wich-

>igkeit der Frage einleuchtend: wie iſt Metaphyſik mög-
lich? d. i. wie kann die Vernunft zur Bekantſchaft mit
Objecten kommen, die gar nicht zur Sphäre möglicher
Erfahrung gehören?

Da alle Begriffe und Grundſäzze unſers Verſtandes
bloß auf Gegenſtände möglicher Erfahrung anwendbar
ſind; ſo folgt hieraus ſchon von ſelbſt, daß jeder Vernunftſchluß, der auf Dinge geht, die außerhalb den Grenzen möglicher Erfahrung liegen, ſtatt der Wahrheit nothwendig auf nichts, als Schein und Illuſion hinaus-
laufen muß. Allein das Eigene bey dieſer Illuſion iſt
dieſes, daß ſie unſerer Vernunft eben ſo unvermeidlich iſt,
als die optiſchen Illuſionen unſerm Auge ſind, ſo, daß
wir auch dann, wenn wir ihr Blendwerk wirklich ſchon
einſehen, uns doch davon ſo wenig losmachen können,
ſo wenig es ſelbſt der Aſtronom verhindern kann, daß
ihm der Mond im Aufgange nicht größer, oder das Meer
in der Mitte nicht höher ſcheine, als am Ufer. Denn
das bloße Feld der Erfahrung iſt für uns auf keine Weiſe
befriedigend. Unſere Vernunft ſucht in der Verknüpfung
ihrer Erkentniſſe durchaus Vollſtändigkeit. Dieſe aber
kann ſie im Felde der Erſcheinungen niemals erlangen,
weil ſie hier von einem jeden Bedingten nur immer wieder zu einem andern Bedingten gewieſen wird, ohne die
Reihe der Bedingungen jemals vollendet zu ſehen. Mithin muß unſere Vernunft, zu ihrer Befriedigung, nothwendig darauf ausgehen, die Grenzen der Erfahrung
zu überfliegen, und ſich daher nothwendig überreden,
daß ſie auf dieſem Wege ihren Erkentniſſen diejenige Er-

wei-

weiterung und Vollständigkeit verschaffen werde, die sie
innerhalb dem Felde der Erscheinungen nicht erlangen
kann. Nun aber ist, wie bereits gezeigt worden, diese
Ueberredung eine bloße Illusion; denn da alle Begriffe
und Grundsäzze unsers Verstandes außerhalb den Grenzen möglicher Erfahrung ganz leer sind, und gar nicht
auf irgend einen Gegenstand bezogen werden können;
so täuscht die Vernunft sich selbst, indem sie ihre subjectiven Maximen, die sie bloß um ihrer Befriedigung willen annimmt, für objectiv gültig ausgiebt.

Je natürlicher und unvermeidlicher also diese Illusion der menschlichen Vernunft anhängt, eine desto noth-
wendigere Pflicht ist es daher für den critischen Philosophen, diesen Schein aufzudecken, und es dadurch zu verhüten, daß wir uns von demselben nicht hintergehen lassen. Diejenige Wissenschaft, welche dieses zu ihrem Gegenstande macht, nennt der Verfasser die transcendentale
Logik des Scheins, oder die transcendentale Dialectik. Diese macht daher die zweite Abtheilung der transcendentalen Logik aus, deren Hauptinhalt in folgendem besteht.

Alle unsere Erkentniß von den Sinnen an, geht
von da zum Verstande, und endigt bey der Vernunft,
über welche nichts höheres in uns angetroffen wird, den
Stoff der Anschauung zu bearbeiten und unter die höchste
Einheit des Denkens zu bringen. Der Verstand ist das
Vermögen der Regeln, die Vernunft dagegen das Vermögen der Principien. Durch Principien aber versteht
der Verfasser nicht, wie gewöhnlich, eine jede Erkentniß, die man andern Erkentnissen zum Grunde legt, der-
glei-

gleichen alle allgemeine Sätze überhaupt ſind, ſondern
ſynthetiſche Grundſätze aus bloßen Begriffen. Dieſe
kann der Verſtand nicht verſchaffen, denn alle ſeine Grundſätze a priori ſetzen die reine Anſchauung, oder Bedingungen
einer möglichen Erfahrung voraus, ohne welche ſie gar
nicht möglich ſind. Der Verſtand beſchäftigt ſich alſo
nur mit Erſcheinungen, und giebt ihnen Einheit vermittelſt der Regeln. Die Vernunft aber geht niemals zu-
nächſt auf Erfahrung, oder auf irgend einen Gegenſtand,
ſondern lediglich auf den Verſtand, und beſchäftiget ſich
alſo bloß mit den Regeln des Verſtandes, und den mannigfaltigen Erkentniſſen deſſelben, um dieſen Einheit vermittelſt der Principien, d. i. aus bloßen Begriffen zu geben. Daher iſt die Einheit der Vernunft von der
Einheit des Verſtandes weſentlich unterſchieden.

Was nun zuerſt den logiſchen Gebrauch der Vernunft betrift; ſo beſteht dieſer darin, daß ſie ſchließet,
d. i. mittelbar (durch die Subſumtion der Bedingung
eines möglichen Urtheils unter die Bedingung eines gegebenen) urtheilet. In jedem Vernunftſchluſſe verfahren wir nämlich alſo. Zuerſt denken wir im Oberſaz
das gegebene Urtheil, nämlich eine allgemeine Verſtan-
desregel. Zweitens ſubſumiren wir im Unterſaz vermittelſt der Urtheilskraft die Bedingung eines andern möglichen Urtheils unter die Bedingung der Regel. Endlich beſtimme ich im Schlußſaz mein Erkentniß durch
das Prädicat der Regel, mithin a priori durch die Vernunft aus bloßen Begriffen. Jeder Vernunftſchluß iſt
alſo nichts anders, als ein Urtheil, vermittelſt der Sub-

ſum-

funtion seiner Bedingungen unter den Obersaz, als eine
allgemeine Regel. Z. E. wenn wir schließen:

  Alles Zusammengesezte ist veränderlich,
  Die Körper sind zusammengesezt,
  Also sind die Körper veränderlich;

so fällen wir im Schlußsazze das Urtheil, daß den Körpern das Prädicat des Obersazzes veränderlich zukommt,
bloß unter der Bedingung, daß die Körper zusammengesezt sind, weil dieses eben die Bedingung ist, unter welcher das Prädicat in der Regel des Obersazzes allgemein
gültig ist. Mithin beruhen die verschiedenen Vernunftschlüsse bloß auf dem Verhältnisse, welches der Obersaz
als die Regel, zwischen einer Erkentniß und ihrer Bedingung vorstellt. Da ferner alle Urtheile, in so fern sie
das Verhältniß der Erkentnisse im Verstande ausdrücken,
entweder categorische, oder hypothetische, oder disjunctive sind; so giebt es auch gerade diese dreierley Arten
von Vernunftschlüssen.

  Die Natur der Vernunftschlüsse zeigt es also deutlich, daß die Vernunft zur Erkentniß im Schlußsazze bloß
dadurch gelangt, daß sie ihre Gründe oder Bedingungen
in den Prämißen aufsucht. So suchen wir z. E. in dem
Sazze: die Körper sind veränderlich, erst durch den Obersaz den Grund oder die Bedingung des Veränderlichen,
nämlich den Begrif des Zusammengesezten auf. Da nun
die Prämißen, wenn sie nicht schon an sich unleugbare
Säze sind, wieder als Schlußsäzze behandelt werden müssen; so muß vermittelst eines Prosyllogismus wieder
die Bedingung von der Bedingung gesucht werden, und
                                              dieses

dieſes muß ſo lange fortgeſezt werden, als es angeht,
d. i. bis man zu einer Bedingung kommt, die ſelbſt nicht
mehr bedingt iſt, zu einem Grunde, der nicht mehr Folge
aus andern Gründen iſt. Alſo geht die Forderung der
Vernunft in ihrem logiſchen Gebrauch eigentlich dahin,
bey jedem bedingten Erkentniße in der Reihe ſeiner Bedingungen bis zum Unbedingten hinauf zu ſteigen, um
hiedurch die mannigfaltigen Erkentniſſe des Verſtandes in
durchgängigen Zuſammenhang zu bringen, und ihnen die
höchſtmögliche ſyſtematiſche Einheit zu verſchaffen. Da
indeſſen dieſer logiſche Grundſaz der Vernunft ſich bloß
auf die Bearbeitung der Begriffe und Urtheile unſers Verſtandes bezieht; ſo hat derſelbe zwar ſubjective, oder logiſche Gültigkeit, aber hieraus folgt noch nicht, daß derſelbe auch auf Gegenſtände bezogen werden könne, mithin zugleich objective Gültigkeit habe. Alſo entſteht hier
die Frage: ob das Vermögen der Vernunft bloß darin
beſteht, bereits gegebenen Verſtandeserkentniſſen nur
eine gewiſſe logiſche Form, oder ſyſtematiſche Einheit zu
verſchaffen, oder ob ſie ſich iſoliren laſſe, und ob ſie auch
alsdann noch ein eigenthümlicher Quell von Begriffen
und Urtheilen ſey, die lediglich aus ihr entſpringen, und
dadurch ſie ſich auf Gegenſtände bezieht? Kurz: ob die
Vernunft bloß vor ſich d. i. die reine Vernunft a priori
objectiv gültige ſynthetiſche Grundſäzze enthalte?

Um ſich nun den Weg zur Beantwortung dieſer ſchweren
Frage zu bahnen; ſo unterſucht der Verfaſſer zuvörderſt,
auf welchem Grunde ein dergleichen ſynthetiſches Principium beruhen müßte, nämlich

erſt

erstlich: da der Vernunftschluß nicht auf Anschauungen, sondern auf Begriffe und Urtheile geht, so hat die reine Vernunft, wenn sie auch auf Gegenstände geht, doch auf dieselben und deren Anschauung keine unmittelbare Beziehung, sondern nur auf den Verstand und dessen Urtheile. Daher ist Vernunfteinheit nicht Einheit einer möglichen Erfahrung, sondern von dieser als der Verstandeseinheit, wie schon vorher gezeigt worden, wesentlich unterschieden. Wofern es also synthetische Grundsäzze der reinen Vernunft giebt; so müssen diese von den synthetischen Grundsäzzen des reinen Verstandes wesentlich unterschieden seyn.

Zweitens. Da der logische Grundsaz der Vernunft, wie schon gezeigt worden, bloß dahin geht: zu dem bedingten Erkentniß des Verstandes das Unbedingte zu finden, womit die Einheit desselben vollendet wird, so muß das oberste synthetische Principium der reinen Vernunft, wofern es eins giebt, bloß darin bestehen, daß man diesen subjectiven Grundsaz als objectiv gültig behandelt. Also würde der oberste synthetische Grundsaz der reinen Vernunft dieser seyn: wenn das Bedingte gegeben ist, so ist auch die ganze Reihe der Bedingungen, mithin das Unbedingte gegeben (d. i. im Gegenstande und seiner Verknüpfung enthalten). Nun aber ist das Unbedingte kein Gegenstand möglicher Erfahrung, indem jede Bedingung, auf welche uns der reine Verstand im Felde möglicher Erfahrung führt, selbst wieder bedingt ist. Mithin führt der oberste synthetische Grundsaz der reinen Vernunft auf ein neues Feld von Begriffen und Grundsäzzen, deren

ren Gegenstände alle außer dem Gebiete möglicher Erfahrung liegen, und von denen also der reine Verstand
nichts weiß. Dergleichen Begriffe und Grundsäze nennt
der Verfasser transcendente, im Gegensaz auf diejenigen, die sich, der Vorschrift des reinen Verstandes gemäß, bloß auf Gegenstände möglicher Erfahrung beziehen, und die er daher immanente nennt. Den Gebrauch der reinen Vernunft aber, in so fern er auf Gegenstände geht, die außerhalb dem Felde möglicher Erfahrung liegen, nennt er eben so, wie beym reinen Verstande, den transcendentalen Gebrauch, zum Unterschiede des empirischen.

Die Begriffe, auf welche die reine Vernunft führt,
sind also von den reinen Verstandesbegriffen gänzlich unterschieden, indem diese bloß auf Gegenstände möglicher
Erfahrung anwendbar sind, jene dagegen gerade auf
solche Gegenstände gehen, die niemals in der Erfahrung
gegeben werden können. So wie daher der Verfasser
die reinen Verstandesbegriffe mit dem Aristoteles Categorien nennt; so nennt er dagegen die reinen Vernunftbegriffe mit dem Plato Ideen. Da nun der Begrif,
welchen die reine Vernunft in ihren obersten Grundsäzzen
enthält, bloß auf die Vollständigkeit oder Totalität in
der Reihe der Bedingungen, mithin auf das Unbedingte
geht; so ist eine Idee nichts anders, als ein Begrif von
der Totalität der Bedingungen, oder ein Begriff vom
Unbedingten, in so fern er den Grund von der Verknüpfung des Bedingten enthält. Diese Totalität der Bedingungen, oder das Unbedingte, ist etwas ganz absolu-

F 5

tes,

todt, in t. was schlechthin und in jeder Beziehung gilt, denn bloß in einem solchen absoluten Ganzen aller Bedingungen, und in einem solchen absolut-Unbedingten, vereinigt sich erst die Verknüpfung der Bedingungen. Eine Idee ist daher ein Begrif, der auf das absolute Ganze aller möglichen Erfahrung, oder die höchsten Bedingungen und den ersten Grund aller Erscheinungen geht. Eine Idee ist also dem Objecte nach etwas sehr großes, und sagt sehr viel. Sie ist auch nicht etwa ein willkührlich erdichteter Begrif, sondern durch die Natur der Vernunft selbst gegeben; so wie die Kategorien durch die Natur des Verstandes, und beziehet sich daher auf den ganzen Verstandesgebrauch nothwendiger Weise, mithin völlige subjective Realität. Allein was das Erkenntniß ihres Gegenstandes betrifft, so sagt eine Idee gar wenig; denn bei ihr, als dem Begriffe eines Maximums, in der Erfahrung kein Gegenstand gegeben werden kann, der ihr völlig congruent wäre, so läßt sich ihre objective Realität eben so wenig beweisen, als widerlegen, mithin ist sie, wie der Begrif eines Noumenon, ein bloßer problematischer Begrif, und man mag daher von einem solchen Vernunftbegriffe: er ist nur eine Idee. So kann man sagen, die absolute Totalität aller Erscheinungen, oder das schlechthin Unbedingte ist nur eine Idee, d. i. ein Problem ohne Auflösung, weil wir dergleichen niemals in concreto geben, sondern uns ihm bloß nähern können, niemals adäquat im Bilde zu entdecken.

Da die subjective Realität einer Idee darin besteht, daß wir auf dieselbe durch einen nothwendigen Vernunftschluß geführt werden, die Vernunftschlüsse aber entweder categorische, oder hypothetische, oder disjunctive sind; so muß es auch dreierley Arten von Ideen der reinen Vernunft geben. Die Form der categorischen Vernunftschlüsse, welche darin besteht, daß man durch Prosyllogismen bis zu einem Subjecte fortgeht, das selbst nicht mehr Prädicat ist, führt auf die Idee des Substantialen, d. i. eines absoluten Subjects, dem alle Accidenzien als Prädicate inhäriren. Die Form der hypothetischen Vernunftschlüsse, welche darin besteht, daß man zu einer Voraussetzung fortgeht, die nichts weiter voraussetzt, führt auf die Idee einer absoluten Vollständigkeit in der Reihe der Bedingungen der Erscheinungen. Die Form der disjunctiven Vernunftschlüsse, welche darin besteht, daß man zu einer Allgemeinheit der Glieder der Eintheilung fortgeht, in welcher keines mehr fehlt, führt endlich auf die höchste Idee eines Wesens, das die oberste Bedingung der Möglichkeit von allem überhaupt, was gedacht werden kann, enthält, mithin der Inbegrif aller Realität ist. Die erste Idee ist die Idee vom Substantialen sowohl der Körper, als auch vorzüglich unserer Seele, die zweite ist die Idee des Weltalls, und die dritte die Idee des Wesens aller Wesen, mithin ist die erste Idee überhaupt physiologisch und vornemlich psychologisch, die zweite cosmologisch, die dritte theologisch, und so giebt die reine Vernunft die Idee zu einer rationalen Seelen-Lehre, oder Psychologie, zu einer rationalen Weltwissenschaft, oder Cosmologie, und

endlich

endlich zu einer rationalen Gotteserkentniß, oder Theologie. Da nun diese reinen Vernunftbegriffe, oder
Ideen, dadurch, daß wir durch einen nothwendigen
Vernunftschluß auf sie gebracht werden, subjective Realität haben, wir aber gleichwohl von dem Objecte, das
ihnen correspondirt, keine Kentniß haben können; so
entstehen hiedurch Vernunftschlüsse, vermittelst deren wir
von etwas, das wir kennen, auf etwas anderes schließen,
wovon wir keinen Begrif haben, und dem wir gleichwohl objective Realität geben. Mithin sind dergleichen
Vernunftschlüsse dialectisch, d. i. sie enthalten bloß Schein,
oder Illusion, und zwar eine Illusion, die unvermeidlich
ist, weil die Vernunft uns selbst dazu reizt, die subjective Nothwendigkeit einer gewissen Verknüpfung unserer
Begriffe, zu Gunsten des Verstandes, vor eine objective Nothwendigkeit der Bestimmung der Dinge an sich
selbst zu halten. Soll daher verhütet werden, daß dieser Schein uns nicht betriege; so kann dieses bloß durch
wissenschaftliche Belehrung, d. i. durch Critik unsers Vernunftvermögens selbst geschehen. Daß er
aber sogar verschwinden, und ein Schein zu seyn aufhören sollte, das kann die Vernunft niemals bewerkstelli-
gen, und auch der Weiseste unter den Menschen nicht verhüten. Da es nun dreierley Claßen von Ideen giebt; so
giebt es auch dreierley Claßen von dialectischen
Vernunftschlüssen, nämlich psychologische, cosmologische
und theologische. Die ersten nennt der Verfasser Paralogismen, die zweiten Antinomien, und die dritte das
Ideal der reinen Vernunft.

                                        1. Von

1.

Von den Paralogismen der reinen Vernunft.

Es ist eine alte Klage, daß uns an allen Substanzen das eigentliche Subject, nämlich das, was übrig
bleibt, wenn man alle Accidenzen absondert, mithin das
Substantiale selbst unbekannt sey. Allein diese Klage
ist ungereimt. Denn da die Natur unsers Verstandes eben
darin besteht, alles discursiv, d. i. durch Begriffe, mithin durch lauter Prädicate zu denken, so muß jedes Subject, das wir zu einem Prädicate eines Dinges suchen,
wieder nur ein Prädicat seyn, und mithin muß uns das
absolute Subject zu demselben nothwendig jederzeit fehlen. Indessen hat es das Ansehen, daß unsere Seele
eine Ausnahme mache. Hier scheint es, als ob wir dieses Substantiale in dem Bewußtseyn unserer selbst (dem
denkenden Subject) haben, und zwar in einer unmittelbaren Anschauung. Denn alle Prädicate des innern Sinnes beziehen sich auf das Ich, als Subject, und dieses
kann nicht weiter als Prädicat irgend eines andern Subjects gedacht werden. Also scheint hier die Vollständigkeit in der Beziehung unserer Begriffe als Prädicate auf
ein Subject, nicht bloß Idee, sondern der Gegenstand,
nämlich das absolute Subject selbst in der Erfahrung
gegeben zu seyn, d. i. die Idee des absoluten denkenden
Subjects scheint nicht nur subjective, sondern zugleich
objective Realität zu haben, und uns daher zu berechti-
gen, auf seine Natur zu schließen, auch so fern die Kentniß derselben ganz außer das Gebiet möglicher Erfahrung
hinausfällt. Mithin scheint es, daß es eine rationale

Psycho-

Psychologie geben müsse, die von allem empirischen un=
abhängig und rein ist, und in welcher wir nichts weiter
zum Grunde legen dörfen, als den Saz: Ich denke,
oder vielmehr die bloße Vorstellung: Ich.

Die Hauptsäze, auf welche in dieser angeblichen
Wissenschaft alles ankommt, sind folgende vier:

1) eine Substanz,

2) einfach,

3) numerisch =identisch, oder eine Person,

4) das Daseyn meines denkenden Subjects ist allein
gewiß, das Daseyn aller äußern Gegenstände aber
zweifelhaft.

Der erste von diesen vier Säzen gründet sich auf
folgenden Vernunftschluß:

Dasjenige, dessen Vorstellung das absolute Subject aller
unserer Urtheile ist, und daher nicht zum Prädicat
irgend eines andern Dinges gebraucht werden kann,
ist eine Substanz.

Ich, als ein denkendes Wesen, bin das absolute Sub=
ject aller meiner möglichen Urtheile, und diese Vor=
stellung von Mir selbst kann nicht zum Prädicat ir=
gend eines andern Dinges gebraucht werden.

Also bin ich, als denkendes Wesen, eine Substanz.

Der Schluß, auf welchem der zweite Saz beruht,
heißt also:

Das=

Dasjenige Ding, deſſen Handlung niemals als die Concurrenz vieler handelnden Dinge angeſehen werden kann, iſt einfach.

Nun iſt die Seele, oder das denkende Ich ein ſolches Ding. Denn, entſtünde ein Gedanke durch die Concurrenz mehrerer denkenden Subjecte, ſo würde jedes Subject einen Theil des Gedankens alle zuſammen aber erſt den ganzen Gedanken, enthalten. Dieſes aber iſt widerſprechend, weil Vorſtellungen, die unter verſchiedene Weſen vertheilt ſind, (z. E. die einzelnen Wörter eines Verſes) niemals einen ganzen Gedanken (einen Vers) ausmachen können.

Alſo iſt die Seele einfach.

Der dritte Saz gründet ſich auf dieſen Schluß:

Was ſich der numeriſchen Identität ſeiner Selbſt in verſchiedenen Zeiten bewuſt iſt, iſt ſo fern eine Perſon.

Nun gilt dieſes von unſerer Seele.

Alſo iſt ſie eine Perſon.

Der vierte Saz beruhet endlich auf folgendem Schluß:

Dasjenige, deſſen Daſeyn nicht unmittelbar wahrgenommen, ſondern nur als eine Urſache gegebener Wahrnehmungen geſchloſſen werden kann, hat eine nur zweifelhafte Exiſtenz.

Nun nehme ich einzig und allein das Daſeyn meines denkenden Subjects unmittelbar wahr, dagegen kann ich auf das Daſeyn äußerer Gegenſtände nur als auf eine Urſache gegebener Wahrnehmungen ſchließen.

Alſo iſt das Daſeyn meiner Seele allein gewiß, das Daſeyn äußerer Gegenſtände aber zweifelhaft.

Alle

Alle diese vier Vernunftschlüsse erklärt nun der Verfasser für lauter Paralogismen, d. i. für Schlüsse, die der Form nach unrichtig sind, und die man, wenn sie logisch betitelt werden sollen, sophismata figurae dictionis nennen kann, weil in allen diesen vier Schlüssen das Prädicat im Obersatze nur etwas subjectiv gültiges, oder ein Etwas in unserm Begrif bedeutet, im Schlußsatz dagegen als etwas objectiv gültiges, oder als ein Etwas in der Realität betrachtet wird. Man schreibt nämlich der Idee des absoluten Subjects aller unserer Gedanken objective Realität zu, weil man sich überredet, daß dasselbe uns durch den Begrif: Ich, in einer unmittelbaren Anschauung gegeben sey. Allein wäre das Ich ein Begrif, wodurch irgend ein Object gedacht würde; so könnte es auch als Prädicat von andern Dingen gebraucht werden, mithin wäre es nicht ein absolutes Subject. Wäre das Ich eine Anschauung; so müste es entweder eine reine Anschauung a priori, oder eine empirische Anschauung seyn. Im ersten Fall wäre es bloß die Form empirischer Anschauung, mithin kein Gegenstand. Im letzten Fall aber wäre es ein empirischer Gegenstand, mithin die Wissenschaft von diesem Gegenstande, bloß empirische, nicht aber rationale Psychologie. Also ist das Ich weder Anschauung, noch Begrif von irgend einem Gegenstande, sondern nichts weiter, als das bloße Bewustseyn, welches keinen besondern Gegenstand unterscheidet, sondern alle unsere Vorstellungen ohne Unterschied begleiten muß, wenn sie Gedanken, oder Begriffe werden sollen. Da also das Ich oder das Selbstbewustseyn schon vorausgesetzt werden muß, um überhaupt

ein

ein Object zu erkennen; ſo iſt auch hieraus offenbar, daß es nicht ſelbſt als Object von mir erkannt werden kann, ſondern eine ganz einfache und an allem Inhalt leere Vorſtellung ſey, und daß daher das abſolute Sub= ject unſerer innern Erſcheinungen ein uns ganz unbekann= tes Etwas iſt, von dem wir nicht das mindeſte wiſſen können.

Was nun den erſten Schluß, daß die Seele eine Subſtanz ſey, betrift; ſo wird im Oberſaz deſſelben das Prädicat: Subſtanz, ohne alle Bedingung der Sinn= lichkeit gebraucht, und bedeutet bloß die logiſche Vor= ſtellung eines Subjects, das nicht wieder ein Prädicat iſt; mithin zeigt, vermöge des Obigen, der reine Ver= ſtandesbegrif: Subſtanz, hier nichts weiter an, als eine bloße ſubjective Form des Denkens, und iſt alſo ein ganz leerer Begrif, ohne alle objective Realität. Soll daher der Vernunftſchluß nicht fehlerhaft ſeyn; ſo muß das Prädicat im Schlußſazze in eben dieſem Sinne ge= nommen werden, und wenn alſo in demſelben geſchloſſen wird: die Seele iſt eine Subſtanz, ſo heiſt dieſes nichts anders, als ſo viel: Ich bin das logiſche Subject, von dem das Denken nur ein Prädicat iſt. Allein, iſt die Seele bloß in dieſem Sinne eine Subſtanz; ſo iſt dieſer Begrif ganz leer und ohne alle Beziehung auf irgend ei= nen Gegenſtand, mithin lehrt derſelbe uns nicht das mindeſte von dem, was das denkende Subject ſey, welches ſowohl dem Ich, als allen unſern Gedanken, als Subſtratum zum Grunde liegt. Alſo folgt aus dieſem erſten Vernunftſchluſſe der Pſychologie bloß, daß die

G

Seele

Seele eine logische Substanz sey, keinesweges aber das,
was er beweisen soll, nämlich daß die Seele eine reale
Substanz sey.   Der Begrif einer realen Substanz besteht
darin, daß sie der beharrliche Gegenstand sey, von welchem alles Wandelbare nur eine bloße Bestimmung, d. i.
eine Art ist, wie der Gegenstand existirt.   Soll daher
die Substantialität der Seele richtig bewiesen werden;
so muß erst bewiesen werden, daß sie etwas Beharrliches
sey.   Nun scheint es zwar, als ob bey dem continuirli-
chen Flusse unserer Vorstellungen das Ich der beharrliche
Gegenstand sey, weil unser Selbstbewustseyn, als worin
eben dieses Ich besteht, immer eben dasselbe ist.   Allein
dieses läst sich auf keine Weise darthun.   Denn das Ich
ist zwar in allen unsern Gedanken, mithin eine Vorstellung, die bey allem Denken immer wieder vorkommt,
allein da mit dieser Vorstellung des Ich nicht die mindeste Anschauung verbunden ist, die es von andern Gegenständen der Anschauung unterschiede, so kann man auf
keine Weise wahrnehmen, daß es eine stehende und blei-
bende Anschauung sey, worin die Gedanken als wandelbar wechselten. Was die äußern Erscheinungen anbetrift,
so haben diese vor den äußern Sinn etwas Stehendes
oder Bleibendes im Raum, in welchem sie als außer
uns vorgestellt werden, daher können wir das Beharrliche an ihnen beobachten.   Allein die Zeit, welche die
einzige Form unserer innern Anschauung ist, hat nichts
Bleibendes, mithin giebt sie nur den Wechsel der Bestimmungen, nicht aber den bestimmbaren Gegenstand zu
erkennen.   Denn wenn ich das bloße Ich bey dem Wechsel aller Vorstellungen beobachten will, so habe ich kein

anderes

anderes Correlatum meiner Vergleichungen; als wiederum dieses Ich. Wollte ich nun deshalb dieses Ich für den beharrlichen Gegenstand halten, in welchem alle Vorstellungen wechseln, so würde ich auf eine fehlerhafte Art das schon voraussezzen, was ich wissen wollte, und die bloße Identität meines Selbstbewußtseyns zu einer Identität und Beharrlichkeit machen, die mir als einem Gegenstande zukäme. Will ich also mein Ich als einen Gegenstand beurtheilen, so muß ich mich in dem Standpunkte eines Fremden betrachten, hier aber kann ich niemals ausmitteln, ob dieses Ich, das als die Form des Bewußtseyns ein bloßer Gedanke ist, nicht eben sowohl fließe, als die übrigen Gedanken, die dadurch an einander gekettet werden.

Da also der erste psychologische Vernunftschluß ein bloßer Paralogismus ist; so folgt hieraus schon von selbst, daß auch die übrigen drey nichts anders seyn können. Denn, ist es unerweislich, daß die Seele in realer objectiver Bedeutung eine Substanz sey, so muß es auch unerweislich seyn, daß sie eine einfache, numerisch-identische Substanz, und das Correlatum aller äußern Dinge sey, auf deren Daseyn wir bloß aus dem Daseyn unserer Seele schließen können. Indessen beleuchtet die Critik des Verfassers einen jeden der drey übrigen Schlüsse noch besonders, um das Fehlerhafte derselben desto sichtbarer zu machen.

In dem zweiten psychologischen Vernunftschlusse, daß die Seele eine einfache Substanz sey, liegt der nervus probandi in dem Saz: daß viele Vorstellungen nicht

unter

unter mehrere denkende Subjecte vertheilt seyn können, sondern in der absoluten Einheit des denkenden Subjects enthalten seyn müssen, wenn sie einen Gedanken ausma= chen sollen. Diesen Saz aber kann niemand weder aus der Erfahrung, noch aus Begriffen beweisen. Nicht aus der Erfahrung, weil diese nicht nur niemals Nothwendigkeit lehren kann, sondern der Begrif der absoluten Einheit auch weit über ihre Sphäre ist. Aus Begriffen aber eben so wenig. Denn die Einheit des Gedanken, der aus vielen Vorstellungen besteht, ist collectiv, und kann sich, den bloßen Begriffen nach, eben sowohl auf die collective Einheit der dar= an mitwirkenden Substanzen, als auf die absolute Ein= heit des Subjects beziehen, wie z. E. die Bewegung eines Körpers die zusammengesezte Bewegung aller seiner Theile ist. Hier ist kein Widerspruch der Begriffe. Wenn man daher zu einem Gedanken die absolute Einheit des Subjects erfordert; so geschiehet dieses bloß darum, weil sonst nicht gesagt werden könnte: Ich denke (das Man= nigfaltige in einer Vorstellung). Denn wenn gleich das Ganze des Gedanken getheilt und unter viele Subjecte vertheilt werden könnte; so kann doch das subjective Ich nicht getheilt und vertheilt werden, welches wir gleichwohl bey allem Denken voraussezzen. Da nun aber bereits gezeigt worden, daß das Ich nicht ein reales Subject der Inhärenz, sondern bloß ein logisches Subject anzeigt; so liegt der Fehler in diesem zweiten psychologischen Ver= nunftschluß wiederum darin, daß man die an allem In= halt leere Vorstellung Ich, die gar kein besonderes Ob= ject unterscheidet, zu einem Begriffe von einem denken=

den

den Gegenſtande macht, und ſo die Einfachheit jener Vorſtellung für eine Erkentniß von der Einfachheit des denkenden Gegenſtandes ſelbſt hält. Soll daher dieſer Vernunftſchluß richtig ſeyn; ſo bedeutet der Schlußſaz: Ich bin einfach, nichts weiter, als dieſes: die Vorſtellung Ich faßt keine Mannigfaltigkeit in ſich, ſondern iſt abſolute logiſche Einheit. Allein dieſer Saz iſt eine bloße Tautologie, und lehrt uns alſo nicht das mindeſte von der realen Einfachheit meines Subjects, mithin iſt derſelbe auch nicht von der geringſten Brauchbarkeit. Sollte er brauchbar ſeyn; ſo müſte er vornemlich dazu dienen, unſere Seele von aller Materie zu unterſcheiden, und ſie dadurch von der Hinfälligkeit auszunehmen, der dieſe jederzeit unterworfen iſt. Denn dahin geht die ganze Abſicht dieſes berühmten pſychologiſchen Sazzes. Nun iſt es zwar allerdings richtig, daß, da die Materie eine Erſcheinung des äußern Sinnes iſt, unſer denkendes Subject aber bloß als Gegenſtand des innern Sinnes von uns vorgeſtellt wird, daſſelbe ſo fern es denkt, nicht materiell und körperlich ſeyn kann. Dieſes aber ſagt nur ſo viel: unter äußern Erſcheinungen im Raum können uns niemals denkende Weſen, als ſolche vorkommen, oder: Gedanken, Begierden, Bewuſtſeyn können wir niemals äußerlich anſchauen, denn dieſes gehört alles vor den innern Sinn. Allein hier frägt es ſich: ob nicht vielleicht dasjenige uns unbekannte Etwas, welches den äußern Erſcheinungen zum Grunde liegt, und unſern Sinn ſo afficirt, daß er die Vorſtellungen vom Raum, Materie, Geſtalt ꝛc. bekommt, zugleich das Subject der Gedanken ſeyn könne. Denn obgleich daſſelbe in der

Art,

Art, wie es unsere Sinne afficirt, in uns die Anschauung des Ausgedehnten und mithin Zusammengesezten hervorbringt, so kann es doch als ein Ding an sich selbst gar wohl einfach seyn, weil die Prädicate, ausgedehnt und zusammengesezt, bloß die Sinnlichkeit angehen; mithin könnten der Substanz, der in Ansehung unsers äußern Sinnes Ausdehnung zukommt, an sich selbst Gedanken beiwohnen, die durch ihren eignen innern Sinn mit Bewußtseyn vorgestellt werden könnten. Auf solche Weise würde eben dasselbe Ding, das in einer Beziehung zusammengesezt und körperlich heißt, in einer andern zugleich ein einfaches und denkendes Wesen seyn. Wenn man also gleich einräumt, daß die Seele eine einfache Substanz sey, so ist sie dennoch selbst hiedurch von der Materie in Ansehung des Substrati, welches dieser zum Grunde liegt, nicht hinreichend unterschieden, denn da uns lezteres gänzlich unbekannt ist; so können wir auch nicht wissen, ob die Seele von demselben irgend worin unterschieden sey.

In dem dritten psychologischen Vernunftschlusse sezt der Saz: die Seele ist sich bewußt, daß sie immerfort eben dieselbe Substanz, mithin eine Person sey, schon ihre objective Beharrlichkeit voraus, die aber unerweislich ist. Daher liegt, wie bereits bey der Critik des ersten Schlusses gezeigt worden, der Fehler des dritten Schlusses darin, daß man die logische Identität des Ich zu einer objectiven Identität macht, die mir als einem Gegenstande zukäme. Denn, wenn gleich das denkende Subject immerfort wechselte; so könnte die Vorstellung

Ich

Ich doch bleiben, und immer den Gedanken des vorhergehenden Subjects aufbehalten, und ſo auch dem folgenden überliefern. Eine elaſtiſche Kugel, die auf eine
gleiche ſtöſt, theilt dieſer ihre ganze Bewegung mit.
Man ſtelle ſich alſo, nach der Analogie, eine Reihe denkender Subſtanzen vor, von denen die erſte ihren Zuſtand, nämlich ihre Vorſtellungen ſammt dem Bewuſtſeyn derſelben der zweiten, die zweite ſowohl ihren eignen Zuſtand, als den Zuſtand der erſten Subſtanz der
dritten, und dieſe eben ſo ihren eignen Zuſtand und die
Zuſtände aller vorigen einer vierten Subſtanz mittheilete;
ſo würde die lezte Subſtanz ſich aller Zuſtände der vorigen Subſtanzen, als ihres eignen Zuſtandes bewuſtſeyn,
weil jene zuſammt dem Bewuſtſeyn in ſie übertragen worden, und gleichwohl würde ſie doch nicht eben dieſelbe
Perſon in allen dieſen Zuſtänden geweſen ſeyn.

Was endlich den vierten pſychologiſchen Vernunftſchluß betrift, daß das Daſeyn meiner Seele allein unmittelbar von mir wahrgenommen werden kann, und
daher gewiß iſt, auf das Daſeyn äußerer Gegenſtände
aber bloß geſchloſſen werden könne, und dieſes daher
zweifelhaft ſey, ſo iſt es allerdings richtig, daß wir nur
das, was in uns ſelbſt iſt, mithin nur unſere eigne Exiſtenz unmittelbar wahrnehmen können, und daß daher
Carteſius mit Recht alle Wahrnehmung in der engſten
Bedeutung auf den Saz einſchränkte, Ich (als ein denkendes Weſen) bin.

G 4 Wenn

Wenn alſo etwas nicht in mir, ſondern außer mir exiſtiren ſoll, ſo kann ich auf ſein Daſeyn bloß aus meiner innern Wahrnehmnng ſchlieſſen, indem ich dieſe als die Wirkung anſehe, wozu etwas außer mir die nächſte Urſache iſt. Nun aber iſt der Schluß von einer gegebenen Wirkung auf eine beſtimmte Urſache jederzeit unſicher, weil die Wirkung aus mehr als einer Urſache entſprungen ſeyn kann. Mithin bleibt es in der Beziehung der Wahrnehmung auf ihre Urſache jederzeit zweifelhaft, ob dieſes Etwas in mir, oder außer mir ſey. Wären daher die ſogenannten äußern Gegenſtäude Dinge an ſich ſelbſt, die ſich wirklich außer uns befänden; ſo wäre ihr Daſeyn allerdings zweifelhaft, nnd daher der vierte pſychologiſche Vernunftſchluß völlig richtig. Aber eben hierin liegt die Illuſion des leztern. Denn da die Natur unſers äußern Sinnes darin beſteht, daß er uns die Gegenſtände im Raum, und dieſen mit allem, was in ihm iſt, als außer uns vorſtellt; ſo bilden wir uns ein, daß ſowohl der Raum, als die Gegenſtände, die wir uns im Raum vorſtellen, Dinge wären, die in der That auch ohne Beziehung auf unſere Sinnlichkeit, an ſich ſelbſt außer uns exiſtirten, und ſehen alſo die äußern Erſcheinungen als Vorſtellungen an, die in uns von Gegenſtänden gewirkt werden, die an ſich ſelbſt außer uns ſind. Allein dieſes iſt, wie in der Aeſthetik gezeigt worden, ein bloßes Blendwerk. Denn der Raum iſt eben ſo wenig, als die Zeit, etwas vor ſich beſtehendes, oder eine Bedingung der Gegenſtände, als Dinge an ſich ſelbſt, ſondern die bloße Form der Anſchauung, mithin nichts Objectives außer uns, ſondern bloß etwas Subjectives in

uns

uns, folglich ſind auch die Körper, die wir im Raum
anſchauen, nicht Dinge die an ſich außer uns wären,
ſondern bloße Erſcheinungen, oder Vorſtellungen in uns,
die eben ſowohl, als die übrigen Gedanken bloß zum
denkenden Subjecte gehören, ob ſie gleich das Täuſchen-
de an ſich haben, daß, da ſie Gegenſtände im Raum
vorſtellen, ſie ſich gleichſam von der Seele ablöſen und
außer ihr zu ſchweben ſcheinen. Auf dieſe Art aber fällt
aller Zweifel in Anſehung des Daſeyns der Körper völlig
weg. Denn da ſie bloß eine beſondere Art der Vorſtellungen in uns ſind; ſo nehmen wir ihr Daſeyn, ohne
daß wir erſt auf daſſelbe ſchlieſſen dörfen, eben ſo unmittelbar wahr, als das Daſeyn unſerer ſelbſt. Mithin erkenne ich eben ſo unmittelbar auf das bloße Zeugniß
meines Selbſtbewuſtſeyns, daß Körper exiſtiren, als
daß meine Seele exiſtirt, jedoch ſo, daß ich beide nur
als Erſcheinungen kenne, übrigens aber von dem, was
ſie an ſich ſelbſt ſeyn mögen, gar nichts weiß. Wollte
man dagegen ſowohl die Körper, als unſere Seele nicht
für Erſcheinungen, ſondern für Dinge an ſich ſelbſt halten; ſo wäre beides das Daſeyn der Seele und das Daſeyn der Körper gleich zweifelhaft, indem wir das unbekannte Etwas, das als das eigentliche Subſtratum
unſerer innern Anſchauung zum Grunde liegt, eben ſo
wenig wahrnehmen können, als das, was unſere äußere
Anſchauung verurſachet, und wir daher ſowohl auf das
Daſeyn des einen, als des andern nur als auf die Urſache der gegebenen innern und äußern Wahrnehmungen
ſchlieſſen können, ohne jedoch den geringſten Unterſchied
zwiſchen der Seele und der Materie zu wiſſen, ſo fern

G 5   man

man beide als Dinge an ſich ohne Beziehung auf unſere Sinnlichkeit betrachtet. Ein Lehrbegriff, der das Da- ſeyn äußerer Erſcheinungen behauptet, heiſt der empiri- ſche Realismus; der ſie leugnet, oder bezweifelt, der empiriſche Idealismus. Ein Lehrbegriff, der Raum und Zeit als etwas an ſich gegebnes, und daher alle Er- ſcheinungen als Dinge an ſich ſelbſt anſieht, die unab- hängig von uns und unſerer Sinnlichkeit exiſtiren, heiſt der transcendentale Realismus; derjenige aber, der Raum und Zeit als bloße Formen unſerer Anſchauung, und daher alle Erſcheinungen als bloße Vorſtellungen in uns, und nicht als Dinge an ſich ſelbſt anſieht, heiſt der transcendentale Idealismus. Ein Lehrbegriff, der ſo- wohl das Daſeyn der Materie, als denkender Weſen be- hauptet, heiſt Dualismus, der die Einheit und Per- ſönlichkeit der Seele behauptet, der Pneumatismus, und der die Seele bloß für Materie hält, der Materialis- mus.

Alſo folgt aus dem, was vorher gezeigt worden, daß der transcendentale Idealiſt ein empiriſcher Realiſt und Dualiſt, der transcendentale Realiſt dagegen ein em- piriſcher Idealiſt iſt, und dabey weder ein Dualiſt, noch ein Materialiſt, noch ein Pneumatiſt ſeyn kann, weil wir die Dinge an ſich ſelbſt gar nicht wahrnehmen, und nicht das mindeſte von ihnen wiſſen können. Mithin iſt der transcendentale Idealismus nicht nur an ſich der wahre Lehrbegriff, ſondern man muß denſelben auch noth- wendig annehmen, wofern man nicht in den empiriſchen Idealismus verfallen, ja ſich ſogar in ſolche Verwirrung

ſetzen

ſezzen will, daß man weder den Dualismus, noch den
Materialismus, noch den Pneumatismus anzunehmen
berechtiget iſt.

Hieraus erhellet demnach, daß die ganze vermeinte
Ungewißheit wegen des Daſeyns der Körper auf dem
bloßen Blendwerke beruhet, daß man das, was bloß in
unſern Gedanken exiſtirt, hypoſtaſirt, und in eben derſelben Qualität, als einen wirklichen Gegenſtand außerhalb unſerer Seele annimmt.   Und auf eben dieſem
Blendwerke beruhen auch alle die berühmten Schwierigkeiten, die man bey den Fragen von der Möglichkeit der
Gemeinſchaft der Seele mit dem Körper, von dem Anfange dieſer Gemeinſchaft, oder von dem Zuſtande der
Seele in und vor unſerer Geburth, und vom Ende derſelben, d. i. von dem Zuſtande der Seele in und nach
dem Tode, zu finden meint.   Es ſcheint nämlich höchſt
befremdend zu ſeyn, wie zwiſchen ſo ungleichartigen Dingen, als unſere Seele und die Materie iſt, eine gegen-
ſeitige Verknüpfung ſtattfinden könne, und wie es möglich ſey, daß unſer denkendes Weſen in der Materie
Bewegung, und die Bewegung und Ausdehnung der
Materie in unſerm denkenden Weſen Vorſtellungen wirken könne.   Allein eben hierin liegt die Täuſchung, daß
man die Materie als eine von unſerer Seele ſo ganz un-
terſchiedene und heterogene Art von Subſtanzen anſieht,
und ſich einbildet, als ob ſie in der Qualität, wie ſie
uns erſcheint, d. i. durch unſern äußern Sinn vorgeſtellt
wird, nämlich als ausgedehnt und in Bewegung, auch
wirklich außer uns exiſtirte, da ſie doch in der Qualität,

wie

wie sie uns erscheint, nicht außer uns, sondern lediglich als ein Gedanke, gleich allen übrigen Gedanken, in uns existirt, wiewohl dieser Gedanke sie durch unsern äußern Sinn als außer uns befindlich vorstellt. Mithin ist die Frage nicht mehr von der Gemeinschaft der Seele mit andern ungleichartigen Substanzen außer ihr, sondern bloß von der Verknüpfung der Vorstellungen unsers innern Sinnes mit den Modificationen unserer äußern Sinnlichkeit, d. i. wie in einem denkenden Subjecte überhaupt äußere Anschauung, nämlich die des Raums und einer Erfüllung desselben, möglich sey. Auf diese Frage aber kann kein Mensch antworten, sondern dies ist eine Lücke unsers Wissens, die wir nie ausfüllen, sondern nur dadurch bezeichnen können, daß wir die äußern Erscheinungen einem transcendentalen Gegenstande zuschreiben, der die Ursache dieser Art der Vorstellungen, aber für uns nur ein ganz unbekanntes Etwas überhaupt ist, von dem wir nicht den mindesten Begrif haben können. Hievon hängt nun zugleich die Entscheidung aller Schwierigkeiten ab, die man bey den Fragen über den Zustand der Seele vor unserer Geburth und nach unserm Tode anzutreffen meint. Die Frage nämlich, ob das denkende Subject schon vor aller Gemeinschaft mit Körpern habe denken können, sagt also eigentlich nur so viel: ob vor dem Anfange dieser Art der Sinnlichkeit, wodurch uns etwas im Raum erscheint, dieselben transcendentalen Gegenstände, welche uns im gegenwärtigen Zustande als Körper erscheinen, auf eine ganz andere Art von uns haben angeschauet werden können. Die Frage aber, ob die Seele auch nach Aufhebung aller Gemeinschaft mit der Körperwelt noch

fort=

fortfahren könne zu denken, sagt eigentlich nur dieses: | ob, wenn die jezige Art unserer Sinnlichkeit, wodurch uns transcendentale und für jezt ganz unbekannte Gegenstände, als Gegenstände im Raum, d. i. als materielle Welt erscheinen, aufhören sollte, auch überhaupt alle Anschauung derselben aufhören würde, oder ob es nicht möglich wäre, daß eben dieselben unbekannten Gegenstände fortführten, obzwar freilich nicht mehr in der Qualität der Körper, dennoch in einer andern Qualität von unserm denkenden Subjecte erkannt zu werden. Nun kann zwar in beiden Fragen niemand die Möglichkeit hievon beweisen, aber eben so wenig kann irgend jemand etwas gültiges wider dieselbe einwenden. Denn wer er auch sey, so weiß er von der absoluten und innern Ursache der äußerlichen Erscheinungen in unserm jezigen Zustande eben so wenig, als ich, oder jemand anders; mithin kann er auch mit keinem Grunde sagen, daß die Bedingung aller äußern Anschauung, oder auch das denkende Subject selbst, im Tode aufhören werde.

So fällt demnach die ganze rationale Psychologie, da sie aus lauter Paralogismen zusammengesezt ist, als eine alle Kräfte der menschlichen Vernunft übersteigende Wissenschaft hinweg, und es bleibt uns nichts übrig, als unsere Seele an dem Leitfaden der Erfahrung zu studiren, und uns in den Schranken der Fragen zu halten, die nicht weiter gehen, als mögliche innere Erfahrung ihren Inhalt darlegen kann. Indessen hat sie, wenn man sie vor nichts mehr, als eine critische Behandlung unserer dialectischen Schlüße und zwar der gemeinen und na-

tür-

türlichen Vernunft gelten läßt, doch den wichtigen negativen Nuzzen, daß sie unser denkendes Selbst wider
die Gefahr des Materialismus völlig sichert. Denn weit
gefehlt, daß die mindeste Furcht übrig bliebe, daß, wenn
man die Materie wegnehme, dadurch alles Denken und
selbst die Existenz aller denkenden Wesen aufgehoben werden würde; so ist vielmehr klar, daß, wenn ich das denkende Subject wegnehme, die ganze Körperwelt wegfallen muß, weil diese nichts ist, als die Erfahrung in der
Sinnlichkeit unsers Subjects und eine Art Vorstellung desselben. Hiebey bleibt mir zwar freilich das denkende
Selbst an sich noch völlig unbekannt. Weil es aber
gleichwohl möglich ist, daß ich anders woher, als aus
spekulativen Gründen Ursache hernehme, eine selbstständ-
dige und bey allem möglichen Wechsel meines Zustandes
beharrliche Existenz meiner denkenden Natur zu hoffen,
so ist dadurch schon viel gewonnen, bey dem freien Geständniß meiner eignen Unwissenheit, dennoch die dogmatischen Angriffe eines jeden speculativen Gegners ab-
treiben zu können, und ihm zu zeigen: daß er niemals
mehr von der Natur meines Subjects wissen könne, um
meinen Erwartungen die Möglichkeit abzusprechen, als
ich, um mich an ihnen zu halten.

2. Von

2.

Von den Antinomien der reinen Vernunft.

Die Idee, auf welche die Vernunft durch die Form der categoriſchen Vernunftſchlüſſe geführt wird, geht auf das abſolute Subject aller Gedanken überhaupt, und iſt daher pſychologiſch. Diejenige Idee aber, auf welche ſie durch die Form der hypothetiſchen Vernunftſchlüſſe geleitet wird, geht auf die abſolute Vollſtändigkeit in der Reihe der Bedingungen gegebener Erſcheinungen, und iſt daher cosmologiſch. Vermittelſt dieſer Idee will demnach die Vernunft eine jede Reihe von Bedingungen, die nur der Verſtand in Anſehung der gegebenen Erſcheinungen denken kann, vollendet wiſſen, und ſucht daher ſo lange hinaufzuſteigen, bis ſie auf diejenige Bedingung kommt, die ſelbſt unbedingt iſt, nach dem Grundſaz: wenn das Bedingte gegeben iſt; ſo iſt auch die ganze Reihe der Bedingungen, mithin das Unbedingte gegeben. Alſo muß es ſo viele cosmologiſche Ideen geben, als es nach der Tafel der reinen Verſtandesbegriffe, verſchiedene Reihen von Bedingungen der Erſcheinungen giebt. Nun ſind erſtlich Zeit und Raum die urſprünglichen Größen aller Erſcheinungen, und jede gegebene Zeit ſezt die ganze vorige voraus, ſo wie jeder gegebene Raum einen weiter hinzugedachten, der ihn begrenzt; mithin fordert die Vernunft, nach der Categorie der Quantität, abſolute Vollſtändigkeit der Größe der Welt, ſowohl in Anſchauung ihrer verfloſſenen Dauer, als des Raums, den ſie einnimmt. Zweitens iſt die Materie, d. i. das Reale im Raum, ein Bedingtes, deſſen innere Bedingungen ſeine Theile ſind, alſo fordert die Vernunft, nach der

Cate=

Categorie der Qualität absolute Vollständigkeit in der Theilung der Materie. Was drittens die Categorien des realen Verhältnisses betrift; so ist die Idee, auf welche die Categorie der Substanz führt, nicht cosmologisch, sondern psychologisch, weil die Accidenzen, so fern sie einer einigen Substanz inhäriren, einander bloß coordinirt, nicht aber subordinirt sind, und mithin keine Reihe von Bedingungen ausmachen. Dagegen liefert der Begrif der Ursache und Wirkung eine Reihe von Bedingungen, und die Vernunft fodert daher bey allem, was geschieht, absolute Vollständigkeit in der Reihe der Ursachen. Viertens führen die Categorien der Modalität nur in so fern auf eine Reihe, in so fern das Zufällige im Daseyn jederzeit als bedingt angesehen werden muß, mithin fodert hier die Vernunft absolute Vollständigkeit in den Bedingungen des zufälligen Daseyns, d. i. die unbedingte Nothwendigkeit. Es giebt also nicht mehr, als vier cosmologische Ideen, nämlich die Vernunft sucht absolute Vollständigkeit

1) in der Zusammensezung des Weltganzen, sowohl dem Raum, als der vergangenen Zeit nach,

2) in der Theilung der Materie,

3) in der Entstehung einer Erscheinung,

4) in der Abhängigkeit des Daseyns des Veränderlichen.

Hier ist es nun höchst merkwürdig, daß die dialectischen Schlüsse, auf welche die psychologische Idee von dem Subject unsers Denkens führt, einen bloß einseitigen Schein bewirken; so daß sie sich gänzlich für den

Pneu-

Pneumatismus erklären, zur Behauptung des Gegentheils aber ſich nicht einmal der mindeſte Schein aus Vernunft begriffen vorfinden will. Dagegen hat es mit den cosmologiſchen Ideen eine ganz andere Bewandniß. Denn von dieſen führt eine jede auf zwey entgegengeſezte Schlüſſe von gleicher Bündigkeit, ſo daß Saz und Gegenſaz ſich gleich ſtrenge beweiſen laſſen. Hier zeigt ſich alſo das ſonderbare Phänomen, daß unſere Vernunft mit ſich ſelbſt in Widerſtreit geräth, und zwar von ſelber auf eine ganz natürliche und unvermeidliche Art, ohne dieſen Widerſtreit durch vorſäzliche Sophiſtereien zu erkünſteln, indem jeder cosmologiſche Saz, für den ſich die Vernunft irgend erklären mag, von der Art iſt, daß die Leugnung deſſelben eben ſo gültige und nothwendige Gründe vor ſich hat, als ſeine Behauptung. Auf dieſe Art beſteht die ganze rationale Cosmologie aus lauter Antinomien, d. i. aus Säzen, wo die Theſis und die Antitheſis ſich mit gleicher Strenge beweiſen laſſen. Dieſes zeigt der Verfaſſer nach allen vier cosmologiſchen Ideen folgendermaßen.

H   Erſte

Erste

Thesis.

Die Welt hat einen Anfang in der Zeit, und ist auch dem Raume nach begrenzt.

Beweis. Denn man sezzt, die Welt habe keinen Anfang, so ist bereits eine Ewigkeit abgelaufen, mithin eine unendliche Reihe auf einander folgender Zustände der Dinge in der Welt verflossen. Dieses aber ist unmöglich, weil die Unendlichkeit einer Reihe eben darin besteht, daß sie durch successive Zusammensezzung niemals vollendet seyn kann. Also muß die Welt einen Anfang haben.

Eben so nehme man an, die Welt wäre dem Raum nach nicht begrenzt; so wäre sie ein unendliches gegebnes Ganze von zugleich existirenden Dingen. Nun können wir die Größe eines unbegrenzten Ganzen auf keine andere Art gedenken, als nur durch die successive Zusammensezzung der Theile. Mithin müste die successive Zusammensezzung der Theile einer unendlichen Welt als vollendet angesehen werden, d. i. eine unendliche Zeit müste in der Durchzählung aller coexistirenden Dinge als abgelaufen angesehen werden. Dieses aber ist unmöglich. Also ist die Welt dem Raume nach begrenzt.

Antinomie.

Antitheſis.

Die Welt hat keinen Anfang in der Zeit, und iſt auch dem Raume nach unbegrenzt.

Beweis. Denn man ſetze, die Welt habe einen Anfang, ſo muß eine Zeit vorhergegangen ſeyn, darin ſie nicht war, d. i. eine leere Zeit. Nun aber iſt in einer leeren Zeit kein Entſtehen irgend eines Dinges möglich, weil kein Theil einer leeren Zeit vor einem andern irgend eine unterſcheidende Bedingung des Daſeyns, vor die des Nichtſeyns an ſich hat (man mag annehmen, daß es von ſich ſelbſt, oder durch eine andere Urſache entſteht). Alſo kann die Welt keinen Anfang haben.

Eben ſo nehme man an, die Welt wäre dem Raum nach begrenzt; ſo befindet ſie ſich in einem leeren Raum, der nicht begrenzt iſt, mithin würde nicht allein ein Verhältniß der Dinge im Raum, ſondern auch zum Raum, angetroffen werden. Nun aber iſt der Raum die bloße Form der äußern Anſchauung, aber kein Gegenſtand, der äußerlich angeſchauet werden, und mit dem alſo die Welt im Verhältniſſe ſtehen könnte, mithin iſt das Verhältniß der Welt zum leeren Raum ein Verhältniß derſelben zu keinem Gegenſtande. Da nun ein ſolches Verhältniß nichts iſt; ſo iſt auch die Begrenzung der Welt durch einen leeren Raum nichts. Alſo kann die Welt dem Raum nach gar nicht begrenzt ſeyn.

Zwei-

Zweite

Thesis.

Eine jede zusammengesezte Substanz in der Welt besteht aus einfachen Theilen, und es existirt überall nichts, als das Einfache, oder das, was aus diesem zusammengesezt ist.

Beweis. Denn man nehme an, die zusammengesezten Substanzen beständen nicht aus einfachen Theilen; so bliebe, wenn alle Zusammensezzung in Gedanken aufgehoben würde, weder ein zusammengesezter, noch einfacher Theil, mithin gar nichts übrig, folglich wäre keine Substanz gegeben. Nun aber besteht jede Substanz, als ein beharrliches Wesen, vor sich, folglich ist bey den Substanzen die Zusammensezzung nur eine zufällige Relation derselben; mithin kann bey einer zusammengesezten Substanz allerdings alle Zusammensezzung in Gedanken aufgehoben werden; also wären, wenn die zusammengesezten Substanzen nicht aus einfachen Theilen bestünden, gar keine Substanzen gegeben, aus denen sie zusammengesezt wären. Da nun dieses sich selber widerspricht, so muß jede zusammengesezte Substanz aus einfachen Theilen bestehen. Und hieraus folgt unmittelbar, daß die Dinge der Welt insgesammt einfache Wesen sind, und daß die Zusammensezzung nur ein äußerer Zustand derselben sey.

Anti=

Antinomie.

Antitheſis.

Keine zuſammengeſezte Subſtanz in der Welt beſteht aus einfachen Theilen, und es exiſtirt überall nichts Einfaches in der Welt.

Beweis. Denn man nehme an, eine zuſammengeſezte Subſtanz beſtünde aus einfachen Theilen. Da nun alle Zuſammenſezzung aus Subſtanzen nur im Raum möglich iſt, ſo muß aus eben ſo viel Theilen, als das Zuſammengeſezte beſteht, auch der Raum beſtehen, den es einnimmt. Nun aber iſt jeder Theil des Raums ſelbſt ein Raum. Alſo müſte jeder Theil der zuſammengeſezten Subſtanz, mithin auch jeder einfache Theil derſelben einen Raum einnehmen. Nun aber faßt alles Reale, was einen Raum einnimmt, ein außerhalb einander befindliches Mannigfaltige in ſich, folglich iſt es zuſammengeſezt, und zwar aus Subſtanzen (weil Accidenzen ohne Subſtanz nicht außer einander ſeyn können). Alſo würde jeder einfache Theil aus Subſtanzen zuſammengeſezt ſeyn. Da nun dieſes ſich ſelbſt widerſpricht, ſo kann keine zuſammengeſezte Subſtanz aus einfachen Theilen beſtehen.

Ferner läſt ſich das Daſeyn einfacher Subſtanzen in der Welt überhaupt aus keiner Erfahrung, ſie ſey eine äußere oder innere, darthun. Denn, wäre dieſes möglich, ſo müſte die Anſchauung derſelben ſchlechthin kein Mannigfaltiges außerhalb einander enthalten. Da aber von dem Nichtbewuſtſeyn eines ſolchen Mannigfaltigen kein Schluß auf die Unmöglichkeit deſſelben gilt; ſo kann das Daſeyn einer einfachen Subſtanz in keiner möglichen Erfahrung gegeben werden. Nun aber iſt die Sinnenwelt der Inbegrif aller möglichen Erfahrungen. Alſo iſt in ihr überall nichts einfaches gegeben, ſondern eine einfache Subſtanz iſt eine bloße Idee, für die ſich kein Gegenſtand der Erfahrung finden läſt, mithin ein Begrif ohne alle objective Realität.

Dritte

Dritte

Thesis.

Es geschieht in der Welt nicht alles nach Naturgesezzen, sondern es giebt auch eine Caussalität durch Freiheit.

Beweis. Denn man nehme an, es geschehe in
der Welt alles nach Naturgesezzen; so sezt alles, was
geschieht, einen vorigen Zustand voraus, auf den es unausbleiblich nach einer Regel folgt. Dieser vorige Zustand
aber ist etwas Geschehenes, weil, wenn es jederzeit gewesen wäre, auch seine Folge immer gewesen, und nicht
erst entstanden seyn würde, mithin sezt derselbe wieder einen
noch ältern Zustand voraus, u. s. w. Also gäbe es keine
erste Ursache, mithin keine Vollständigkeit der Reihe auf
der Seite der von einander abstammenden Ursachen.
Dieses aber widerspricht dem Gesez der Natur,
denn dieses besteht eben darin, daß ohne hinreichend
a priori bestimmte Ursache nichts geschehe. Also kann
nicht alles in der Welt nach Naturgesezzen geschehen, folglich muß es eine Caussalität geben, durch welche etwas
geschieht, ohne daß die Ursache davon noch weiter durch
eine andere vorhergehende Ursache nach nothwendigen
Gesezzen bestimmt sey, d. i. es muß eine absolute Spon-
taneität der Ursachen geben, eine Reihe von Erscheinungen, die nach Naturgesezzen läuft, von selbst anzufangen, mithin Freiheit.

An-

Antinomie.

Antitheſis.

Es giebt keine Freiheit, ſondern alles in der Welt geſchieht lediglich nach Naturgeſezzen.

Beweis. Denn man ſezze, es gebe eine Freiheit, d. i. ein Vermögen, einen Zuſtand, mithin auch eine Reihe von Folgen deſſelben ſchlechthin von ſelbſt anzufangen, ſo daß nichts vorhergeht, wodurch ſie nach beſtändigen Geſezzen beſtimmt ſey. Nun aber ſezt jeder Anfang zu handeln einen Zuſtand der noch nicht handelnden Urſache voraus, und ein dynamiſch erſter Anfang der Handlung einen Zuſtand, der mit dem vorhergehenden Zuſtande eben derſelben Urſache gar keinen Zuſammenhang der Cauſſalität hat, d. i. auf keine Weiſe daraus folgt. Da nun dieſes dem Grundſaz der Cauſſalität widerſpricht, auf welchen gleichwohl die Möglichkeit der Erfahrung beruht; ſo kann es keine Freiheit in der Welt geben; ſondern dieſelbe iſt ein leeres Gedankending.

Alſo geſchieht alles in der Welt lediglich nach nothwendigen Naturgeſezzen, die Freiheit oder die Unabhängigkeit von den Geſezzen der Natur iſt zwar eine Befreiung vom Zwange, aber auch zugleich vom Leitfaden aller Regeln, mithin eine völlige Geſezloſigkeit, bey deren Annahme alle Möglichkeit einer durchgängig zuſammenhangenden Erfahrung aufgehoben würde.

Vierte

Vierte

Theſis.

Es exiſtirt ein ſchlechthin nothwendiges Weſen, als die oberſte Urſache der Welt und ſelbſt zur Welt gehörig.

Beweis. Denn die Welt enthält eine Reihe von Veränderungen, eine jede Veränderung aber ſteht unter ihrer Bedingung, die der Zeit nach vorhergeht, und unter welcher ſie nothwendig iſt. Nun aber ſezt ein jedes Bedingte, das gegeben iſt, in Anſehung ſeiner Exiſtenz eine vollſtändige Reihe von Bedingungen, bis zum Schlechthin - Unbedingten voraus, und dieſes iſt etwas abſolut nothwendiges. Alſo muß etwas Abſolutnothwendiges exiſtiren, von dem die Reihe aller Weltveränderungen ihren Anfang ableitet. Da nun ferner der Anfang einer Zeitreihe nur durch dasjenige beſtimmt werden kann, was der Zeit nach vorhergeht; ſo muß die oberſte Bedingung des Anfangs einer Reihe von Veränderungen in der Zeit exiſtiren, da dieſe noch nicht war. Mithin gehört die Cauſſalität des nothwendigen Weſens, folglich auch dieſes ſelber, zur Zeit, mithin zur Erſcheinung, alſo zur Sinnenwelt, als dem Inbegrif aller Erſcheinungen. Alſo gehört das abſolutnothwendige Weſen zur Welt ſelbſt, (es mag nun daſſelbe entweder die ganze Weltreihe ſelbſt, oder ein Theil derſelben ſeyn).

Antinomie.

Antithesis.

Es existirt gar kein schlechthin nothwendiges Wesen, weder in der Welt, noch außer der Welt, als ihre Ursache.

Beweis. Denn man sezze, die Welt selber, oder in der Welt sey ein nothwendiges Wesen; so würde in der Reihe ihrer Veränderungen ein Anfang seyn, der unbedingt nothwendig, mithin ohne Ursache wäre, welches dem Gesezze der Caussalität widerstreitet, oder die Reihe selbst wäre ohne allen Anfang, mithin in allen ihren Theilen zufällig und bedingt, im Ganzen aber schlechthin nothwendig und unbedingt. Dieses aber widerspricht sich selbst, weil das Daseyn einer Menge nicht nothwendig seyn kann, wenn das Daseyn keines einzigen Theils nothwendig ist. Also kann die Welt selber, oder in ihr, kein absolut nothwendiges Wesen seyn.

Nun sezze man ferner, es gebe eine schlechthin nothwendige Welturcache außer der Welt; so würde dieselbe, indem sie die ganze Reihe der Weltveränderungen zuerst anfinge, selbst erst zu handeln anfangen, mithin gehörete ihre Caussalität und daher auch sie selbst in die Zeit, folglich zum Inbegrif aller Erscheinungen, d. i. zur Welt. Da nun dieses der Annahme widerspricht; so kann es auch kein absolut nothwendiges Wesen als Welturcache außer der Welt geben.

Hier

Hier ist also nun der sonderbare Widerstreit, in welchem die Vernunft mit sich selbst steht, sichtbar; indem eine jede ihrer cosmologischen Behauptungen von der Art ist, daß ihr Gegentheil mit gleicher Strenge bewiesen werden kann. Wir würden uns demnach in allen vier Fällen so wenig für die Thesis, als für die Antithesis erklären können, wenn sich hier nicht ein gewisses Interesse einmischte, das den einen mehr für jene, und den andern mehr für diese einnähme.

Auf der Seite der **Thesis** zeigt sich zuerst ein gewisses **praktisches Interesse**, woran jeder Wohlgesinnte herzlich Theil nimmt. Daß die Welt einen Anfang habe, daß mein denkendes Selbst von einfacher unverweslicher Natur, und zugleich in seinen willkührlichen Handlungen frey sey, daß endlich die ganze Welt von einem Urwesen abstamme, von welchem alles seine zweckmäßige Verknüpfung entlehnt, das sind so viel Grundsteine der Moral und Religion, die uns die Antithesis raubt, oder wenigstens zu rauben scheint. Zweitens äußert sich auf der Seite der Thesis auch das speculative Interesse, daß man hier die ganze Kette der Bedingungen völlig a priori begreifen kann, indem man vom Unbedingten anfängt, und daß also hier ein jedes Gebäude von Erkentnißen Vollendung enthält, da hingegen die Antithesis uns von einer Bedingung nur immer auf eine andere weiset, und so ohne Ende immer weiter zu fragen übrig läßt. Drittens zeigt sich auf der Seite der Thesis auch der so sehr empfehlende Vorzug der **Popularität**, indem der gemeine Verstand, der mehr gewohnt ist, zu den Folgen

ab-

abwärts zu gehen, als zu den Gründen hinaufzusteigen, in den Begriffen des absolut Ersten, über dessen Möglichkeit er nicht grübelt, keine Schwierigkeit findet, sondern vielmehr eine Gemächlichkeit und, zugleich einen festen Punct hat, um die Leitschnur seiner Schritte daran zu knüpfen, da er hingegen bey der Antithesis an dem rastlosen Aufsteigen von einer Bedingung zur andern, jederzeit mit einem Fuße in der Luft, gar keinen Wohlgefallen finden kann.   Hiezu kommt noch das Interesse der Eitelkeit, indem der gemeine Verstand bey der Behauptung der Thesis sich in einem Zustande befindet, in welchem sich auch der Gelehrteste über ihn nichts herausnehmen kann, als welcher vom absolut Unbedingten eben so wenig versteht, als er; dahingegen müste er bey der Antithesis, wo es auf bloße Nachforschung der Natur ankommt, seine Unwissenheit bekennen und dem Gelehrten ganz und gar nachstehen.

Auf der Seite der Antithesis fällt also dieses vierfache Interesse gänzlich hinweg, und es ist daher gar nicht zu besorgen, daß sie die Grenzen der Schule jemals überschreiten und sich im gemeinen Wesen einige Gunst bey der großen Menge erwerben werde; dagegen zeigt sich hier für die Vernunft ein sehr anlockendes speculatives Interesse, welches dasjenige Speculative, das sich bey der Thesis findet, weit übertrift.   Denn hier verfährt der Verstand in Erklärung der Erscheinungen immerfort empirisch, ohne intellectuelle Anfänge zum Grunde zu legen, also behält er immer eine vollkommene Gleichförmigkeit der Denkungsart und völlige Einheit der Maxime, und

bleibt

bleibt jederzeit auf seinem eigenthümlichen Boden, nämlich dem Felde von lauter möglichen Erfahrungen, deren Gesezze er nachspüren, und vermittelst deren er seine sichere und faßliche Erkentniß ohne Ende erweitern kann, ohne ins Gebiet von Ideen überzugehen, deren Gegenstände er nicht kennt, weil sie als Gedankendinge niemals gegeben werden können. Wenn daher der empirische Philosoph mit seiner Antithese keine andere Absicht hat, als bloß den Vorwiz und die Vermessenheit der ihre wahre Bestimmung verkennenden Vernunft niederzuschlagen, welche mit Einsicht und Wissen groß thut, da wo eigentlich Einsicht und Wissen aufhören; so ist sein Grundsaz eine Maxime der Mäßigung in Ansprüchen, der Bescheidenheit in Behauptungen, und zugleich der größest möglichen Erweiterung unseres Verstandes durch den eigentlich uns vorgesezten Lehrer, nämlich die Erfahrung. Denn in diesem Fall werden uns von ihm die intellectuellen Voraussezzungen und der Glaube zum Behuf unserer practischen Angelegenheit nicht genommen, sondern nur dieses, daß man sie nicht unter dem Titel und Pompe von Wissenschaft und Vernunfteinsicht auftreten zu lassen berechtiget sey; weil das eigentliche speculative Wissen überall keinen andern Gegenstand, als den der Erfahrung treffen kann. Wollte dagegen der empirische Philosoph mit seiner Antithese selbst dogmatisch werden, und dasjenige dreist verneinen, was über der Sphäre seiner anschauenden Erkentniße ist; so würde er selbst in den Fehler der Unbescheidenheit fallen, der hier um desto tadelhafter ist, weil dadurch dem practischen Interesse der Vernunft ein unersezlicher Nachtheil verursacht wird.

Von

Von dieser Art sind die Antithesen des Epikurs gegen die
Thesen des Plato (wiewohl noch die Frage ist, ob Epikur seine Grundsäzze jemals als objective Behauptungen,
und nicht vielmehr als bloße Maximen des speculativen
Vernunftgebrauchs vorgetragen habe). Ein jeder von
beiden sagte mehr, als er wuste. Epikur beförderte
das Wissen, obzwar zum Nachtheil des Practischen.
Plato dagegen gab durch seine Grundsäzze zwar zum Practischen vortrefliche Principien an die Hand, aber eben dadurch erlaubte er der Vernunft, idealischen Erklärungen der
Naturerscheinungen nachzuhangen, und darüber die phy-
sische Nachforschung zu verabsäumen.

Ueberhaupt sind alle cosmologische Behauptungen,
man mag sich für die Thesis oder Antithesis erklären, von
der Art, daß in beiden Fällen lauter Nonsens heraus-
kommt, indem die Weltidee jederzeit für unsere Verstandesbegriffe entweder zu groß oder zu klein ist. Denn
man nehme erstlich an: die Welt habe keinen Anfang,
und sey dem Raum nach unbegrenzt; so ist sie für unsern Begrif, der bloß im successiven Fortgange besteht,
unerreichbar, mithin zu groß. Hat sie dagegen einen
Anfang, und ist sie dem Raum nach begrenzt; so frägt
hier der Verstand noch mit Recht: was bestimmt diese
Grenze? mithin ist sie in diesem Fall jederzeit für unsern
Begrif zu klein. Man nehme zweitens an: die Materie bestehe nicht aus einfachen Theilen, sondern sey ins
Unendliche getheilt; so ist der Rückgang in der Theilung
für unsern Begrif zu groß. Besteht sie dagegen aus einfachen Theilen, so daß die Theilung bey irgend einem
Theile

Theile aufhöret; so ist der Rückgang in der Theilung jederzeit für unsern Begrif zu klein. Drittens nehme man
an: es geschehe alles nach Naturgesezzen; so ist der Rückgang in der Reihe der Ursachen für unsern Verstand wiederum zu groß. Geschieht dagegen hin und wieder etwas aus Freiheit, so frägt der Verstand hier noch immer von neuem nach einem Warum, und der Rückgang
in der Reihe der Ursachen ist also hier jederzeit für unsern Begrif zu klein. Nimmt man viertens ein schlechthin nothwendiges Wesen an, so sezt man es in eine von
jedem gegebnen Zeitpunkte unendlich entfernte Zeit, weil
es sonst von einem andern und ältern Dasehn abhängend
seyn würde, mithin ist seine Existenz für unsern Begrif
unzugänglich und zu groß. Ist dagegen alles in der Welt
zufällig; so frägt der Verstand bey jeder gegebnen Existenz noch immer nach einer andern, von der sie abhängig ist, mithin ist hier jede gegebene Existenz für unsern
Begrif zu klein. Da also die cosmologischen Ideen auf
keine Art dem Verstande anpassend gemacht werden können; so entsteht hieraus schon der gegründete Verdacht,
daß sie insgesammt, und also auch alle wider einander
streitende cosmologische Behauptungen, vielleicht einen leeren und bloß eingebildeten Begrif von der Art, wie uns
der Gegenstand dieser Ideen gegeben wird, zum Grunde haben.

Es frägt sich also: worin dieses Blendwerk bestehe,
und wie daher der angezeigte so seltsame Widerstreit der
Vernunft mit sich selbst aufzulösen sey? Das Blendwerk,
das hier die Vernunft so sehr täuscht, besteht bloß darin,

in, daß man die Welt als ein Ding an ſich anſieht, das, der abſoluten Totalität nach, vor ſich ſelbſt auch außer unſerer Vorſtellung gegeben wäre, da ſie doch als Sinnenwelt nichts weiter, als der Inbegrif der Erſcheinungen iſt, die als Gegenſtände der Sinne nur in unſerer Vorſtellung exiſtiren. Denn die obigen acht cosmologiſchen Säzze und Gegenſäzze beruhen alle auf dem Vernunftſchluſſe: Wenn das Bedingte gegeben iſt; ſo iſt auch die ganze Reihe aller Bedingungen deſſelben gegeben. Nun ſind uns Gegenſtände der Sinne als bedingt gegeben. Alſo ꝛc. ꝛc. Allein der Oberſaz dieſes Schluſſes gilt bloß alsdenn, wenn ſowohl das Bedingte, als ſeine Bedingung, Dinge an ſich ſelbſt ſind. Denn dieſe denkt der Verſtand bloß durch reine Begriffe, ohne darauf zu achten, ob und wie wir zu ihrer Kenntniß gelangen können, der reine Begrif des Bedingten aber ſchließt ſchon den Begrif der Bedingung in ſich, ſo daß er ohne dieſen unmöglich iſt; und da dieſes von jedem Gliede in der Reihe der Bedingungen gilt, ſo iſt hier durch das Bedingte zugleich die vollſtändige Reihe aller ſeiner Bedingungen, mithin das Unbedingte gegeben. Sind dagegen ſowohl das Bedingte, als ſeine Bedingung, nicht Dinge an ſich ſelbſt, ſondern bloße Erſcheinungen, ſo läßt ſich gedachter Oberſaz gar nicht behaupten. Denn da Erſcheinungen nicht durch bloße Begriffe, ſondern als Gegenſtände im Raum und in der Zeit erſt durch Wahrnehmungen gegeben werden, ſo ſind hier durch das Bedingte noch gar nicht die Bedingungen mitgegeben, ſondern ich kann von jenem auf dieſe bloß ſucceſſiv fortgehen, mithin kann ich hier keinesweges auf die abſolute

Tota-

Totalität in der Reihe der Bedingungen als etwas Gegebnes schliessen; sondern da jede Erscheinung etwas Bedingtes ist, so wird mir hier durch den Begrif des Bedingten bloß der succeſſive Regreſſus zu allen seinen Bedingungen als ein logisches Postulat aufgeg. ben, d. i. die
Vernunft gebietet mir, in der Reihe der Bedingungen
gegebner Erscheinungen beständig fortzugehen, ohne jemals bey einem Schlechthinunbedingten stehen zu bleiben, mithin keine empirische Grenze für eine absolute
Grenze gelten zu laſſen. So ist also klar, daß der Oberſaz des gedachten Vernunftschluſſes bloß von Dingen an
sich selbst, nicht aber von Erscheinungen gültig ist. Im
Unterſazze aber ist von der Sinnenwelt, folglich bloß von
Erscheinungen die Rede. Also enthält dieser Vernunftschluß denjenigen dialectischen Betrug, den man sophi-
sma figurae dictionis nennt. Auf diese Art bestehet das
ganze Blendwerk in den obigen acht Beweisen der vier-
fachen Antinomie bloß darin, daß man die Idee von der
absoluten Totalität der Bedingungen, die nur von Dingen an sich selbst gilt, auch auf Erscheinungen anwendet,
die nur in der Vorstellung, und, wenn sie eine Reihe
ausmachen, nur lediglich im succeſſiven Regreſſus unserer Vorstellungen, sonst aber gar nicht existiren. Wäre
daher die Sinnenwelt nicht bloße Erscheinung, sondern
ein Ding an sich selbst, so wären alle jene acht Beweise
nicht Blendwerke, sondern ganz gründlich und bündig,
und man müſte also schlechterdings alle vier Antinomien für richtig erklären, und behaupten, daß
sowohl der Saz, als sein contradictorisches Gegentheil beide zugleich wahr wären, z. E. daß die Welt end-

lich

lich wäre, und daß ſie es auch nicht wäre. Da nun dieſes ungereimt iſt; ſo ſind dieſe vier Antinomien ein indi-
recter Beweis für die Nichtigkeit des tranſcendentalen Idealismus, daß nämlich die ganze Sinnenwelt nicht ein
Ding an ſich ſelbſt iſt, ſondern daß ſie als Sinnenwelt
eine bloße Erſcheinung iſt, die lediglich in unſerer Vorſtellung exiſtirt.

So iſt demnach das Blendwerk in allen Beweiſen
der vier Antinomien aufgedeckt, und beide ſtreitende
Theile, ſowohl der Thetiker, als Antithetiker mit ihren
vermeinten Demonſtrationen auf einmal abgewieſen.
Denn beide ſezen in ihren Beweiſen fälſchlich die abſolute
Totalität der Welt, in Anſehung einer jeden Reihe von
Bedingungen gleichſam unbeſehen als gegeben voraus,
da doch die Welt, als ein Inbegrif von Erſcheinungen,
die nur in unſerer Vorſtellung exiſtiren, nichts weiter,
als ein ſucceſſiver Regreſſus von einer Bedingung zur andern iſt, der, da jede Bedingung immer wieder etwas
Bedingtes iſt, niemals als vollendet angeſehen werden
kann, mithin ſeiner Natur nach keine abſolute Vollſtändigkeit zuläſt. Indeſſen iſt hiedurch der Streit ſelbſt
noch nicht geendiget. Denn es ſcheint doch nichts klärer
zu ſeyn, als daß z. B. von zweien, davon der eine behauptet: die Welt hat einen Anfang, und der andere:
die Welt hat nicht einen Anfang, doch einer Recht haben
müſſe, wenn gleich die Beweiſe, auf die ſie ihre Behauptungen gründen, beide fehlerhaft wären. Es fragt
ſich alſo noch, wie dieſe Schwierigkeit aufzulöſen, und
wie daher der ganze cosmologiſche Streit der Vernunft mit

I ſich

sich selbst, auf eine befriedigende Art zu entscheiden sey? Diese Entscheidung giebt der Verfasser auf folgende Weise:

Den beiden ersten Antinomien liegt ein widersprechender Begrif zum Grunde, daher ist in ihnen beides sowohl die Thesis, als die Antithesis falsch. Denn man mag in der ersten Antinomie sagen: die Welt habe der Zeit nach einen Anfang, und sey dem Raume nach endlich, oder sie habe der Zeit nach keinen Anfang, und sey dem Raum nach unendlich; so betrachtet man sie in beiden Fällen als ein gegebnes absolut unbedingtes Ganzes. Als ein solches aber ist sie kein Gegenstand möglicher Erfahrung. Denn jede Erscheinung, auf die wir durch den successiven Regressus unserer Anschauung kommen können, ist immerfort bedingt, und wir können vermittelst desselben die Welt eben so wenig durch eine vorhergehende leere Zeit und durch einen folgenden leeren Raum begrenzen, als sie aus einer unendlichen verfloßnen Zeit und aus einem unendlichen Raum zusammensezzen. Man mag also sagen: die Welt sey endlich, oder sie sey unendlich; so betrachtet man sie in beiden Fällen als ein Ding, das als ein absolutes Ganzes, abgesondert von aller Erfahrung, vor sich selbst existirt. Nun aber ist eine Sinnenwelt, die vor sich selbst existirt, ein widersprechender Begrif. Also ist es auch eben so widersprechend zu sagen, die Welt sey endlich, als, sie sey unendlich.

Eben dieses gilt auch von der zweiten Antinomie. Denn man mag entweder sagen: die Materie bestehe aus ein-

einfachen Theilen, oder ſie beſtehe nicht aus einfachen
Theilen; ſo heiſt das erſtere ſo viel: die Reihe der Thei=
le, aus denen ſie zuſammengeſezt iſt, iſt endlich, und
das zweite: die Reihe der Theile iſt unendlich.   Mithin
betrachtet man hier wieder in beiden Fällen die Reihe der
Theile, aus denen die Materie beſteht, als ein gegebnes
abſolut unbedingtes Ganzes.   Dieſes aber iſt kein Ge=
genſtand möglicher Erfahrung.   Denn, ſezt man die Reihe
der Theile unendlich, ſo kann ſie durch den ſucceſſiven
Regreſſus nie als vollendet gegeben werden; iſt ſie aber
endlich, ſo kann dieſes gleichfalls nicht geſchehen, weil
jeder lezte Theil, den der Regreſſus giebt, als eine Er=
ſcheinung im Raum wieder bedingt iſt, und noch einen
weitern Regreſſus oder Theilung gebietet.   Man mag
alſo ſagen, die Materie beſtehe aus einfachen Theilen,
oder ſie beſtehe nicht aus ihnen; ſo betrachtet man in bei=
den Fällen die Reihe der Theile, aus denen ſie zuſam=
mengeſezt iſt, mithin die Materie ſelbſt als etwas, das
abgeſondert von aller Erfahrung, vor ſich ſelbſt exiſtirt.
Allein da die Materie und ihre Theile als Erſcheinungen
bloß in unſerer Vorſtellung exiſtiren; ſo iſt eine Materie,
deren Theile vor ſich ſelbſt exiſtiren, ein widerſprechen=
der Begrif.   Alſo iſt es auch eben ſo widerſprechend zu
ſagen, die Materie beſtehe aus einfachen, d. i. aus ei=
ner endlichen Anzahl von Theilen, als, ſie beſtehe nicht
aus einfachen d. i. aus unendlich vielen Theilen.

So beſteht demnach die Illuſion, welche die Ver=
nunft in den beiden erſten Antinomien täuſcht, darin, daß
ſie ſich widerſprechende Dinge (nämlich Erſcheinung als

Ga=

Sache an sich selbst) als vereinbar in einem Begriffe vorstellt, und daher ist in ihnen sowohl Saz als Gegensaz
falsch. Es verhält sich hiemit eben so, als mit den beiden Sätzen: ein viereckigter Cirkel ist rund, und ein viereckigter Cirkel ist nicht rund. Da hier der Begrif des
Subjects selbst widersprechend ist; so sind beide contra-
dictorisch entgegengesetzte Behauptungen falsch. Es ist
falsch, daß ein viereckigter Cirkel rund ist, weil er eckigt ist,
und es ist auch falsch, daß er nicht rund ist, weil er ein Cirkel ist.

Was dagegen die beiden lezten Antinomien betrift,
so besteht die Illusion, die die Vernunft täuscht, darin,
daß sie sich Dinge, die vereinbar sind, als widersprechend vorstellt. Da also hier die Entgegensezzung der
Behauptungen, auf einem bloßen Mißverstande beruhet;
so können in den beiden lezten Antinomien Thesis und
Antithesis zugleich wahr seyn. Der Grund dieses großen
Unterschiedes in Ansehung der beiden ersten und der beiden
lezten Antinomien liegt darin. Die beiden ersten Antinomien sind mathematisch; denn sie beschäftigen sich bloß
mit der Zusammensezzung und Theilung der Erscheinungen, in Ansehung des Raums und der Zeit. In beiden
aber hat man es jederzeit mit gleichartigen Dingen zu
thun. Da also jeder Theil der Welt, dem Raum und
der Zeit nach Erscheinung ist, so muß auch die ganze zusammengesezte Welt Erscheinung seyn; und da jede gegebene Materie Erscheinung ist, so muß auch jeder Theil
derselben Erscheinung seyn. Also sind es widersprechende
Begriffe, wenn man, wie gezeigt worden, in der ersten
Antinomie das Weltganze, und in der zweiten die Theile

der

der Materie als Dinge an sich selbst betrachtet. Die beiden lezten Antinomien dagegen sind dynamisch, denn sie beschäftigen sich bloß mit der Caussalität und der Abhängigkeit des Daseyns. Leztere aber aber gar nicht als nothwendig voraus, daß jede Bedingung mit dem Bedingten gleichartig seyn müsse. Also kann hier einer gegebenen Reihe sinnlicher Bedingungen eine ungleichartige Bedingung zum Grunde liegen, die nicht sinnlich, und also nicht ein Theil der Reihe, sondern als ein Ding an sich selbst, oder als ein Noumenon, außer der Reihe liegt. Auf diese Art geschieht der Vernunft ein Gnüge, indem sie das Unbedingte den Erscheinungen vorsezt, und zugleich bleiben die Grundsäze des Verstandes oder die Naturgesezze unverlezt, indem die Reihe der Erscheinungen selbst nie abgebrochen, sondern jederzeit als bedingt betrachtet wird.

Man wende dieses zuerst auf die dritte Antinomie an. Hier ist der Widerstreit zwischen den Naturgesezzen und der Freiheit ein bloßer Schein, und es kann daher beides wahr seyn, nämlich daß alles in der Welt nach nothwendigen Naturgesezzen geschehe, und daß es gleichwohl eine Caussalität durch Freiheit gebe. Die Nothwendigkeit nach Naturgesezzen beruhet auf dem allgemeinen Grundsaze des Verstandes: alles, was geschieht, ist Wirkung einer Ursache, d. i. alles, was anfängt zu seyn, sezt etwas voraus, worauf es nothwendig folgt. Nun kann dasjenige in der Ursache, wodurch das Entstehen der Wirkung bestimmt wird, d. i. die Caussalität der Ursache, oder ihre Handlung nicht immer gewesen seyn, weil sonst auch die Wirkung immer gewesen, folglich

J 3   nicht

nicht entſtanden wäre. Mithin iſt jede Handlung der
Urſache wiederum ſelbſt etwas, was geſchieht, oder anfängt zu ſeyn, und ſezt daher wieder eine neue Urſache
voraus. Alſo iſt nach dem allgemeinen Geſezze der Natur jede Handlung, durch welche etwas geſchieht, wiederum eine nothwendige Folge einer andern Handlung.
Dieſes Naturgeſez iſt ein ſo unwandelbares Verſtandes-
geſez, daß es unter keinem Vorwande erlaubt iſt, davon
abzugehen. Denn auf demſelben beruhet die durchgängige Verknüpfung in der Zeitfolge der Erſcheinungen,
mithin die ganze Möglichkeit der Erfahrung, wie in dem
obigen Beweiſe der dritten Analogie der Erfahrung gezeigt worden. Allein eben hieraus erhellet zugleich, daß
dieſes Geſez ſich bloß auf Erſcheinungen und ihre Verknüpfung in der Zeitfolge bezieht, und daher eigentlich
nur ſo viel bedeutet: jede Erſcheinung, welche entſteht,
hat eine Urſache, deren Handlung ſelbſt eine Erſcheinung
iſt, welche entſteht, mithin kann keine Handlung, ſo fern
ſie Erſcheinung iſt, urſprünglich die erſte ſeyn, und von
ſelbſt anfangen, ſondern jede Handlung, die ein Glied
in der Reihe der Erſcheinungen iſt, iſt eine eben ſo nothwendige Folge einer vorhergehenden Handlung, als die
Wirkung iſt, die aus ihr folgt, und ſteht demnach jederzeit unter der Nothwendigkeit nach Naturgeſezzen. Nun
aber ſoll die Freiheit einer Handlung eben darin beſtehen, daß ſie nicht unter der Nothwendigkeit der Naturgeſezze ſteht, mithin verſteht man unter der Freiheit eines
Weſens im cosmologiſchen Verſtande, ein Vermögen
deſſelben, einen Zuſtand von ſelbſt anzufangen, ſo daß
ſeine Handlung nicht nach dem Naturgeſezze, wiederum

unter

unter einer andern Urſache ſteht, welche ſie der Zeit nach beſtimmte. Alſo iſt es ein feſter unwandelbarer Grund‑ ſaz des Verſtandes, daß in der Reihe der Erſcheinungen keine Handlung ſtatt findet, die man frey nennen könnte, mithin iſt die Freiheit eine bloße Idee, oder ein reiner Vernunftbegrif, der ſo wenig aus der Erfahrung ge‑ ſchöpft iſt, daß ſein Gegenſtand vielmehr in kei‑ ner Erfahrung als Erſcheinung gegeben werden kann. Allein da die Urſache mit der Wirkung nicht gleichartig ſeyn darf; ſo folgt hieraus noch nicht, daß die Natur‑ nothwendigkeit der Freiheit widerſpreche und ſie ausſchließe, ſondern eben dieſelbe Begebenheit, die einerſeits bloße Naturwirkung iſt, kann vielleicht anderſeits doch Wir‑ kung aus Freiheit ſeyn. Denn da wir jedes handelnde Subject nur ſo kennen, wie es uns erſcheint; nicht aber, wie es an ſich ſelbſt iſt; ſo ſezze man, ein thätiges Sub‑ ject habe an ſich ſelbſt ein Vermögen, das nicht Erſchei‑ nung iſt, wodurch es aber doch die Urſache von Er‑ ſcheinungen ſeyn kann. Auf dieſe Art würde daſſelbe zwar **Wirkungen** hervorbringen können, die Erſchei‑ nungen wären, aber ſeine Handlung würde als ein Ding an ſich ſelbſt nicht unter die Erſcheinungen gehören, mithin unter keinen Zeitbedingungen ſtehen, und daher weder entſtehen, noch vergehen, folglich auch nicht dem Naturgeſezze: alles, was geſchieht, hat eine Urſache, unterworfen ſeyn, alſo würde man von ihm ganz richtig ſagen, daß es ſeine Wirkungen von ſelbſt anfange, ohne daß die Handlung ſelber in ihm anfängt, d. i. ſeine Hand‑ lungen würden völlig frey ſeyn. Da aber die Wirkungen ſeiner freien Handlungen Erſcheinungen wären; ſo wür‑

den

ben dieſe, ſo wie jede andere Erſcheinung in ſo fern zugleich den Naturgeſezzen unterworfen ſeyn, mithin demſelben gemäß andere Erſcheinungen zum Grunde haben,
aus denen ſie unausbleiblich folgten, und ſo mit den übrigen Erſcheinungen der Natur in einer nothwendigen Verknüpfung ſtehen.　　Solchergeſtalt würden die Handlungen eines ſolchen thätigen Weſens, ſo fern ſie Dinge an
ſich ſelbſt ſind, völlig frey ſeyn, und gleichwohl würden
die Wirkungen, durch welche ſie ſich in der Sinnenwelt
offenbaren, als Erſcheinungen unter der Nothwendigkeit
der Naturgeſezze ſtehen, und ſich aus denſelben völlig
erklären laſſen, und ſo fände dann bey eben denſelben
Handlungen Freiheit und Natur, in verſchiedener Beziehung, zugleich und ohne allen Widerſtreit ſtatt. Uebrigens nennt der Verfaſſer das Geſez, nach welchem eine
Urſache handelt, ihren Character, und zwar dasjenige
Geſez, nach welchem eine Urſache als Erſcheinung handelt, ihren empiriſchen; dasjenige aber, nach welchem
ſie als ein Ding an ſich ſelbſt handelt, ihren intelligiblen
Character. Alſo kann eben dieſelbe Handlung eines
Dinges, die nach ſeinem empiriſchen Character nothwendig iſt, nach ſeinem intelligiblen Character völlig frey
ſeyn.

Zur Erläuterung dieſer wichtigen Materie fügt der
Verfaſſer noch folgendes hinzu, was eben ganz eigentlich hieher gehöret. Der Menſch gehöret mit zu den Erſcheinungen der Sinnenwelt, folglich auch zu den ſinnlichen
Natururſachen, und daher ſtehen ſeine ſinnlichen Handlungen
insgeſammt unter der Nothwendigkeit der Naturgeſezze.
　　　　　　　　　　　　　　　　　　Allein

Allein er hat auch ein Vermögen, das er gar nicht zu den sinnlichen Kräften zählen kann, indem die Gründe, die seine Handlungen bestimmen, nicht Erscheinungen, sondern reine Begriffe sind. Dieses Vermögen heißt Vernunft, und daß die Vernunft Handlungen ausüben könne, deren Grund ein bloßer Begrif ist, zeigt der Imperativ, oder das Sollen, welches wir ihr in allem Practischen als eine Regel aufgeben. Denn dieses Sollen drückt eine Art von Nothwendigkeit aus, die sonst in der ganzen Natur gar nicht vorkommt, nämlich die Nothwendigkeit, die es unsern Handlungen zuschreibt grüni, sich gar nicht auf die Naturursachen in der Sinnenwelt, von denen sie etwa ein nothwendiger Erfolg wären, sondern auf bloße Vernunftbegriffe. Die Vernunft folgt hier also gar nicht der Ordnung der Dinge, wie sie sich in der Erscheinung darstellen, sondern sie macht sich selbst ein eines Gesez zu handeln, eine eigene Ordnung nach Ideen, in welche sie die sinnlichen Bedingungen hineinpaßt. Daher erklärt sie mit ihrem Sollen sehr oft selbst solche Handlungen, die vielleicht nie geschehen werden, ja selbst solche, die wirklich schon unterlassen worden, dennoch für nothwendig. Da nun die Nothwendigkeit jederzeit die Möglichkeit in sich schließt; so sezt das practische Sollen offenbar voraus, daß die Vernunft im Stande sey, Handlungen z verrichten, die ihre Wirkungen in der Sinnenwelt äußern, und die gleichwohl keine Erscheinung, sondern einen bloßen Vernunftbegrif zur Ursache haben. Nun sezze man, daß die Vernunft wirklich ein solches Vermögen sey, so ist sie, als ein solches, gar nicht Erscheinung, sondern ein Ding an sich

J 5   selbst,

selbst, folglich ist ihre Handlung gar nicht den Zeitbedingungen, mithin auch nicht den Naturgesezzen unterworfen, indem Gründe der Vernunft die Handlungen ganz
allgemein aus Principien, ohne Einfluß der Umstände
der Zeit, oder des Orts bestimmen, also wird sie durch
ihre Handlungen eine Reihe von Wirkungen in der Sinnenwelt von selbst anfangen können, ohne daß ihre Handlung selbst anfinge, und durch irgend eine andere Ursache, als durch sich selbst, nämlich durch ihre eigne Begriffe bestimmt würde, d. i. der Mensch kann als ein
vernünftiges Wesen im eigentlichen Verstande frey handeln. Da indessen der Mensch zugleich ein sinnliches Wesen ist, und seine freye Handlungen sich in Wirkungen
äußern, welche Erscheinungen sind; so sind diese gleichwohl den Naturgesezzen gänzlich unterworfen, und sezzen
also sinnliche Ursachen voraus, durch welche sie bestimmt
werden, und aus denen sie sich völlig müssen erklären
lassen, so daß, wenn wir alle sinnliche Antriebe
des Menschen bis auf den Grund erforschen könnten, es
keine menschliche Handlung geben würde, die wir nicht
mit Gewißheit vorhersagen, und aus ihren vorhergehenden Bedingungen als nothwendig erkennen könnten. Auf
diese Art kann also der Mensch, so fern er als ein vernünftiges Wesen ein Ding an sich selbst ist, eine Reihe
Erscheinungen von selbst anfangen, mithin frey handeln,
ohne daß gleichwohl die Naturgesezze dadurch leiden, indem eben diese freyen Handlungen, so fern sie sich in der
Erscheinung zu erkennen geben, ganz der Ordnung der
Natur gemäß geschehen, und mit den übrigen Erscheinungen der Sinnenwelt in einer nothwendigen Verknüp-

fung

fung ſtehen, d. i. der Menſch kann nach ſeinem intelligiblen Character frey handeln, obgleich alle ſeine Handlungen nach ſeinem empiriſchen Character völlig beſtimmt
ſind.

Man kann ſich dieſes durch folgendes Beiſpiel er-
läutern.   Wenn jemand eine ſchändliche Handlung ver-
übet hat; ſo ſuchen wir die Urſache derſelben gewöhnlich
in ſeinem empiriſchen Character auf, und gehen denſelben bis zu ſeinen Quellen durch.   Man ſucht dieſe in der
ſchlechten Erziehung, in übler Geſellſchaft, in der Bösartig-
keit ſeines Naturells, im Leichtſinn und Unbeſonnenheit,
und in den veranlaſſenden Gelegenheitsurſachen, und verfährt in allem dieſem völlig ſo, wie man überhaupt bey
Aufſuchung der beſtimmenden Urſachen zu einer jeden
Naturwirkung verfährt.   Allein, ob man nun gleich die
Handlung des Menſchen durch dieſe ſinnliche Urſachen
völlig beſtimmt zu haben glaubt; ſo tadelt man ihn doch,
und zwar nicht wegen der ſchlechten Beſchaffenheit ſeines
empiriſchen Characters, ſondern dieſe ſezt man beym
Tadel ſelbſt ganz bey Seite; man mißt die Handlung
bloß ſeinem intelligiblen Character bey, und ſieht ſeine
Vernunft als eine vollſtändige Urſache an, die ohnge-
achtet aller ſinnlichen beſtimmenden Urſachen, die Handlung dennoch hätte unterlaſſen können und ſollen.   Man
ſezt alſo bey dieſem Tadel offenbar voraus, daß die Vernunft ſelbſt durch die Sinnlichkeit gar nicht afficirt werde,
und ſich nicht im mindeſten verändere, daß in ihr kein
Zuſtand vorhergehe, der den folgenden beſtimme, und
daß ſie alſo gar nicht in die Reihe der ſinnlichen Bedin-

gun-

gungen gehöre, welche die Erſcheinungen nach Naturgeſeʒʒen nothwendig machen, ſondern daß ſie
vielmehr im Stande ſey, von ſelbſt die Erſcheinungen ʒu beſtimmen und als eine unbedingte Urſache
eine Reihe derſelben anʒufangen, ohne von den Erſcheinungen beſtimmt ʒu werden. Daher kann man nicht
fragen: warum hat die Vernunft ſich nicht anders beſtimmt? ſondern nur: warum hat ſie durch ihre Handlung die Erſcheinungen nicht anders beſtimmt? Allein
auf dieſe Frage iſt ſo wenig eine Antwort möglich, als
wenn man fragen wollte: warum die Gegenſtände unſerer äußern Anſchauung gerade nur eine Anſchauung im
Raume und nicht eine andere geben. Man kann nur
überhaupt ſagen, daß ein anderer intelligibler Character
auch einen andern empiriſchen gegeben haben würde.
Die Art und Weiſe aber, wie die Vernunft die Urſache
von Erſcheinungen ſeyn, und ſie beſtimmen könne, bleibt
uns gänʒlich unbekannt. Allein hiervon war auch bey
der Auflöſung der dritten Antinomie gar nicht die Rede,
ſondern hier kam es bloß darauf an, ʒu ʒeigen, daß in
einer und derſelben Handlung, Freiheit und Naturnothwendigkeit ʒuſammen ſtatt finden könne. Und dieſes
kann, wie geʒeigt worden, allerdings ſtatt finden; indem man ohne Widerſpruch annehmen kann, daß eben
dieſelbe Handlung, die ſich einerſeits in der Sinnenwelt
als Erſcheinung, oder Phänomenon äußert, anderſeits
eine Eigenſchaft eines Dinges an ſich ſelbſt, folglich
ein Noumenon ſeyn kann. Alsdenn hängt ſie in der erſten Beʒiehung, wie jede andere Erſcheinung, ſchlechterdings von Naturgeſeʒʒen ab, in der leʒtern aber würde
ſie

ſie von denſelben ganz unabhängig, mithin frey ſeyn.
Und ſo ſind alſo alle Einwürfe, die man irgend wider die
Freiheit machen mag, ganz nichtig.

Auf eine ähnliche Art, wie die dritte Antinomie,
läſt ſich auch endlich die vierte heben. Hier iſt der Widerſtreit ebenfals blos ſcheinbar. Denn da dasjenige
Weſen, das die Bedingung vom Daſeyn eines andern
iſt, nicht eben mit dieſem gleichartig ſeyn darf; ſo können
hier beide Säze wahr ſeyn, nämlich daß alle Dinge
der Sinnenwelt durchaus zufällig ſind, mithin immer
nur eine ſinnlich bedingte Exiſtenz haben, und daß gleichwohl von der ganzen Reihe auch eine nicht ſinnliche Bedingung, d. i. ein unbedingt nothwendiges Weſen ſtatt
finde. Denn man darf nur annehmen, daß das Weſen,
welches die oberſte Bedingung vom Daſeyn der ganzen
Sinnenwelt iſt, gar nicht Erſcheinung oder ein Gegenſtand der Sinnlichkeit, ſondern ein bloßes Noumenon,
oder ein Ding an ſich ſelbſt ſey; ſo gehört es gar nicht
zur Reihe der Sinnenwelt, auch nicht einmal als das
oberſte Glied derſelben, ſondern müſte ganz außer der
Reihe der Sinnenwelt, als ens extramundanum gedacht werden, mithin wäre es auch nicht dem Geſezze der
Zufälligkeit und Abhängigkeit der Erſcheinungen, nach welchem dieſer ihr Daſeyn jederzeit bedingt iſt, unterworfen,
ſondern ſein Daſeyn wäre ſchlechthin unbedingt, mithin
abſolut nothwendig, und gleichwohl bliebe das Naturgeſez feſt, daß jedes Glied in der Reihe der Sinnenwelt
ſeinem Daſeyn nach, empiriſch bedingt, und zufällig ſey.
Auf dieſe Art ſind alſo alle Einwürfe, die man irgend
wider

wider das Daſeyn eines nothwendigen Weſens vorbringen mag, an ſich nichtig.   Zugleich aber erhellet hieraus,
wie die Art, den Erſcheinungen ein unbedingtes Daſeyn
zum Grunde zu legen, ſich ganz von der Cauſſalität der
Freiheit im vorigen Artikel unterſcheidet.   Denn bey der
Freiheit eines Weſens wird zwar ſeine Cauſſalität oder
Handlung als ein Ding an ſich ſelbſt, oder als ein Noumenon gedacht; das freie Weſen ſelbſt aber gehört als
Urſache dennoch in die Reihe der ſinnlichen Bedingungen,
das nothwendige Weſen hingegen gar nicht.

Vom Ideal der reinen Vernunft.

Die Form der categoriſchen Vernunftſchlüſſe führt
auf die pſychologiſche Idee des denkenden Subjects, die
Form der hypothetiſchen auf die cosmologiſche Idee von
der abſoluten Vollſtändigkeit in der Reihe der Bedingungen gegbner Erſcheinungen.   Die Idee, auf welche die
Form der disjunctiven Vernunftſchlüſſe führt, iſt endlich theologiſch, denn ſie geht auf ein Weſen, das die
abſolute und oberſte Bedingung der Möglichkeit von allem
überhaupt enthält, und daher der Inbegrif aller Realität iſt.

Ein jeder Begrif iſt in Anſehung deſſen, was in
ihm nicht enthalten iſt, unbeſtimmt, und ſteht nach dem
Saze des Widerſpruchs, unter dem logiſchen Grundſaze
der Beſtimmbarkeit, daß ihm von jeden zwey einander contradictoriſch entgegengeſezten Prädicaten nur eins
zukommen könne.   Sehen wir aber zugleich auf den Inhalt

des

des Begrifs, d. i. auf den Gegenſtand, auf welchen er
ſich beziehen ſoll; ſo ſteht die Möglichkeit eines jeden Dinges
unter dem Grundſaze der durchgängigen Beſtimmung:
daß ihm von allen möglichen Prädicaten der Dinge,
ſo fern ſie mit ihren Gegentheilen verglichen werden,
nothwendig eins zukommen muß.   Nach dieſem Grundſaze, welcher, da er die Verbindnng aller Prädicate,
die den vollſtändigen Begrif von einem Dinge machen
ſollen, betrift, ein ſynthetiſcher Grundſaz der Vernunft
iſt, beruhet alſo die Möglichkeit eines jeden Dinges auf
dem Verhältniſſe, welche ſie zur geſammten Möglichkeit,
als dem Inbegrif aller Prädicate überhaupt hat.   Dieſes heiſt ſo viel: wir können die Möglichkeit keines einzigen Dinges anders vollſtändig erkennen, als wenn wir
den Stoff dazu aus dem Inbegriffe alles Möglichen hernehmen, oder: bloß der Inbegriff der geſammten Möglichkeit iſt es, der die Materie zur beſondern Möglichkeit
eines jeden Dinges enthält, und wenn wir daher ein Ding
vollſtändig erkennen wollen, ſo müſſen wir alles Mögliche erkennen, und es dadurch beſtimmen.   Auf dieſe
Weiſe ſezt alſo die Vernunft die Idee vom Inbegriffe
alles Möglichen als eine nothwendige Bedingung voraus, die der durchgängigen Beſtimmung eines jeden
Dinges zum Grunde liegt. Nun ſind alle Prädicate, die den
Inbegriff alles Möglichen ausmachen können, von der Art,
daß durch ſie entweder ein Seyn, oder Nichtſeyn vorgeſtellet wird.   Das Seyn aber iſt ein Etwas, oder Realität, das Nichtſeyn dagegen eine Negation, oder ein
Mangel der Realität, mithin wenn daſſelbe allein gedacht
wird, die völlige Aufhebung eines jeden Etwas, oder
                                             aller

aller Dinge. Also stößt die Idee vom Inbegriffe alles
Möglichen alle Negationen aus, und ist daher nichts anders, als die Idee von einem All der Realität, oder
von einem Unbeschränkten, von welchem alle Negationen bloß Schranken sind. Nun ist ferner der Begrif
eines Dinges, das alle Realität besizt, eben hiedurch
durchgängig bestimmt, weil von allen möglichen entgegengesezten Prädicaten eins, nämlich das, was zum
Seyn schlechthin gehört, jederzeit in seiner Bestimmung
angetroffen wird. Also ist die Idee vom All der
Realität die Idee von einem einzelnen Wesen.
Eine solche Idee aber, deren Gegenstand ein einzelnes, durch die Idee allein bestimmbares oder gar
bestimmtes Ding ist, nennt der Verfasser ein Ideal.
Daher ist die Idee des allerrealsten Wesens das Ideal
der reinen Vernunft, oder die höchste Idee, deren sie
fähig ist. Auf diese Weise bildet sich die Vernunft den
Begrif von einem Wesen, das alle Realität besizt, und
daher der ursprüngliche Grund von allem Möglichen ist,
welches wir daher das Urwesen, das höchste Wesen,
das Wesen aller Wesen, kurz: Gott nennen.

Allein eben hieraus erhellet, daß die Vernunft sich
in der Bildung dieses Ideals auf eine vielfache Art selbst
illudirt. Denn der Inbegriff alles Möglichen, oder das
All der Realität ist ein Begrif, den sie bloß zur durchgängigen Bestimmung der Dinge überhaupt nöthig hat, um
den Verstandeserkentnissen Vollständigkeit zu verschaffen.
Da aber die durchgängige Bestimmung eines Dinges
ein Begrif ist, den wir niemals in concreto seiner Totalität nach darstellen können, so bezeichnet der Begrif

　　　　　　　　　　　　　　　　　　　vom

vom All der Realität keinen beſondern Gegenſtand, ſondern er iſt eine bloße Idee, mithin ohne objective Realität. Gleichwohl realiſiren wir nicht nur dieſe Idee,
ſondern wir hypoſtaſiren und perſonificiren ſie ſogar, d.
i. wir machen den Inbegrif alles Möglichen oder das
All der Realität nicht nur zu einem wirklichen Object,
ſondern auch zu einer Subſtanz, und endlich zu einem
einfachen, numeriſch-identiſchen Weſen. Mithin kann
man ſchon zum voraus ſchließen, daß alle metaphyſiſche
Beweiſe, welche die bloß ſpeculative Vernunft für die
Möglichkeit und Exiſtenz dieſes realſten Weſens aufbrin-
gen kann, nothwendig mangelhaft ſeyn, und auf einem
bloßen dialectiſchen Schein beruhen müßen. Nun ſind
hievon aus ſpeculativer Vernunft nur drey Beweisarten
möglich. Entweder man abſtrahirt ganz von aller Erfahrung, und ſchließt aus dem bloßen Begrif des realſten
Weſens auf ſein Daſeyn, oder man legt nur überhaupt irgend
etwas Exiſtirendes in der Sinnenwelt zum Grunde, und
ſchließt daraus auf eine nothwendige Urſache außer der
Welt, oder man ſchließt aus der beſondern Beſchaffenheit unſerer Sinnenwelt auf das Daſeyn einer höchſten Intelligenz.
Der erſte Beweis iſt der ontologiſche, der zweite der
cosmologiſche, der dritte der phyſicotheologiſche. Auf
allen dieſen drey Wegen aber ſpannt die Vernunft vergeblich ihre Flügel aus, um durch die bloße Macht der
Speculation über die Sinnenwelt hinaus zu kommen.

Der ontologiſche Beweis ſchließt aus dem bloßen
Begriffe des allerrealſten Weſens nicht nur auf ſeine
Möglichkeit, ſondern auch auf ſein nothwendiges Daſeyn.

Auf die Möglichkeit des allerrealſten Weſens ſchließt dieſer
Beweis daher, weil der Begriff deſſelben nichts Widerſprechendes enthält, indem der Inbegrif der Realität alle
Negationen, mithin auch allen Widerſpruch ausſchließt.
Auf das nothwendige Daſeyn dieſes allerrealſten Weſens
aber ſchließt derſelbe daraus, weil in dem Begriffe aller
möglichen Realität das Daſeyn ſchon mit enthalten ſey.
Der ontologiſche Beweis hält daher ſowohl die Möglichkeit, als das Daſeyn des allerrealſten Weſens für etwas,
was ſchon im Begriffe deßelben enthalten iſt, und ſieht
mithin beide Säze: das allerrealſte Weſen iſt möglich,
und es exiſtirt, als bloße analytiſche Säze an, deren
Leugnung ein offenbarer Widerſpruch wäre. Allein beide
Schlüße ſind Grundlos. Denn es iſt ſchon oben bey den
Poſtulaten des empiriſchen Denkens gezeigt worden, daß
die Prädicate der Möglichkeit, des Daſeyns und der
Nothwendigkeit eines Dinges niemals ſchon im Begriffe
deßelben liegen, und daß daher die Säze: ein Ding iſt
möglich; es exiſtirt; es iſt nothwendig da, nicht analytiſche, ſondern ſynthetiſche Säze ſind. Wenn der Begriff
eines Dinges nichts Widerſprechendes enthält; ſo hat
zwar der Begriff logiſche Möglichkeit, aber daraus folgt
noch nicht die reale Möglichkeit des Dinges ſelbſt, ſondern der Begriff kann dennoch ein leerer Begriff ohne
Gegenſtand, und daher das Ding, das man unter dem
Begriffe denkt, ein bloßes Gedankending oder ens ratio-
nis ſeyn. So rein alſo auch der Begriff des allerrealſten Weſens von allem Widerſpruche iſt; ſo läſt derſelbe gleichwohl
die Frage, ob er auch objective Realität habe, oder ob
ein ſolches Weſen auch in der That möglich ſey, völlig

unent-

nnentſchieden. Eben ſo wenig kann man aus dem bloßen
Begriffe eines Dinges auf ſein Daſeyn ſchließen. Denn
wenn gleich der Begriff deßelben ſchon ganz vollſtändig
iſt; ſo bleibt doch noch die Frage übrig, ob das Ding möglich, oder wirklich da iſt, und der Saz: ein Ding exiſtirt, kann daher niemals ein analytiſcher Saz ſeyn, wofern man nicht das Prädicat des Daſeyns ſchon im Subjecte vorausſezzen, und alſo die elende Tavtologie hervorbringen wollte: ein exiſtirendes Ding exiſtirt. Nun
ſcheint zwar eben der Begrif des allerrealſten Weſens
hierin ganz allein eine Ausnahme zu machen, weil in
dem Begriffe aller Realität auch das Daſeyn ſchon mit
begriffen, und mithin der Saz: daß realſte Weſen exiſtirt nicht, ein offenbarer Widerſpruch ſey. Allein es iſt
bloß Täuſchung, wenn man das Daſeyn zu den Realitäten eines Dinges zählt. Denn, wäre das Daſeyn eine
beſondere Realität, die zu dem Dinge, das ich im Begriffe denke, noch hinzu kommen muß, wenn ich es als
exiſtirend denken will; ſo dächte ich jezt nicht mehr daſſelbe Ding, ſondern ein ganz anders, das eine Realität
mehr hätte, mithin widerſpräche ich mir ſelbſt, wenn ich
ſagte: das Ding, das ich mir in meinem Begriff denke,
exiſtirt. Durch das Daſeyn kommt alſo zum Gegenſtande
des Begriffs keine neue Realität hinzu, ſondern durch
daßelbe kommt vielmehr der Gegenſtand ſelbſt zum Begriffe hinzu, nämlich wenn ich ſage, ein Ding exiſtirt;
ſo heiſt dieſes ſo viel: ich habe davon nicht bloß einen
Begriff, ſondern es iſt mit allen den realen Prädicaten,
die ich im Begriffe deßelben denke, auch als ein Gegenſtand möglicher Erfahrung gegeben, mithin wird der Be-

griff

griff von einem Dinge durch die Existenz deßelben gar
nicht vermehrt, sondern bloß die Art und Weise, wie
das Ding sich zu unserm Erkentnißvermögen verhält, wird
dadurch vermehrt, indem ein existirendes Ding auch a
posteriori durch Wahrnehmung erkannt werden kann. Es
ist demnach alle Mühe vergeblich, aus dem bloßen Begriffe des realsten Wesens auf seine Möglichkeit, oder
sein nothwendiges Daseyn zu schließen.

Der cosmologische Beweis geht, um etwas Halt-
bares zu haben, von der Existenz anderer Dinge, wenigstens unserer selbst aus, und schließt daraus, weil etwas existirt, daß etwas absolut nothwendig existiren
müße. Denn das Zufällige existirt nur unter der Bedingung eines andern, als seiner Ursache, und von dieser gilt der Schluß fernerhin bis zu einer Ursache, die
nicht zufällig, und daher ohne Bedingung nothwendiger
Weise da ist. Nun schließt man weiter, daß das, was
absolut nothwendig existirt, durch sich selbst, d. i. durch
seinen Begriff durchgängig bestimmt, folglich ein Wesen
seyn müße, das alle Realität besizt. Also existirt das
realste Wesen absolut nothwendiger Weise. Allein diesen
Beweis erklärt der Verfaßer für eine Kette von lauter
Trugschlüßen. Denn was den ersten Schluß anbetrift;
so ist schon in der vierten Antinomie der Cosmologie gezeigt worden, daß die Vernunft nicht im Stande ist,
aus dem Gesezze der Caussalität auf ein absolut nothwendiges Wesen zu schließen, ohne mit sich selbst in Widerstreit zu gerathen. Allein, alles übrige, was sich wider
diesen Beweis einwenden läßt, bey Seite gesezt; so kommt

am

am Ende die ganze Gültigkeit deßelben doch wieder lediglich auf die Gültigkeit des vorigen ontologiſchen Beweiſes an. Denn der nexus probandi liegt in der Annahme des Sazes: ein jedes abſolut nothwendiges Weſen iſt ein realſtes Weſen. Da nun alle bejahende Urtheile ſich wenigſtens per accidens umkehren laßen; ſo muß, wenn jener Saz richtig iſt, auch dieſer richtig ſeyn: einige realſte Weſen ſind abſolut nothwendige Weſen. Nun aber iſt ein realſtes Weſen von dem andern in keinem Stücke unterſchieden, und was alſo von einigen gilt, das gilt auch von allen. Alſo folgt hieraus der Saz: ein jedes realſtes Weſen iſt ein nothwendiges Weſen, d. i. es exiſtirt abſolut nothwendig. Da nun dieſer Saz bloß aus ſeinen Begriffen a priori beſtimmt iſt; ſo muß der bloße Begrif des realſten Weſens auch ſein abſolutes Daſeyn mit ſich führen. Dieß war aber eben das, was der ontologiſche Beweis behauptete. Alſo ſezt die Gültigkeit des cosmologiſchen Beweiſes ſchon die Gültigkeit des ontologiſchen voraus.

'Eben dieſes gilt auch von dem phyſico - theologiſchen Beweiſe, den die Vernunft von der Mannigfaltigkeit, Schönheit, Ordnung und Zweckmäßigkeit der Welt hernimmt. Dieſer Beweis verdient jederzeit mit der größten Achtung genannt zu werden, nur muß der Hohnſprechende Vernünftler denſelben nicht für apodictiſch ausgeben: Denn ohne daran zu denken, daß derſelbe höchſtens einen Weltbaumeiſter, der durch die Tauglichkeit des Stoffs, den er bearbeitet, immer ſehr eingeſchränkt wäre, aber nicht einen Weltſchöpfer, deßen

K 3　　　　　Idee

Idee alles unterworfen iſt, darthun könnte; ſo geht hier
der Schluß von der Ordnung und Zweckmäßigkeit der
Welt auf das Daſeyn einer ihr proportionirten Urſache.
Der Begrif dieſer Urſache aber muß uns etwas ganz Beſtimmtes von ihr zu erkennen geben, und er kann alſo
kein anderer ſeyn, als der Begrif eines allerrealſten Weſens, das alle Macht, Weisheit ꝛc. kurz alle Vollkommenheit beſizt. Da ſich nun wohl niemand rühmen wird,
das Verhältniß der von ihm beobachteten Weltgröße zur
Allmacht, der Weltordnung zur Allweisheit, der Welt-
einheit zur abſoluten Einheit des Urhebers ꝛc. einzuſehen;
ſo kann die Phyſicotheologie keinen beſtimmten Begrif
von der oberſten Welturſache geben, daher muß ſie auf
einmal dieſes durch empiriſche Gründe geführte Argument
wieder verlaßen, zu der gleich Anfangs aus der Ordnung
und Zweckmäßigkeit der Welt geſchloßenen Zufälligkeit derſelben, und von dieſer zum cosmologiſchen Beweiſe übergehen, und da! dieſer nur ein verſteckter ontologiſcher Beweis iſt, am Ende doch zum leztern ſeine Zuflucht nehmen. Daher haben auch die Phyſicotheologen gar nicht
Urſache, gegen die ontologiſche Beweisart ſo ſpröde zu
thun, und auf ſie mit dem Eigendünkel hellſehender Na-
turkenner, als auf ein Spinnengewebe finſtrer Grübler
herabzuſehen.

Aus allem dieſem ſchließt alſo der Verfaßer, daß,
wenn irgend ein Beweis von der Exiſtenz des entis rea-
liſſimi aus reiner ſpeculativer Vernunft möglich wäre,
dieſes der einzige ontologiſche ſeyn müſte. Da aber dieſer ebenfalls nur dialectiſch iſt; ſo geziemt es ſich für den
Metaphyſiker, die ſtolze-dogmatiſche Sprache des

Wißens

Wißens bloß auf den Ton der Mäßigung und Beſcheidenheit eines zu unſerer Beruhigung hinreichenden Glaubens herabzuſtimmen.

Die rationale Theologie iſt alſo an ſich ein bloßes Problem, indem die Vernunft der theologiſchen Idee, als einem Begriffe, der alle mögliche Erfahrung überſteiget, keine objective Realität verſchaffen, mithin durch bloße Speculation, d. i. aus bloß theoretiſchen Erkentnißen weder das Daſeyn eines höchſten Weſens beweiſen, noch uns irgend etwas Beſtimmtes von demſelben lehren kann. Indeßen hat ſie doch einen ſehr wichtigen negativen Nuzzen. Denn da alle Naturnothwendigkeit in der Sinnenwelt jederzeit bedingt iſt, indem ſie immer Abhängigkeit der Dinge von andern vorausſezt, und die unbedingte Nothwendigkeit nur in der Einheit einer von der Sinnenwelt unterſchiednen Urſache geſucht werden muß, die Cauſſalität derſelben aber wiederum, wenn ſie bloß Natur wäre, niemals das Daſeyn des Zufälligen als ſeine Folge begreiflich machen könnte; ſo macht ſich die Vernunft vermittelſt der theologiſchen Idee vom Fatalism los, d. i. von einer blinden Naturnothwendigkeit, ſowohl in dem Zuſammenhange der Natur ſelbſt, ohne erſtes Princip, als auch in der Cauſſalität dieſes Princips ſelbſt, und führt auf den Begriff einer Urſache durch Freiheit, mithin einer oberſten Intelligenz. Wenn daher die Vorausſezzung eines höchſten Weſens als oberſter Intelligenz erſt einmal aus andern, als theoretiſchen Gründen, ihre unwiderſprechliche Gültigkeit hat; ſo hat die ſpeculative Theologie den wichtigen Nuzzen, die Er-

K 4   kent-

kentniß dieses Wesens zu berichtigen, den Begriff deßelben genau zu bestimmen, ihn von allem, was der höchsten Realität zuwider ist und von aller Beimischung empirischer Einschränkungen zu reinigen, und zugleich alle
entgegengesezte Behauptungen, sie mögen atheistisch, oder
deistisch, oder anthropomorphistisch seyn, aus dem Wege
zu räumen, indem dieselben Gründe, durch welche das
Unvermögen der menschlichen Vernunft, das Daseyn eines solchen Wesens zu behaupten, vor Augen gelegt
wird, auch nothwendig zureichen, die Untauglichkeit einer jeden Gegenbehauptung zu beweisen.　Das höchste
Wesen bleibt also vor den speculativen Gebrauch unserer
Vernunft, zwar ein bloßes, aber doch fehlerfreies Ideal,
ein Begrif, welcher die ganze menschliche Erkentniß schließt
und krönet, deßen objective Realität zwar durch bloße
Speculation nicht bewiesen, aber auch niemals widerlegt
werden kann, und wenn es daher eine Moraltheologie
geben sollte, d. i. eine solche, die aus moralischen Gründen
das Daseyn eines höchsten Wesens nothwendig voraussezt;
so beweiset alsdenn die speculative Theologie, die an sich
nur problematisch war, ihre Unentbehrlichkeit durch genaue Bestimmung ihres Begriffs und unaufhörliche Cen-
sur einer durch Sinnlichkeit oft genug getäuschten und mit
ihren eigenen Ideen nicht immer einstimmigen Vernunft.

So dienen also alle Ideen der reinen Vernunft
überhaupt zwar nicht dazu, uns positiv zu belehren,
aber doch dazu, die frechen und das Feld der Vernunft
verengenden Behauptungen des Materialismus, Natu-
ralismus und Fatalismus aufzuheben, und dadurch den

moraliſchen Ideen außer dem Felde der Speculation
Raum zu verſchaffen. Sie ſind alſo niemals von con-
ſtitutivm Gebrauch, ſo, als ob durch ſie Begriffe ge-
wißer Gegenſtände gegeben würden, und man alſo vermittelſt ihrer ſeine Erkenntniſſe weit über alle mögliche Erfahrung erweitern könnte; denn, wenn man ſie ſo verſieht,
ſo ſind es bloß dialectiſche oder vernünftelnde Begriffe,
ſondern ſie haben bloß einen regulativen Gebrauch, d.
h. ſie dienen bloß dazu, unſere Verſtandeserkenntniſſe ſyſte-
matiſch zu machen, d. i. den Zuſammenhang derſelben
aus einem Princip herzuleiten, und hiedurch unſern Ver-
ſtandesgebrauch zur durchgängigen Einhelligkeit, Vollſtändigkeit und ſynthetiſchen Einheit zu bringen, mithin
ſind die Vernunftideen nicht eigentlich Begriffe von Objecten, ſondern bloß von der durchgänglgen Einheit aller
Begriffe, ſo fern dieſe dem Verſtande zur Regel dienet.
Dieſe ſyſtemaßiſche Einheit der mannigfaltigen Verſtandes-
erkenntniß, iſt alſo nicht objectiv nothwendig, ſo daß
man ſagen könnte: alle mögliche Verſtandeserkenntniße haben nothwendig ſyſtematiſche Einheit, und ſtehen unter
gemeinſchaftlichen Principien, woraus ſie, ungeachtet
ihrer Verſchiedenheit, abgeleitet werden können, ſondern
ſie iſt nur eine von der Vernunft projectirte Einheit, mithin ſelbſt nur eine Idee, nemlich ſie iſt bloß ein logiſches,
mithin ſubjectives Princip, welches die Vernunft um ihrer Selbſtbefriedigung willen annehmen muß, weil ſonſt
alle unſere Verſtandeserkenntniße eine bloße Rhapſodie,
oder ein rohes Aggregat von Begriffen ohne Zuſammenhang wären, und alſo aller Gebrauch der Vernunft ganz
unmöglich gemacht würde.

K 5

Aus

Aus allem diesem ergiebt sich nun die wahre Grenzbestimmung der reinen Vernunft, als das eigentliche Resultat der ganzen Critik des Herrn Verfaßers folgender-
gestalt: Die Vernunft kann uns durch alle ihre Principien a priori niemals etwas mehr, als lediglich Gegenstände möglicher Erfahrung lehren, und auch von diesen
nichts mehr, als was in der Erfahrung erkannt werden
kann, mithin würde es Ungereimtheit seyn, wenn wir
von irgend einem Gegenstande mehr zu erkennen hoffeten,
als zur möglichen Erfahrung desselben gehöret, oder auch
von irgend einem Dinge, von welchem wir annehmen,
es sey nicht ein Gegenstand möglicher Erfahrung, nur
auf das mindeste Erkentniß Anspruch machten, es nach
seiner Beschaffenheit, wie es an sich selbst ist, zu bestimmen. Allein anderer Seits würde es eine noch größere
Ungereimtheit seyn, wenn wir bloß Erscheinungen annehmen, und gar keine Dinge an sich selbst einräumen, oder
wenn wir unsere Erfahrung für die einzig mögliche Er-
kenntnißart der Dinge, mithin unsere Anschauung im
Raum und Zeit für die allein mögliche Anschauung, unsern discursiven Verstand aber für das Urbild von jedem
möglichen Verstande ausgeben, und auf diese Art Principien der Möglichkeit der Erfahrung für allgemeine Bedingungen der Dinge an sich selbst halten wollten. Denn
ob wir gleich von dem, was die Dinge an sich selbst
sind, weil dieses über alle mögliche Erfahrung hinaus-
liegt, nichts Bestimmtes wissen können; so können wir
uns doch der Nachfrage nach ihnen nicht gänzlich enthalten.
Denn Erfahrung thut der Vernunft niemals völlig Gnüge,
sie weiset uns in Beantwortung der Fragen immer weiter
zurück,

zurück, und läst uns in Ansehung des völligen Aufschluß-
ses derselben unbefriedigt. Unsere Vernunft sieht daher
gleichsam einen Raum vor die Erkentniß der Dinge an
sich selbst um sich, ob sie gleich von ihnen niemals bestimmte Begriffe haben kann, sondern bloß auf Erscheinungen eingeschränkt ist, mithin hat sie einen natürlichen
Hang, vermittelst ihrer Ideen in diesen Raum überzuflie-
gen, und also die Grenzen möglicher Erfahrung zu überschreiten. Da aber lezteres nicht geschehen kann, ohne
sich durch lauter Schein zu täuschen, weil das ganze Feld
der Dinge an sich selbst für uns ein leerer Raum ist,
worin wir zwar Formen zu Dingen, aber keine Dinge
an sich selbst denken können; so muß die Vernunft bloß
auf der Grenze möglicher Erfahrung stehen bleiben. Dieses aber geschieht, wenn wir z. B. unser Urtheil von Gott
bloß auf das Verhältniß einschränken, welches die Welt
zu einem Wesen haben mag, dessen Begrif selbst außer
aller Erkentniß liegt, deren wir innerhalb der Welt fähig
sind. Denn alsdenn eignen wir dem höchsten Wesen
keine von den Eigenschaften, durch die wir uns Gegenstände der Erfahrung denken, an sich selbst zu, und ver-
meiden dadurch den dogmatischen Anthropomorphismus.
Der unsern schwachen Begriffen angemessene Ausdruck
wird demnach der seyn: daß wir uns die Welt so denken,
als ob sie das Werk eines höchsten Verstandes und Willens sey. Auf diese Art sagen wir wirklich nicht mehr,
als: wie sich verhält eine Uhr, ein Schiff, ein Regiment,
zum Künstler, Baumeister, Befehlshaber; so die Sinnenwelt zu dem Unbekannten, das ich also hiedurch zwar
nicht nach dem, was es an sich selbst ist, aber doch nach

dem

dem, was es für mich iſt, nämlich in Anſehung der
Welt, davon ich ein Theil bin, erkenne. Eine ſolche
Erkentniß iſt die nach der Analogie, die nicht etwa, wie
man gemeiniglich das Wort nimmt, eine unvollkommene
Aehnlichkeit zweyer Dinge, ſondern vielmehr eine vollkommene Aehnlichkeit zweyer Verhältniſſe zwiſchen ganz
unähnlichen Dingen bedeutet. So kann ich z. E. ſagen:
wie ſich verhält die Beförderung des Glücks der Kinder
zu der Liebe der Eltern, ſo die Wohlfahrt des menſchlichen Geſchlechts zu dem Unbekannten in Gott, das wir
Liebe nennen, nicht als wenn dieſe die mindeſte Aehnlichkeit mit irgend einer menſchlichen Neigung hätte,
ſondern weil wir das Verhältniß derſelben zur Welt
demjenigen ähnlich ſezzen können, was Dinge
der Welt unter einander haben. Vermittelſt dieſer Analogie bleibt doch ein für uns hinlänglich beſtimm-
ter Begrif vom höchſten Weſen übrig, ob wir gleich alles
weggelaßen haben, was ihn ſchlechthin und an ſich beſtimmen könnte, denn wir beſtimmen ihn doch in Beziehung auf die Welt, und mithin auf uns, und mehr iſt
uns auch nicht nöthig. So wie daher eine Grenze ſelbſt etwas Poſitives iſt, welches ſowohl zu dem gehört, was
innerhalb derſelben, als zu dem Raum, der außer einem
gegebenen Inbegrif liegt; ſo iſt es auch eine wirklich
poſitive Erkentniß, deren die Vernunft bloß dadurch
theilhaftig wird, daß ſie ſich bis zur Begrenzung des Er-
fahrungsfeldes durch Etwas, was ihr ſonſt unbekannt iſt,
erweitert; denn ſo wird ſie eines Theils nicht innerhalb
der Sinnenwelt beſchloſſen, andern Theils aber ſchwärmt
ſie auch nicht außerhalb derſelben herum, ſondern ſchränkt

ſich

ſich, wie es einer Kentniß der Grenze zukommt, bloß auf das Verhältniß desjenigen, was außerhalb derſelben liegt, zu dem, was innerhalb enthalten iſt, ein. So führt uns alſo die Vernunft zwar bis zur objectiven Grenze der Erfahrung, nämlich der Beziehung auf Etwas, was ſelbſt nicht Gegenſtand der Erfahrung, ſondern der oberſte Grund aller Erfahrung ſeyn muß, aber hier fühlt ſie ihre Schranken, indem ſie uns von dieſem Weſen nichts lehren kann, was es an ſich ſelbſt iſt, ſondern bloß in ſo fern es eine Beziehung auf ihren eigenen vollſtändigen Gebrauch im Felde möglicher Erfahrung hat.

Dieſe Grenzbeſtimmung der reinen Vernunft iſt nun zugleich die wahre Grenzbeſtimmung der Metaphyſik, und ſo iſt klar, daß die Grenzen dieſer Wiſſenſchaft zwar weit enger zuſammengehen, als man bisher gedacht hat, daß ſie aber gleichwohl als Naturanlage unſerer Vernunft nicht nur ſubjectiv möglich iſt, ſondern auch nunmehr theils als ein ganz apodictiſch gewiſſes, theils als ein ganz vollſtändiges Syſtem, das alle Fragen der ſpeculativen Vernunft völlig erſchöpft, zu Stande gebracht werden kann, aber nicht anders, als durch die Critik der reinen Vernunft, als welche nicht nur den ganzen wohlgeprüften und bewährten Plan, ſondern auch alle Mittel der Vollziehung, wornach Metaphyſik als Wiſſenſchaft zu Stande gebracht werden kann, in ſich enthalten muß.

Um nun zu zeigen, wie die Metaphyſik als Wiſſenſchaft behandelt werden muß, ſo fügt der Verfaſſer der Elementarlehre noch zugleich die Methodenlehre bey, deren Hauptinhalt in Folgendem beſteht.

Tranſ-

Transcendentale Methodenlehre.

Die transcendentale Methodenlehre enthält vier Hauptſtücke, die Diſciplin, den Canon, die Architectonik, und die Geſchichte der reinen Vernunft.

I. Von der Diſciplin der reinen Vernunft.

Die Diſciplin der reinen Vernunft iſt die negative Belehrung, die ſie aus ſich ſelbſt ſchöpft, ſich vor ihrem eigenen Mißbrauch zu bewahren. Sie betrift daher ſowohl den dogmatiſchen, als den polemiſchen Gebrauch der reinen Vernunft, imgleichen ihre Hypotheſen und Beweiſe.

Was zuerſt den dogmatiſchen Gebrauch der Vernunft anlangt; ſo giebt die Mathematik das glänzendſte Beyſpiel, wie die reine Vernunft, ohne Beihülfe der Erfahrung, ſich von ſelbſt aufs glücklichſte erweitern kann. Daher ſchmeichelt ſich die Vernunft natürlicherweiſe, in der Philoſophie ein gleiches Glück zu haben, wenn ſie hier eben die Methode anwendet, die in der Mathematik von ſo augenſcheinlichem Nutzen iſt. Allein dieſe Hoffnung wird durch die ganz verſchiedene Form der philoſophiſchen und mathematiſchen Erkentniß vereitelt. Denn der Unterſchied dieſer beiden Vernunfterkentniſſe liegt nicht in der Materie der Begriffe, ſondern gerade in der verſchiedenen Art, wie die Vernunft die Begriffe behandelt: Nämlich die philoſophiſche Erkentniß ſchließt bloß aus Begriffen, die mathematiſche dagegen conſtruirt die Begriffe, d. i. ſie ſtellt dieſelben in einer nicht

nicht empirischen, reinen Anschauung a priori als einzelne
Objecte dar.   Daher ist die mathematische Erkentniß ein
reines Vernunfterkentniß a priori, das also Nothwendigkeit und Allgemeinheit mit sich führt, und dabey
gleichwohl intuitiv; die philosophische dagegen ist nicht intuitiv, sondern bloß discursiv, mithin kann die letztere nie
auf die Evidenz der erstern Anspruch machen.   Nun giebt
es keine andere reine Anschauungen, als bloß die beiden
Formen der Erscheinungen, Raum und Zeit.   Mithin
laßen sich auch bloß die Begriffe von den Formen der Erscheinungen construiren, keinesweges aber die Begriffe
von der Materie der Erscheinungen, oder von dem, was
im Raum und in der Zeit angetroffen wird, denn diese läßt
sich bloß in einer empirischen Anschauung darstellen, mithin
können wir von ihr a priori nur solche Begriffe haben,
die sich nicht construiren laßen.

Da nun Raum und Zeit Größen sind; so ist dieses
zugleich der Grund, woher die Mathematik die Quantität, die Philosophie dagegen die Qualität zum Object
hat, indem bloß der Begrif von Größen, keinesweges
aber der von Qualitäten sich in einer nicht empirischen
Anschauung darstellen läßt.   Philosophie und Mathematik
unterscheiden sich also gerade dadurch, daß jede ihr eigen-
thümliches Verfahren hat, das von dem Verfahren der
andern wesentlich unterschieden ist, mithin schickt sich die
mathematische Methode für die Philosophie eben so wenig,
als die philosophische für die Mathematik.   Hievon kann
man sich auf folgende Art noch deutlicher überzeugen.
Die Gründlichkeit der Mathematik beruht auf Definitionen,

nen, Axiomen und Demonſtrationen. Sie fängt bey
allen Urtheilen über einen Gegenſtand von der Dꞥfinition
deſſelben an. Daher muß die Definition den Begrif eines Dinges ausführlich darſtellen, d. i. die Merkmale,
die ſie von demſelben angiebt, müſſen klar und zureichend
ſeyn. Ferner muß ſie die Grenzen dieſer Merkmale beſtimmen, d. i. ſie muß mit Präciſion anzeigen, daß gerade nur dieſe Merkmale und nicht mehrere zum ausführlichen Begriff gehören. Endlich muß dieſe Grenzbeſtimmung urſprünglich vor ſich klar ſeyn, und alſo nicht erſt
eines Beweiſes bedürfen. Definiren heißt daher, den
ausführlichen Begriff eines Dinges innerhalb ſeinen Grenzen urſprünglich darſtellen. Hieraus folgt alſo, daß ein
empiriſcher Begriff von einem Dinge gar nicht definirt,
ſondern nur explicirt werden kann, denn da er bloß aus
der Erfahrung geſchöpft iſt; ſo kann man niemals ſicher
ſeyn, ob er die nöthige Ausführlichkeit und Präciſion hat,
und ob man nicht vielleicht in der Folge entdecken kann,
daß man entweder zu wenig oder zu viel Merkmale von
ihm angegeben habe. Eben ſo wenig kann ein a priori
gegebener Begriff, z. E. Subſtanz, Urſache, Recht ꝛc.
definirt, ſondern nur exponirt werden, denn da derſelbe
viele dunkle Vorſtellungen enthalten kann, die wir in der
Zergliederung übergehen, ob wir ſie zwar in der Anwendung jederzeit brauchen; ſo iſt die Ausführlichkeit deſſelben immer zweifelhaft. Da alſo weder empiriſche, noch
a priori gegebene Begriffe definirt werden können; ſo
bleiben keine andere übrig, die zum Definiren taugen,
als ſolche, die man willkührlich denkt, die aber von der
Art ſind, daß ſie ſich in einer Anſchauung a priori dar=
ſtellen,

stellen, oder construiren laßen, mithin hat bloß die Ma=
thematik Definitionen. Denn sie macht den Begrif selbst,
indem sie ihn construirt, und also synthetisch erzeugt.
Die Philosophie dagegen kann nur gegebene Begriffe ana=
lytisch zergliedern, folglich sie nur exponiren   Hieraus
folgt also, daß die mathematischen Definitionen nicht ir=
ren können, weil durch sie erst der Begriff gegeben wird,
folglich dieser gerade so viel enthält, als es die Definition
erfordert. Philosophische hingegen können sowohl in An=
sehung der Ausführlichkeit als Präcision sehr irren, und
daher muß man in der Philosophie mit der vollständigen
Erklärung nicht, wie in der Mathematik, die Untersu=
chung anfangen, sondern vielmehr beschließen.

Axiomen sind synthetische Grundsäzze a priori, so
fern sie unmittelbar gewiß sind. Die Mathematik hat
also Axiomen, denn hier können die Prädicate des Ge=
genstandes unmittelbar durch Anschauung a priori gegeben
werden, z. B. daß drey Punkte jederzeit in einer Ebene
liegen. Die Philosophie dagegen ist keiner Axiomen fä=
hig, denn diese ist bloß eine Erkentniß nach Begriffen,
allein ein synthetischer Grundsaz bloß aus Begriffen kann
niemals unmittelbar gewiß seyn, sondern erfordert alle=
mal erst eine Deduction, oder einen Beweis seiner Recht=
mäßigkeit, z. B. der Grundsaz: alles, was geschieht,
hat seine Ursache. Eben so wenig ist die Philosophie ei=
gentlicher Demonstrationen fähig. Denn unter diesen
versteht man nicht jeden apodictischen Beweis, sondern
nur solche, die zugleich intuitiv sind, mithin finden sie
bloß in der Mathematik Statt. Aus allem diesem folgt
also,

also, daß die mathematische Methode in der Philosophie
gar nicht Statt findet, und daß es sich also für diese gar
nicht schickt, sich mit den Titeln und Bändern der Mathematik auszuschmücken, in deren Orden sie doch nicht
gehört, ob sie gleich auf schwesterliche Vereinigung mit
derselben zu hoffen alle Ursache hat. Und überhaupt
schickt es sich für die Natur der Philosophie gar nicht, mit
einer dogmatischen Methode zu strozzen, d. i. synthetische Grundsäze von objectiver Gültigkeit, aus bloßen
Begriffen unmittelbar und direct zu formiren, sondern
dieses kann bloß indirect durch Beziehung dieser Begriffe
auf ein Drittes, nämlich auf mögliche Erfahrung, geschehen.

Unter dem polemischen Gebrauch der reinen Vernunft versteht der Verfasser die Vertheidigung ihrer Säze
gegen die dogmatischen Verneinungen derselben. Hier
kommt es also nicht darauf an, ob ihre Behauptungen
selbst wahr sind, sondern nur, daß niemand jemals mit
apodictischer Gewißheit, oder auch nur mit größerm
Schein das Gegentheil behaupten könne. Nun hat die
reine Vernunft den größen Trost, daß es eigentlich gar
keine Antithetik derselben giebt. Denn jene vier Antinomien der Cosmologie beruhen auf einem bloßen Mißverstand, indem man in denselben auf eine widersprechende Art Erscheinungen als Dinge an sich betrachtet.
In der Psychologie und Theologie dagegen findet gar
keine Antithesis Statt. Denn sind gleich alle Beweise,
welche die reine Vernunft durch bloße Speculation für
die Unsterblichkeit der Seele und die Existenz Gottes auf-

bringen

bringe kann, bloß dialectiſch; ſo iſt es doch apodictiſch
gewiß, daß niemals irgend ein Menſch auftreten werde,
der das Gegentheil von dieſen Sätzen mit dem mindeſten Scheine, geſchweige dann dogmatiſch, behaupten
könne. Denn da er dieſes doch bloß durch reine Vernunft darthun könnte; ſo müſte er es unternehmen, zu
beweiſen, daß die Unſterblichkeit unſers denkenden Subjects, und ein höchſtes Weſen unmöglich wäre. Wo will
er aber die Kentniſſe hernehmen, von Dingen, die über
alle mögliche Erfahrung zuliegen, ſo ſynthetiſch zu
urtheilen? Wir können alſo bey allen Angriffen wider
jene Sätze, zu deren Annahme uns unſer ganzes practiſches Intereſſe auffordert, ganz unbekümmert ſeyn.
Unſer bloßes non liquet iſt hinreichend, ſie zu zernichten,
wenn wir nur die Retorſion deſſelben auf uns nicht ver-
weigern, und dieſe ſchadet uns nicht, im mindeſten, indem wir zugleich die ſubjective Maxime der Vernunft,
oder ihr ſpeculatives Intereſſe im empiriſchen Gebrauch,
im Rückhalt haben, welches dem Gegner nothwendig
fehlt, und unter deſſen Schuz wir alle ſeine Luftſtreiche
mit Ruhe und Gleichgültigkeit anſehen können. Es iſt
daher ſehr unweiſe, gewagte Behauptungen oder ver-
meſſene Angriffe als für die gute Sache gefährlich aus-
zuſchreien, denn das heiſt ihnen eine Wichtigkeit geben,
die ſie gar nicht haben ſollten. Wenn der Gegner nur
Talent, wenn er tiefe und neue Nachforſchung, kurz,
wenn er nur Vernunft zeigt; ſo gewinnt jederzeit die
Vernunft hiedurch an Cultur, an Berichtigung und Ein-
ſchränkung ihrer Urtheile, mithin überhaupt an Aufklärung. Wegen der guten Sache unſers practiſchen In-

teresse können wir dabey ohne Sorgen seyn, denn diese kommt im bloß speculativen Streite niemals mit ins Spiel.

Es giebt es demnach im Felde der reinen Vernunft keine eigentliche Polemik, sondern beide Theile, wenn sie dogmatisch verfahren, sind bloße Luftfechter, die sich mit ihrem Schatten herumbalgen, weil sie beide über die Grenze der möglichen Erfahrung hinaus, in einen leeren Raum gehen, wo für ihre dogmatische Griffe nichts ist, was sich fassen und halten ließe. Allein es findet auch bey den Streitigkeiten in diesem Falle eben so wenig eine Neutralität, oder Scepticismus Statt. Denn alle Begriffe, ja alle Fragen, welche uns die reine Vernunft vorlegt, liegen nicht etwa in der Erfahrung, sondern selbst wiederum in der reinen Vernunft, mithin muß eben die Vernunft, die sie vorbringt und aufwirft, sie auch auflösen, und ihre Gültigkeit oder Wichtigkeit begreifen können, und wir sind daher nie berechtiget, die Auflösung solcher Aufgaben, welche die Vernunft als Ideen in ihrem Schooße selbst erzeugt hat, unter dem Vorwande unsers Unvermögens abzuweisen, sondern die Vernunft muß es nothwendig bestimmen können, ob dieselben ein Gegenstand der Nachforschung für uns seyn, oder ob sie schon außerhalb der Grenze unsers möglichen Wissens liegen. Diese Grenzbestimmung ist eben der Zweck der Critik, und so ist diese das wahre Grab des Scepticismus.

Da die Vernunft in ihrem reinen und speculativen Gebrauch uns nicht das mindeste von irgend einem Gegen-

stande

stande lehren kann, so frägt es sich, ob sie es nicht ver-
statte, die Gegenstände ihrer Ideen, z. E. einfache denkende Substanzen, oder ein höchstes Wesen, wenigstens
als Hypothesen, d. i. als Erklärungsgründe wirklich
gegebener Dinge anzunehmen. Allein auch dieses findet
gar nicht Statt. Denn obgleich Hypothesen bloß erdich-
tete Erklärungsgründe sind; so sezt doch eine vernünftige
Erdichtung immer etwas voraus, was nicht erdichtet,
sondern völlig gewiß ist, nämlich die Möglichkeit des
Gegenstandes selbst, denn sonst ist sie bloße Schwärme-
rey. Zu jeder Hypothese gehört daher zuerst, daß die
Möglichkeit des Gegenstandes, den man zum Erklä-
rungsgrunde gegebener Dinge annimmt, apodictisch gewiß sey. Da nun von keiner reinen Vernunftidee die
Möglichkeit ihres Gegenstandes bewiesen werden kann;
so kann man auch niemals eine Idee als Hypothese zur
Erklärung der Naturbegebenheiten annehmen. Sodann
muß jede Hypothese auch zulänglich seyn, um daraus
a priori die Folgen, welche gegeben sind, zu bestimmen,
mithin muß man hiezu nicht wieder neue hülfleistende
Hypothesen nöthig haben, denn sonst sind sie alle verdächtig,
weil jede an sich eben dieselbe Rechtfertigung nöthig hat.
Daher kann man weder die einfache Selbstständigkeit unserer Seele zur Erklärung ihrer Erscheinungen, noch die
Idee des realsten Wesens zur Erklärung der Ordnung
und Zweckmäßigkeit in der Welt gebrauchen, weil man
wieder neue Hypothesen zu Hülfe rufen muß, um die
Schwierigkeiten zu heben, die im erstern Fall aus denen den
Abänderungen der Materie ähnlichen Phänomenen unserer Seele, und im lezten aus den Abweichungen und

L 3   Uebeln

Uebeln in der Welt wider jene Annahme entstehen. Allein obgleich bey bloß speculativen Fragen der reinen Vernunft keine Hypothesen Statt finden, um Säzze darauf zu gründen; so sind sie doch ganz zuläßig, Säzze, zu deren Annahme die Vernunft aus practischen Gründen berechtiget ist, zu vertheidigen, d. i. die Scheineinsichten des Gegners, welche ihnen Abbruch thun sollen, zu vereiteln. Denn da der Gegner unsere gute Sache bloß mit Hypothesen angreifen kann; so können wir uns für dieselbe gleichsam aus Nothwehr eben dieser Waffen bedienen, um ihm zu zeigen, daß er viel zu wenig vom Gegenstande des Streits verstehe, als daß er sich eines Vortheils der speculativen Einsicht in Ansehung unserer schmeicheln dürfte. So können wir z. B. die Schwierigkeit, daß sowohl die Erhebung, als die Zerrüttung unserer Geisteskräfte bloße Modificationen unserer Organen zu seyn scheinen, dadurch schwächen, daß wir annehmen, unser Körper sey nichts, als die Fundamentalerscheinung, worauf, als Bedingung, sich in unserm jezzigen Zustande, das ganze Vermögen der Sinnlichkeit und hiemit alles Denken beziehet, die Trennung vom Körper sey das Ende dieses sinnlichen Gebrauchs unserer Erkentnißkraft, und der Anfang des intellectuellen. Der Körper wäre also nicht die Ursache, sondern bloß eine restringirende Bedingung des Denkens, mithin zwar als Beförderung des sinnlichen und animalischen, aber desto mehr auch als Hinderniß des reinen und spirituellen Lebens anzusehen. Ja man kann noch weiter gehen, und die Schwierigkeit, die aus der Zufälligkeit der Zeugung, welche bei Menschen, so wie bei Thieren, von der Gelegenheit,

auch

auch oft vom Unterhalt, von der Regierung und deren Launen und Einfällen, ja oft ſogar vom Laſter abhängt, wider die ewige Fortdauer des Menſchen zu entſtehen ſcheint, durch die neue Hypotheſe heben, daß alles Leben eigentlich nur intelligibel, den Zeitveränderungen gar nicht unterworfen ſey, und weder durch Geburt angefangen habe, noch durch den Tod aufhöre, daß das jezzige Leben nichts weiter, als eine bloße Erſcheinung, d. i. eine ſinnliche Vorſtellung von dem reinen geiſtigen Leben, und die ganze Sinnenwelt ein bloßes Bild ſey, das unſerer jezzigen Erkentniß vorſchwebt, und, wie ein Traum, an ſich keine objective Realität habe, daß, wenn wir die Sachen anſchaueten, wie ſie ſind, wir uns in einer Welt geiſtiger Naturen ſehen würden, mit welcher unſere einzige wahre Gemeinſchaft weder durch Geburt angefangen habe, noch durch den Leibestod aufhören werde, weil beides bloße Erſcheinungen ſind u. ſ. w.

Was endlich die Diſciplin der reinen Vernunft in Anſehung ihrer Beweiſe betrift; ſo ſchreibt ſie hier folgende drey Regeln vor. Erſtlich muß man keine tranſcendentale Beweiſe verſuchen, ohne zuvor überlegt und ſich deshalb gerechtfertigt zu haben, woher man die Grundſäzze nehmen wolle, auf welche man ſie zu errichten gedenkt, und mit welchem Rechte man von ihnen den guten Erfolg der Schlüſſe erwarten könne. Will man bloße Vernunftideen aus Grundſäzzen des reinen Verſtandes, z. B. aus dem Geſezze der Cauſſalität, beweiſen; ſo iſt dieſes umſonſt, denn lezztere gelten nur für Gegenſtände möglicher Erfahrung. Will man es durch Grundſäzze

reiner

aus reiner Vernunft verſuchen, ſo iſt gleichfalls alle Mühe
vergeblich, denn dieſe haben bloß ſubjective, nie aber objective Gültigkeit. Alſo laßen ſich Ideen der reinen Vernunft
niemals beweiſen, und wenn daher dergleichen angebliche
Beweiſe ſchon vorhanden ſind; ſo kann man, ohne ſich
erſt mit einer mühſamen Entwickelung ihres Scheins zu
befaßen, ſie ſchon dadurch abweiſen, daß man die Deduction der darin gebrauchten Grundſäzze fordert.

Die zweite Regel iſt dieſe: Zu jedem tranſcendentalen Saz kann nur ein einziger Beweis gefunden werden.
In der Mathematik giebt die reine Anſchauung mannigfaltigen Stoff zu ſynthetiſchen Sązzen, ſo daß man denſelben auf mehr als eine Art verknüpfen, und alſo durch
verſchiedene Wege zu demſelben Sazze gelangen kann.
Ein tranſcendentaler Saz aber geht bloß von einem Begriffe aus, und zeigt die Bedingung der Möglichkeit des
Gegenſtandes nach dieſem Begriffe an. Alſo kann hier
der Beweisgrund, der den Gegenſtand nach dieſem einzigen Begriffe beſtimmt, gleichfalls nur ein einziger ſeyn.
Hiedurch wird die Critik der Vernunftbehauptungen ſehr
ins Kleine gebracht, und wenn man ſchon den Dogmati-
ker mit zehn Beweiſen auftreten ſieht, da kann man ſicher
glauben, daß er gar keinen habe.

Die dritte Regel iſt dieſe: Tranſcendentale Beweiſe
müſſen nicht apagogiſch, ſondern jederzeit direct oder
oſtenſiv ſeyn. Die apagogiſche Beweisart iſt nur in
denjenigen Wiſſenſchaften erlaubt, wo es unmöglich iſt,
das Subjective unſerer Vorſtellungen dem Objectiven un-
ter-

terzuſchieben. Ihr eigenthümlicher Ort iſt daher in der Mathematik, wo dieſe Subreption unmöglich iſt. In der Naturwiſſenſchaft kann man zwar dieſe Erſchleichung durch viele verglichene Beobachtungen mehrentheils verhüten, indeſſen iſt die apagogiſche Beweisart hier mehrentheils unerheblich. In tranſcendentalen Säzzen aber, wo die Vernunft gewöhnlich Principien, die bloß ſubjectiv ſind, als objectiv anſieht, iſt es nie erlaubt, ſeine Behauptungen dadurch zu rechtfertigen, daß man das Gegentheil widerlegt. Denn entweder betrift dieſer Widerſpruch der entgegengeſezten Meinung hier bloß die ſubjectiven Bedingungen der Begreiflichkeit, welches gar kein Grund iſt, die Sache ſelbſt zu verwerfen z. B. wenn man daher, weil die unbedingte Nothwendigkeit im Daſeyn von uns ſchlechterdings nicht begriffen werden kann, auf die Unmöglichkeit eines Urweſens an ſich ſelbſt ſchließen wollte, oder beide ſowohl der behauptende, als der verneinende Theil, legen, durch den tranſcendentalen Schein betrogen, einen unmöglichen Begriff vom Gegenſtande zum Grunde, und da gilt die Regel: non entis nulla ſunt prædicata, d. i. ſowohl das, was man bejahend, als was man verneinend vom Gegenſtande behauptet, iſt beides unrichtig, und man kann nicht apagogiſch durch die Widerlegung des Gegentheils zur Erkentniß der Wahrheit gelangen. Z. B. wenn man die Welt als ein gegebenes abſolutes Ganzes betrachtet; ſo läſt ſich ſowohl ihre Endlichkeit, als ihreUnendlichkeit gleich bündig widerlegen, denn hier iſt der Begriff, den man von der Welt zum Grunde legt, ein unmöglicher Begriff, indem man Erſcheinung als ein Ding an ſich ſelbſt betrachtet, mithin kann man von

einem

einem solchen Gegenstande eben so wenig sagen, daß er endlich, als daß er unendlich sey.

2. Vom Canon der reinen Vernunft.

Unter einem Canon versteht der Verfasser den Inbegrif der Grundsäzze a priori von dem richtigen Gebrauch gewisser Erkentnißvermögen überhaupt. So ist die allgemeine Logik in ihrem analytischen Theile ein Canon für Verstand und Vernunft überhaupt, aber nur der Form nach, denn sie abstrahirt von allem Inhalt der Begriffe. So ist die transcendentale Analytik der Canon des reinen Verstandes, denn er ist allein wahrer synthetischer Erkentnisse a priori fähig. Was aber die reine Vernunft betrift; so ist sie in ihrem speculativen Gebrauch keiner synthetischer Erkentniß fähig, denn dieser ist durch und durch dialectisch. Also giebt es für den speculativen Gebrauch der reinen Vernunft gar keinen Canon, sondern alle transcendentale Logik ist in dieser Absicht nichts, als Disciplin, die bloß zur Grenzbestimmung der Vernunft dient, und anstatt Wahrheit zu entdecken, nur das stille Verdienst hat, Irrthümer zu verhüten. Soll es daher überall einen richtigen Gebrauch der reinen Vernunft, mithin auch einen Canon derselben geben; so kann derselbe bloß practisch seyn.

Die Endabsicht, worauf alle Speculation der Vernunft zulezt hinausläuft, betrift drey Gegenstände: die Freiheit des Willens, die Unsterblichkeit der Seele, und das Daseyn Gottes. In Ansehung aller dreyen aber ist

das

das bloße ſpeculative Intereße der Vernunft nur ſehr gering, indem wir von ihnen in der Erklärung der Naturbegeben, heiten gar keinen Gebrauch machen können. Zum Wiſ, ſen ſind uns alſo dieſe drey Cardinalſätze gar nicht nö, thig. Da ſie uns nun gleichwohl durch unſere Vernunft ſo dringend empfohlen werden; ſo wird ihre Wichtigkeit wohl eigentlich nur das Practiſche angehen müſſen.

Eine Willkühr heiſt bloß thieriſch (arbitrium bru- tum) die nicht anders als durch ſinnliche Antriebe, d. i, pathologiſch beſtimmt werden kann. Diejenige aber, welche unabhängig von ſinnlichen Antrieben, mithin durch Bewegurſachen, welche nur von der Vernunft vorgeſtellt werden, beſtimmt werden kann, heiſt die freye Will, kühr, oder Freyheit (arbitrium liberum). Alles nun, was durch Freiheit möglich iſt, oder mit ihr, es ſey als Grund, oder Folge, zuſammenhängt, heiſt practiſch. Daher heiſt auch die jezt erklärte Freiheit, nämlich die Unabhängigkeit der Willkühr von der Nöthigung durch Antriebe der Sinnlichkeit, die practiſche, zum Unter, ſchiede der tranſcendentalen oder metaphyſiſchen Freiheit, die oben durch das Vermögen erklärt worden, eine Hand, lung von ſelbſt anzufangen, und mithin als Unabhängig, keit vom Naturgeſetze der Cauſſalität betrachtet wird. Die tranſcendentale Freyheit iſt eine bloße Idee, folglich ein problematiſcher Begriff, den niemand beweiſen, aber auch niemand widerlegen kann. Daß wir aber practi, ſche Freiheit beſitzen, lehrt die Erfahrung. Denn nicht bloß das, was reizt, d. i. die Sinne unmittelbar afficirt, beſtimmt unſere Willkühr, ſondern wir haben ein Ver,

mö,

mögen, durch Vorſtellungen von dem, was ſelbſt auf
entfernte Art nüzlich oder ſchädlich iſt, die Eindrücke auf
unſer ſinnliches Begehrungsvermögen zu überwinden.
Dieſe Ueberlegungen aber von dem, was in Anſehung
unſers ganzen Zuſtandes begehrungswerth, d. i. gut und
nüzlich iſt, beruhen auf der Vernunft. Dieſe giebt da
her auch Geſezze, welche Imperativen, d. i. objective
Geſezze der Freiheit ſind, und welche ſagen, was geſche
hen ſoll, ob es gleich vielleicht nie geſchieht. Dieſe Im
perativen unterſcheiden ſich alſo ganz von allen Naturge
ſezzen, die nur von dem handeln, was wirklich geſchieht,
und deshalb werden ſie auch practiſche Geſezze genannt.
Alſo giebt es eine practiſche Freiheit, und da die Frage
wegen der tranſcendentalen bloß das ſpeculative Wiſ
ſen betrift, mithin das practiſche Intereſſe der reinen
Vernunft gar nicht angeht; ſo bleiben für dieſes leztere
nur die zwo Fragen übrig: ob ein Gott und ein künfti
ges Leben ſey? Die bloße ſpeculative Vernunft kann keine
von dieſen beiden Fragen auf eine befriedigende Weiſe
beantworten, ſondern für dieſe ſind ſie bloße Probleme.
Alſo bleibt uns noch bloß der Verſuch übrig, ob ſie uns
nicht in ihrem practiſchen Gebrauche über dieſe zwey Ge
genſtände, die ihr höchſtes Intereſſe ausmachen, befriedi
gen könne.

Alles Intereſſe meiner Vernunft, ſowohl das ſpe
culative, als das practiſche, vereiniget ſich in folgenden
drey Fragen: was kann ich wiſſen? was ſoll ich thun?
was darf ich hoffen? Die erſte Frage iſt bloß ſpeculativ,
und in der Elementarlehre vollſtändig beantwortet. Die
zweite

zweite iſt bloß practiſch, und gehört daher nicht in die
tranſcendentale Philoſophie, mithin auch nicht in die Critik der reinen Vernunft. Die dritte Frage aber: wenn
ich thue, was ich ſoll, was darf ich alsdenn hoffen? iſt
practiſch und theoretiſch zugleich, und zwar ſo, daß das
Practiſche nur als ein Leitfaden zur Beantwortung der
theoretiſchen Frage führt, die, wenn ſie hoch geht, ſpeculativ wird.

Alles Hoffen geht auf Glückſeligkeit, d. i. auf
die Befriedigung aller unſerer Neigungen, ſowohl extenſive, ihrer Mannigfaltigkeit, als intenſive, dem Grade,
als auch protenſive, der Dauer nach. Nun kann ein
practiſches Geſez entweder die Glückſeligkeit ſelbſt, oder
die bloße Würdigkeit, glücklich zu ſeyn, zum Bewegungsgrunde haben. Geſezze, welche die Glückſeligkeit
ſelbſt zum Bewegungsgrunde haben, und alſo rathen,
was zu thun ſey, um der Glückſeligkeit theilhaftig zu
werden, heißen pragmatiſche, oder Klugheitsregeln.
Dieſe gründen ſich alſo auf empiriſche Principien,
indem wir bloß aus der Erfahrung wiſſen können, was
für Neigungen da ſind, welche befriedigt werden wollen,
und durch welche Naturſachen ihre Befriedigung bewirkt
werden kann. Solche Geſezze dagegen, welche uns gebieten, wie wir uns zu verhalten haben, um nur der
Glückſeligkeit würdig zu werden, heißen moraliſche Geſezze. Dieſe abſtrahiren alſo von allen Neigungen und
den Naturmitteln, ſie zu befriedigen, mithin von allen
empiriſchen Bewegungsgründen, und beſtimmen, ohne
Rückſicht auf unſere Glückſeligkeit, den vernünftigen Gebrauch

brauch unserer Freiheit überhaupt, und die nothwendigen Bedingungen, unter denen allein die Austheilung der Glückseligkeit geschehen kann, wofern sie vernunftmäßig und nach Principien geschehen soll, mithin beruhen sie auf bloßen Ideen der reinen Vernunft, und müssen also völlig a priori erkannt werden können. Die moralischen Gesezze sind daher reine Gesezze, und gebieten also nicht bloß hypothetisch, unter Voraussezzung anderer empirischer Zwecke, sondern absolut und schlechthin: du sollst dies thun.

Daß es nun wirklich dergleichen reine moralische Gesezze gebe, ist ein Saz, den kein Mensch leugnen kann. Da nun aber das Sollen die Möglichkeit schon in sich schließt; so folgt hieraus, daß die reine Vernunft in ihrem moralischen Gebrauche Principien der Möglichkeit der Erfahrung enthält, nämlich solcher Handlungen, die den moralischen Gesezzen gemäß in der Geschichte des Menschen angetroffen werden können, mithin haben die Principien der reinen Vernunft in ihrem moralischen Gebrauche objective Realität.

Eine Welt, die (wie sie es seyn kann und soll) allen moralischen Gesezzen gemäß wäre, heißt eine moralische Welt. Diese wird also bloß als eine intelligible Welt gedacht, weil darin von allen sinnlichen Zwecken, und selbst von allen Hindernissen der Moralität abstrahirt wird, und so fern ist sie also eine bloße Idee. Allein da diese Idee practisch ist, und einen wirklichen Einfluß auf die Sinnenwelt haben kann und soll; so hat die Idee ei-

ner

ner moraliſchen Welt allerdings objective Realität.

Die Frage: was ſoll ich thun, iſt alſo beantwortet,
nämlich: thue das, wodurch du würdig wirſt, glücklich
zu ſeyn. Allein eben dieſe Vorſchrift ſezt ſchon voraus,
daß derjenige, der ſich der Glückſeligkeit würdig macht,
dieſelbe auch gewiß hoffen darf. Denn ohne dieſe Hoffnung wäre das Geſez, uns der Glückſeligkeit würdig zu
machen, ein leeres Hirngeſpinſt, weil in dieſem Falle
alle ſubjectiven Gründe, d. i. alle Antriebe zur Befolgung deſſelben wegfielen. Nun würde zwar in einer moraliſchen Welt, wo jedes Glied thäte, was es ſoll, eben
dieſes moraliſche Verhalten zugleich die allgemeine Glückſeligkeit derſelben von ſelbſt bewirken, weil jedes Glied
eben dadurch ſowohl ſeine eigene Wohlfahrt, als die
Wohlfahrt der übrigen befördern würde. Allein dieſes
Syſtem der ſich ſelbſt lohnenden Moralität, iſt nur eine
Idee, deren Ausführung auf der Bedingung beruht, daß
jedermann thue, was er ſoll. Die Verbindlichkeit aus
dem moraliſchen Geſez aber bleibt für jedes beſondere
Glied unwandelbar, wenn gleich andere dieſem Geſezze
nicht folgen. Alſo iſt die Hoffnung der Glückſeligkeit
durch die Natur der Dinge in der Welt keinesweges als
eine nothwendige Folge des moraliſchen Verhaltens beſtimmt, mithin iſt ſie auf keine andere Art geſichert, als
wenn man eine höchſte Vernunft vorausſezt, die, indem ſie nach moraliſchen Geſezzen gebietet, zugleich als
Urſache der Natur die Glückſeligkeit genau nach dem
Verhältniſſe der Würdigkeit austheilet. Eine ſolche

höchſte

höchſte Intelligenz nennt der Verf. das Ideal des höchſten Guts, mithin ſezt die reine Vernunft in ihrem moraliſchen Gebrauche das Daſeyn deſſelben nothwendig voraus. Da aber die Austheilung der Glückſeligkeit nach dem Ebenmaaße des ſittlichen Verhaltens in der Sinnenwelt nicht geſchieht; ſo folgt hieraus ferner, daß dieſes in einer intelligiblen oder moraliſchen Welt geſchehen muß, die für uns eine noch künftige Welt iſt. Gott alſo, und ein künftiges Leben, ſind zwey Vorausſezzungen der reinen Vernunft, ohne welche alle moraliſche Geſezze bloße Chimären wären. Denn ohne einen Gott, und eine für uns jezt nicht ſichtbare, aber gehoffte Welt, ſind die herrlichen Ideen der Sittlichkeit zwar Gegenſtände des Beifalls und der Bewunderung, aber nicht Triebfedern des Vorſazzes und der Ausführung, mithin ohne allen Effect.

So giebt es alſo eine Moraltheologie, und dieſe hat vor der ſpeculativen zugleich den Vorzug, daß ſie unausbleiblich auf den Begriff eines einigen, allervollkommenſten und vernünftigen Urweſens führt, worauf uns die ſpeculative nicht einmal hinweiſet, geſchweige, daß ſie uns davon überzeugen könnte. Denn da unter verſchiedenen Willen nicht vollkommene Einheit der Zwecke Statt findet, die moraliſchen Geſezze aber alle auf einen Zweck gehen, nämlich auf das Ebenmaaß der Glückſeligkeit mit der Würdigkeit, glücklich zu ſeyn, als dem höchſten Gute aller vernünftigen Weſen; ſo muß es ein einiger oberſter Wille ſeyn, der alle dieſe Geſezze in ſich befaßt. Dieſer Wille muß allgewaltig ſeyn, damit die

ganze

ganze Natur und ihre Beziehung auf Sittlichkeit ihm un‐
terworfen ſey, allwiſſend, damit er das Innerſte der
Geſinnungen und ihren moraliſchen Werth kenne. allge‐
genwärtig, damit er jedem Bedürfniſſe unmittelbar nahe
ſey u. ſ. w. Allein dieſe Einheit der moraliſchen Zwecke
führt zugleich auf die zweckmäßige Einheit der ganzen Na‐
tur, und ſtellt alſo die ganze Welt als aus einer Idee,
nämlich aus der Ide des weiſeſten Urhebers, entſprungen
vor. Dadurch bekommt alle Naturforſchung eine Rich‐
tung nach der Form eines Syſtems der Zwecke, und wird
eine wahre Phyſicotheologie.

Auf dieſe Art führt uns die reine Vernunft in ih‐
rem moraliſchen Gebrauch auf diejenigen Erkentniſſe, die
ſie durch die Speculation nicht erlangen kann. Daher
finden wir auch in der Geſchichte, daß, vor der gehöri‐
gen Beſtimmung der moraliſchen Begriffe, die Kentniß
der Natur, ja ſelbſt ein anſehnlicher Grad der Cultur
der Vernunft in andern Wiſſenſchaften, theils nur rohe
und umherſchweifende Begriffe von der Gottheit hervor‐
bringen konnte, theils eine zu bewundernde Gleichgültig‐
keit überhaupt in Anſehung dieſer Frage übrig ließ. Nach‐
dem aber das äußerſt reine Sittengeſez unſerer Religion
eine größere Bearbeitung moraliſcher Begriffe nothwendig
machte; ſo kam bloß hiedurch ein Begriff vom göttlichen
Weſen zu Stande, den wir jezt für den richtigen halten,
nicht aus ſpeculativen Gründen, ſondern weil er mit den
moraliſchen Vernunftprincipien vollkommen zuſammen‐
ſtimmt. Hat aber die Vernunft ſich aus moraliſchen
Gründen zum Begriffe eines einigen Urweſens, als des

M   höchſten

höchsten Guts aufgeschwungen; so muß sie alsdenn nicht von diesem Begriffe ausgehen, und die moralischen Gesezze selbst von ihm ableiten wollen, denn diese waren es ja eben, deren innere practische Nothwendigkeit uns auf die Vorausßezzung eines weisen Weltregierers führte, um ihnen Effect zu geben. Daher müssen wir Handlungen nicht darum für verbindlich halten, weil sie Gebote Gottes sind, sondern wir müssen sie darum als göttliche Gebote ansehen, weil wir dazu innerlich verbunden sind.

Hieraus läst sich nun auch bestimmen, welche Benennung eigentlich unserm Erkentniß von Gott und dem künftigen Leben angemessen ist. Das Vorwahrhalten hat drey Stufen: **Meynen, Glauben und Wissen.** **Meynen** ist ein Vorwahrhalten, zu welchem sowohl die subjectiven als objectiven Gründe unzureichend sind. **Glauben** ist ein Vorwahrhalten, wozu zwar die objectiven Gründe unzureichend, aber doch die subjectiven zureichend sind. **Wissen** heist endlich ein Vorwahrhalten, zu welchem sowohl die objectiven als subjectiven Gründe zureichend sind. In Urtheilen aus reiner Vernunft ist es gar nicht erlaubt, zu meynen. Denn da hier alles a priori erkannt werden soll; so fordert das Princip der Verknüpfung Allgemeinheit und Nothwendigkeit, mithin entweder völlige Gewißheit, oder die Enthaltung alles Urtheilens. Daher ist es ungereimt, in der reinen Mathematik, oder auch in Bestimmung der moralischen Gesezze zu meynen, sondern hier muß ich entweder schlechterdings wissen, oder gar nicht urtheilen. Was aber die theoretischen Ideen der reinen Vernunft betrift; so

findet

findet hier in bloß ſpeculativer Abſicht, weder Meynen,
noch Wiſſen, noch Glauben, mithin gar kein Urtheilen
ſtatt, weil dieſe bloße problematiſche Begriffe ſind.
Bloß in practiſcher Beziehung kann das theoretiſch unzu-
reichende Vorwahrhalten Glauben genannt werden,
nämlich wenn man etwas um gewiſſer Zwecke willen für
wahr hält. Gründet ſich dieſes Vorwahrhalten bloß
darauf, weil man für ſeine Perſon keine andere Bedingungen weiß, unter denen der Zweck zu erreichen wäre,
ſo nennt der Verfaſſer daſſelbe den pragmatiſchen Glauben, z. B. wenn ein Arzt, der bey einem gefährlichen
Kranken etwas thun ſoll, aus den Erſcheinungen urtheilt,
er habe die Schwindſucht, weil er nichts beſſeres weiß.
Vermeint man hinreichende Gründe zu haben, eine Sache
als wahr zu befinden, wenn es nur ein Mittel gäbe, ihre
Gewißheit auszumachen; ſo heißt dieſes der doctrinale
Glaube. So iſt der Saz, daß es noch Bewohner anderer Welten gebe, nicht bloß Meinung, ſondern ein
ſtarker doctrinaler Glaube, auf den man ſchon alles Sei-
nige verwetten könnte. Eben ſo iſt die Lehre vom Daſeyn Gottes und vom künftigen Leben, ſchon theoretiſch
betrachtet, ein doctrinaler Glaube. Denn ob wir gleich
das Daſeyn Gottes nicht zur Erklärung der Naturbegebenheiten vorausſezzen dürfen, ſondern hierin ſo verfahren müſſen, als ob alles bloß Natur wäre, ſo iſt doch
die zweckmäßige Einheit in der Nachforſchung der Natur
eine obgleich zufällige, dennoch ſo erhebliche Abſicht, daß
ich ſie gar nicht vorbeigehen kann. Zu dieſer Einheit
aber kenne ich keine andere Bedingung, als daß ich vor-
ausſezze: daß eine höchſte Intelligenz alles nach den wei-

ſeſten

feſten Zwecken ſo geordnet habe, und da die Brauchbarkeit dieſer Vorausſezzung durch den Ausgang meiner Na-
turunterſuchungen ſo oft beſtätigt wird, und wider dieſelbe gar nichts auf eine entſcheidende Art angeführt
werden kann; ſo kann ich ſelbſt in dieſem theoretiſchen
Verhältniſſe ſagen, daß ich feſtiglich einen Gott glaube.
Ein gleiches gilt auch vom künftigen Leben, wenn man
erwägt, wie ſchlecht die Kürze unſers Lebens der ſo vortreflichen Ausſtattung unſerer Natur angemeſſen iſt. Der
Ausdruck des Glaubens iſt in ſolchen Fällen ein Ausdruck
der Beſcheidenheit in objectiver Abſicht, aber doch zugleich
der Feſtigkeit des Zutrauens in ſubjectiver. Indeſſen hat
der bloß doctrinale Glaube doch immer etwas wankendes
an ſich, denn man wird durch die Schwierigkeiten, die ſich
in der Speculation vorfinden, oft aus demſelben geſezt,
ob man gleich unausbleiblich immer wieder zu demſelben
zurückkehrt. Ganz anders iſt es dagegen mit dem moraliſchen Glauben. Dieſer beſteht in einem Vorwahrhalten, ohne welches alle moraliſche Geſezze ohne Effect
ſeyn würden. Hier iſt der Zweck ſchlechterdings nothwendig a priori feſtgeſtellt: ich ſoll das thun, wodurch
ich würdig werde, glücklich zu ſeyn. Zugleich aber iſt
nach aller meiner Einſicht nur eine einzige Bedingung
möglich, unter welcher dieſer Zweck mit allen geſamten
Zwecken zuſammenhängt und dadurch practiſche Gültigkeit
hat, nämlich, daß ein Gott, und eine künftige Welt ſey,
und ich weiß auch ganz gewiß, daß niemand andere Bedingungen kennt. Alſo muß ich ſchlechterdings einen
Gott, und ein künftiges Leben glauben, und ich bin
ſicher, daß mich in dieſem Glauben nichts wankend
machen

machen kann. Denn ſonſt werden meine ſittlichen Grundſäzze ſelbſt umgeſtürzt. Dieſen aber kann ich nicht entſa-
gen, ohne in meinen eigenen Augen verabſchenungswür-
dig zu ſeyn. So zeigt es ſich alſo, wie weiſe und un-
parteiiſch die Natur in dem, was allen Menſchen ohne
Unterſchied angelegen iſt, ihre Gaben ausgetheilet hat,
indem in Anſehung der weſentlichen Zwecke der menſchlichen Natur, auch die höchſte Philoſophie es nicht weiter
bringen kann, als der gemeinſte Verſtand.   ⸗

3. Von der Architectonik der reinen Vernunft.

Die Architectonik heiſt eine Kunſt der Syſteme.
Unter der Regierung der Vernunft können unſere Erkenntniſſe nicht eine Rhapſodie ſeyn, ſondern ſie müſſen ein
Syſtem ausmachen, d. i. unter einer Idee vereinigt
werden, die ihnen die Form eines Ganzen giebt, indem
ſie ſowohl ihren Umfang, als die Stelle der Theile unter-
einander a priori, nämlich aus dem Hauptzwecke der
Vernunft beſtimmt. Das Syſtem aller Vernunfterkentniſſe aus der Conſtruction der Begriffe heiſt Mathematik. Das Syſtem aller Vernunfterkentniſſe aus Begriffen ſelbſt heiſt Philoſophie. Auf dieſe Weiſe iſt alſo Philoſophie eine bloße Idee von einer möglichen Wiſſenſchaft,
die nirgend in concreto gegeben iſt, der man ſich aber
auf mancherley Wegen zu nähern ſucht. Daher kann
niemand Philoſophie lernen, denn es iſt noch keine da,
ſondern man kann bloß philoſophiren lernen, d. i. das Ta-

lent

lent der Vernunft in der Untersuchung und Befolgung ihrer allgemeinen Principien üben.   Bis dahin ist der Begriff von Philosophie ein bloßer Schulbegriff, bey welchem man bloß die systematische Einheit, mithin nichts
weiter, als die logische Vollkommenheit der Erkenntniß,
also nur Geschicklichkeit und Kunst zum Zwecke hat.
Allein man hat mit dem Worte Philosophie jederzeit noch
einen Weltbegriff verbunden, d. i. einen solchen, der
das nothwendige Interesse der Menschheit betrift.   Nach
diesem Weltbegriff ist Philosophie die Wissenschaft von
der Beziehung aller Erkentniß auf die wesentlichen Zwecke
der menschlichen Vernunft, oder eine Teleologie derselben, und der Philosoph ist nicht ein Vernunftkünstler,
sondern ein Gesezgeber der menschlichen Vernunft.   In
dieser Bedeutung wäre es sehr ruhmredig, sich selbst einen
Philosophen zu nennen, und sich anzumaaßen, dem Ur-
bilde, das nur in der Idee liegt, gleich gekommen zu
seyn.   Denn ein Philosoph in diesem Sinne kann nur der
heißen, der alle übrigen Vernunftwissenschaften, nämlich
Mathematik, Naturkunde und Logik, dazu ansezt und
nüzt, um die wesentlichen Zwecke der Menschheit zu befördern.   Ein solcher Philosoph aber ist nur ein Lehrer
im Ideal, der nirgend existirt, obgleich die Idee seiner
Gesezgebung allenthalben in jeder Menschenvernunft angetroffen wird.   Der lezte Zweck, oder der Endzweck der
Vernunft ist aber kein anderer, als die ganze Bestimmung des Menschen, und die Philosophie über dieselbe
heist Moral.   Aus diesem Grunde verstanden die Alten
unter dem Philosophen jederzeit und vorzüglich den Mo-
ralisten, und noch jezt nennt man daher denjenigen, der

den

ben Schein einer Selbſtbeherrſchung durch Vernunft äuſ
ſert, ſelbſt bey ſeinem eingeſchränkten Wiſſen, einen Philoſophen.

Die Philoſophie, als Geſezgebung der menſchlichen
Vernunft, hat nun zween Gegenſtände: Natur, und
Freiheit, oder Sittlichkeit. Die Philoſophie der Natur
geht auf alles, was da iſt; die der Sitten, auf das,
was ſeyn ſoll. Die ganze, ſowohl wahre, als ſcheinbare
philoſophiſche Erkentniß aus ganz reiner Vernunft, ohne
Einmiſchung empiriſcher Prinçipien im ſyſtematiſchen Zu
ſammenhange, mit vorangeſchickter Critik, die als Propädevtik das Vermögen der Vernunft in Anſehung aller
reinen Erkentniſſe a priori unterſucht, heiſt Metaphyſik.
Alſo giebt es eine Metaphyſik der Natur, und eine Metaphyſik der Sitten. Die erſtere bezieht ſich alſo auf
den ſpeculativen Gebrauch der Vernunft, und pflegt im
engern Verſtande Metaphyſik genannt zu werden; die
lezte aber bezieht ſich auf den practiſchen Gebrauch der
reinen Vernunft, und iſt eigentlich die reine Moral, in
welcher keine Anthropologie, oder empiriſche Bedingung
zum Grunde gelegt werden muß.

Die Metaphyſik der Natur beſteht aus der Tran
ſcendentalphiloſophie und der rationalen Phyſiologie. Die
erſtere betrachtet nur den Verſtand und die Vernunft
ſelbſt in einem Syſtem aller Begriffe und Grundſäzze, die
ſich auf Gegenſtände überhaupt beziehen, ohne Objecte
anzunehmen, die gegeben wären, und wird die Onto

logie

logie genannt. Die zweite betrachtet die Natur, d. i.
den Inbegriff gegebener Gegenstände, aber so, daß sie
aus der Erfahrung nichts weiter nimmt, als was nöthig
ist, uns ein Object theils des äußern, theils des innern
Sinnes zu geben, übrigens aber sich aller empirischen
Principien gänzlich enthält, die über diesen Begriff noch
irgend eine Erfahrung hinzusetzen möchten, um daraus
über diese Gegenstände etwas zu urtheilen, daher heist sie
die rationale Phyfiologie. Diese rationale Phyfiologie
ist nun entweder eine phyfifche oder immanente, oder
sie ist eine hyperphyfifche oder tranfcendente; d. i. sie
bleibt entweder innerhalb den Grenzen möglicher Erfahrung, oder sie geht auf eine solche Verknüpfung der Erscheinungen, die alle mögliche Erfahrung übersteigt. Die
immanente Phyfiologie betrachtet also die Natur, als den
Inbegriff aller Gegenstände der Sinne, mithin so, wie
sie uns gegeben ist, also enthält sie zwey Theile, nämlich
die rationale Phyfik, welche die körperliche Natur, und
die rationale Pfychologie, welche die Seele, oder die
denkende Natur zum Gegenstande hat. Die tranfcendentale Phyfiologie dagegen, welche über alle mögliche
Erfahrung hinausgeht, hat entweder eine innere,
oder eine äußere Verknüpfung der Naturdinge zum Gegenstande. Jene ist die Phyfiologie der gesammten Natur, d. i. die tranfcendentale Welterkentniß, diese aber
geht auf den Zusammenhang der gesamten Natur mit einem Wesen über der Natur, und heist die tranfcendentale Gotteserkentniß.

Also

Also besteht das ganze System der Metaphysik aus vier Haupttheilen: 1) der Ontologie, 2) der rationalen Physiologie, welche die rationale Physik und rationale Psychologie in sich begreift, 3) der rationalen Cosmologie, und 4) der rationalen Theologie. Die empirische Psychologie dagegen, gehöret gar nicht in die Metaphysik, sondern in die Anthropologie.

Zulezt fügt der Verfasser noch etwas weniges über die Hauptrevolutionen bey, die sich in der Geschichte der reinen Vernunft ausgezeichnet haben. Es ist immer merkwürdig, daß die Menschen im Kindesalter der Philosophie davon anfiengen, wo wir jezt lieber endigen möchten, nämlich zuerst die Erkenntniß Gottes, und die Hoffnung oder wohl gar die Beschaffenheit einer andern Welt zu studiren. Man sahe leicht ein, daß es keine zuverläßigere Art geben könne, der unsichtbaren Macht, die die Welt regiert, zu gefallen, als den guten Lebenswandel. Daher waren Theologie und Moral die zwey Triebfedern, oder besser, die Beziehungspunkte zu allen Speculationen, denen man sich nachher jederzeit gewidmet hat, und die erste war eigentlich die Mutter der Metaphysik. Man kann die Hauptrevolutionen derselben auf eine dreyfache Absicht zurückführen.

1. In Ansehung des Objects unserer Erkenntnisse waren einige bloß Sensual-, andere bloß Intellectual-philosophen. Der vornehmste unter den erstern war Epikur, unter den leztern Plato. Die erstern behaupteten: in den Gegenständen der Sinne sey allein Wirk-

lich-

lichkeit, alles übrige ſey Einbildung. Die leztern ſagten
dagegen: in den Sinnen iſt nichts, als Schein, nur der
Verſtand erkennt das Wahre. Indeſſen ſtritten die erſtern den Verſtandsbegriffen eben nicht Realität ab, ſie
war aber bey ihnen nur logiſch; ſie räumten nämlich intellectuelle Begriffe ein, aber ſie nahmen bloß ſenſible
Gegenſtände an. Die leztern dagegen hielten die wahren Gegenſtände für bloß intelligibel, und behaupteten,
daß der reine Verſtand dieſelben anſchauete, wie ſie ſind,
die Sinne dagegen denſelben bloß verwirreten.

2) In Anſehung des Urſprungs reiner Vernunft-
erkenntniſſe waren einige Empiriſten, die dieſelben ins-
geſamt von der Erfahrung ableiteten; andere Noologi-
ſten, welche behaupteten, daß ſie, unabhängig von der
Erfahrung, in der Vernunft ihre Quelle hätten. Das
Haupt der erſtern war Ariſtoteles, der leztere Plato.
Locke, der jenem, und Leibniz, der dieſem folgte, haben es gleichwohl in dieſem Streite noch zu keiner Entſcheidung bringen können.

3) In Anſehung der Methode kann man die jezt
herrſchende in die naturaliſtiſche und ſcientifiſche einthei-
len. Der Naturaliſt der reinen Vernunft nimmt es ſich
zum Grundſazze: daß durch gemeine Vernunft ohne
Wiſſenſchaft (die er die geſunde Vernunft nennt) ſich
in Anſehung der erhabenſten Fragen der Metaphyſik
mehr ausrichten laſſe, als durch Speculation, das heiſt:
daß man die Größe und Weite des Mondes ſicherer nach
dem Augenmaaß, als durch mathematiſche Umſchweife
be-

beſtimmen könne. Ein ſolch Verfahren iſt bloße Miſo-
logie auf Grundſätze gebracht, und, was das ungereim-
teſte iſt, die Vernachläßigung aller künſtlichen Mittel als
eine eigene Methode angerühmt, ſeine Erkentniſſe zu
erweitern. Die Beobachter der ſcientifiſchen Methode
verfahren entweder dogmatiſch, oder ſceptiſch. Zu den
erſtern gehört vorzüglich Wolf, zu den leztern David
Hume. Der einzige Weg, der noch offen war, iſt der
critiſche, den der Verfaſſer betreten hat. Und auf dieſem hoft er, daß er das, was viele Jahrhunderte nicht
leiſten konnten, noch vielleicht vor Ablauf des gegenwärtigen erreicht werden könne, nämlich die menſchliche Vernunft in dem, was ihre Wißbegierde jederzeit, aber bisher vergeblich beſchäftigt hat, zur völligen Befriedigung
zu bringen.

Ueber

Kants Critik der reinen Vernunft.

Zweiter Abschnitt.

Versuch einiger Winke zur nähern Prüfung derselben.

Die bequeme vollständige Uebersicht des ganzen Kantschen Systems, die ich im vorhergehenden Abschnitte zu
verschaffen gesucht habe, wird hoffentlich hinreichend
seyn, den widrigen Vorwurf zu heben, als ob dasselbe
so tief angelegt wäre, daß es selbst geübten Denkern dunkel bliebe, und daher schwerlich die Grundlage einer
brauchbaren, allgemein verständlichen Philosophie abgeben könnte. Eben so deutlich aber wird man auch aus
derselben erkennen, wie äußerst wichtig die Aufgaben,
die der Verfasser in diesem vortreflichen Werke den Philosophen zur Untersuchung vorlegt, schon an sich sind,
ohne einmal auf die Art zu sehen, wie er ihre Auflösung
selbst gegeben hat. Die Hauptmomente, auf welche alle
Untersuchungen seiner Vernunftcritik gehen, bestehen in
folgenden Aufgaben.

1) Die wahre Natur der Sinnlichkeit, und ihren Unterschied vom Verstande zu bestimmen.

2) Den ganzen Vorrath der ursprünglichen Begriffe
   aufzusuchen, die in unserm Verstande befindlich sind,
   und welche unserm gesamten Erkenntniß zum Grunde
   liegen, und zugleich ihre wahre Abkunft zu beurkun-
   den,

ben, daß sie nicht von der Erfahrung abgeleitet, sondern reine Producte des Verstandes sind.

3) Zu zeigen, in welcher Art wir berechtigt seyn, diesen
Begriffen, die doch bloß etwas Subjectives in uns
sind, gleichwohl objective Realität zuzuschreiben, oder
wie der Verstand befugt sey, gleichsam aus sich selbst
herauszugehen, und seine Begriffe auf Dinge, die
außer ihm sind, zu übertragen, d. i. sie auf Gegenstände zu beziehen.

4) Eben hiedurch die wahren Grenzen der menschlichen
Vernunft zu bestimmen, mithin positiv auszumitteln,
wie weit unsere Vernunft durch bloße Speculation kommen kann, und wo dagegen unser eigentliches Wissen
aufhört, und uns bloß Glauben und Hoffen übrig bleibt.

5) Endlich zugleich das Räthsel aufzulösen, woher unsere Vernunft so unwiderstehlich geneigt ist, sich mit
ihren Speculationen über die Grenzen des möglichen
Wissens hinauszuwagen, und daher den Schein aufzudecken, mit welchem sie sich hierin selbst wider ihren
Willen täuscht.

Die Erheblichkeit dieser Aufgaben ist zwar schon
an sich so auffallend, daß sie eben nicht einer weitläuftigen Erörterung zu bedürfen scheint. Indessen dürfte
es doch nicht überflüßig seyn, dieselbe durch einige kurze
Bemerkungen noch sichtbarer zu machen.

Jeder-

Jedermann weiß erstlich, welchen Nachtheil die
Vermischung der sinnlichen und intellectuellen Erkentniß
von jeher in der Metaphysik angerichtet, welche endlose
Schulgezänke über die ungereimtesten Fragen, z. B. über
die Figur der Seele, ihren Siz im Körper u. s. w. sie
veranlaßt hat, und wie oft man daher von den metaphy=
sischen Weisen mit Recht sagen kann: miscent quadrata
rotundis — alter hircum mulget. alter cribrum sup-
ponit.   Diese Vermischung aber ist unvermeidlich, so
lange die wahren Grenzlinien zwischen Sinnlichkeit und
Verstand noch nicht richtig gezeichnet sind.   Bis dahin ist
auch der gründliche Philosoph nicht sicher, einestheils
sinnliche Dinge als bloße Objecte des Verstandes zu be=
handeln, anderntheils aber Gegenstände, die ganz aus=
ser dem Gebiete der Sinnlichkeit liegen, Prädicate beizu=
legen, die bloß von Gegenständen der Sinne gelten.

Eben so klar ist es, daß man in dem System der
allgemeinen nothwendigen Vernunfterkentnisse, dergleichen
die Metaphysik seyn soll, unmöglich etwas zuverläßiges
und vollständiges erwarten kann, wofern man nicht erst
den Verstand gleichsam ausgemessen und die Anzahl der
ursprünglichen Begriffe kennet, aus denen alle unsere
Erkentniß zusammengesezt werden muß.   Daß diese An=
zahl unserer Stammbegriffe nicht eben sehr groß seyn
könne, davon kann uns wohl der enge Bezirk unserer all=
gemeinen Erkentnisse schon hinlänglich überführen, und
jeder Philosoph muß es also billig schon an sich wün=
schen, die wahre Summe unserer Stammbegriffe mit Zu=
verläßigkeit zu wissen.   Allein dieses ist nicht genung,

sondern

sondern sein Beruf fordert ihn unausbleiblich auf, dieselben durch eine genaue Zergliederung unsers Verstandesvermögens wirklich aufzusuchen. Denn so lange man diese Stammbegriffe oder Categorien mit dem Aristoteles bloß rhapsodistisch auf ein Gerathewohl annimmt, ohne versichert zu seyn, ob und woher es nur gerade so viel und nicht mehrere oder wenigere giebt, wie will man dann zuverläßig wissen, ob die Tafel der aus diesen Stammbegriffen zusammengesezten Grundsäzze, auf welche man sein System bauet, auch präcise und vollständig sey. Das bloße Ausspähen dieser Stammbegriffe ist indessen auch noch nicht hinlänglich, sondern wir müssen es zugleich entscheidend einsehen, daß dieselben nicht etwa aus der Erfahrung geschöpft, sondern unabhängig von aller Erfahrung schon in der Natur unsers Verstandes liegen, und reine Begriffe a priori sind. Denn wären sie bloß aus der Erfahrung abstrahirt; so wären alle allgemeine Grundsäzze, die wir aus ihnen zusammensezzen, bloß erschlichen, mithin der Scepticismus unwiderlegbar. Man sezze z. B. der Begriff der Ursache wäre nicht ein reiner Begriff, der schon vor aller Erfahrung ursprünglich in der Natur unsers Verstandes läge, sondern wir hätten ihn bloß aus einer Menge verglichener Wahrnehmungen, wo wir auf gewisse Begebenheiten jedesmal gewisse andere folgen sehen, gebildet; so wäre der Grundsaz: alles, was geschieht, hat eine Ursache, bloß erschlichen. Denn dieser Grundsaz sagt Allgemeinheit und Nothwendigkeit, mithin apodictische Gewißheit aus. Diese aber kann kein aus der Erfahrung abstrahirter Saz aussagen; denn daraus, daß wir eine Sache immer so wahrgenommen

men haben, folgt noch nicht, daß dieses nothwendig so
geschehen müsse, und daß es nicht vielleicht unzählige
Ausnahmen geben könne, die wir entweder übersehen,
oder zu deren Wahrnehmung es uns zur Zeit noch lediglich an Gelegenheit gefehlet hat.

Die dritte Frage: in welcher Art wir befugt sind,
die Begriffe unsers Verstandes als Prädicate von Gegenständen auszusagen, macht, wie ich schon zu Anfange
des ersten Abschnitts angemerkt habe, den Hauptzweck
der Vernunftcritik aus. Allein diese Frage ist auch unstreitig nicht nur die wichtigste, die der Metaphysiker
aufwerfen kann, sondern die erste, die er billig vor allen übrigen aufwerfen und beantworten sollte. Denn
die Metaphysik hat es nicht, wie die Logik, bloß mit der
Zergliederung unserer Begriffe, sondern eigentlich mit ihrer Anwendung auf Gegenstände, und mit der Verknüpfung der Gegenstände unter einander zu thun.
Sie hat es aber auch gar nicht mit demjenigen zu thun,
was uns die Erfahrung von den Dingen lehrt; sondern sie
soll uns lehren, was für Begriffe wir a priori, ohne
uns auf Erfahrung zu berufen, nothwendiger Weise mit
jedem Gegenstande verknüpfen müssen, z. B. daß nichts
ohne Ursache geschehen könne, daß alles Wandelbare nur
ein Accidenz des Beharrlichen sey u. s. w. Ja sie soll
uns selbst vom Daseyn und der Beschaffenheit solcher Gegenstände gewiß machen, von denen wir gar keine Erfahrung haben können, z. B. von der Endlichkeit oder Unendlichkeit der Welt, von dem Leben nach dem Tode,
vom Daseyn Gottes u. s. w. Die eigentlich metaphysischen Sätze sind also einestheils lauter synthetische
Sätze,

Säzze, wo der Begriff, den man dem Gegenstande als
ein Prädicat zuschreibt, in der Vorstellung des Gegenstandes selbst gar nicht enthalten ist, mithin auch aus
dieser keinesweges durch den Saz des Widerspruchs gefolgert werden kann, sondern wo der Begriff vielmehr
unsere Vorstellung von dem Gegenstande vermehren und
erweitern soll, anderntheils aber sind sie zugleich lauter
Säzze a priori, wo wir die Befugniß, dem Gegenstande
einen gewissen Begriff als Prädicat beizulegen, auch gar
nicht auf das Zeugniß der Erfahrung gründen sollen. So
lange man also noch nicht weiß, in welcher Art der
Verstand a priori zu synthetischen Säzzen kommen, mithin a priori seine Begriffe auf Gegenstände beziehen kann,
so lange muß jede metaphysische Behauptung, so gründlich erwiesen sie auch immer scheinen mag, nothwendig
unsicher und schwankend bleiben.   Denn wie will man in
diesem Falle beweisen, daß eine solche Behauptung sich
in der That auf Gegenstände beziehe, und nicht etwa ein
bloßes leeres Gedankenspiel in uns sey? Der Mathematiker kann zwar in Ansehung dieses Punktes ganz unbekümmert seyn;   denn die apodictische Gewißheit seiner
synthetischen Grundsäzze hat nicht nur die allgemeine Erfahrung für sich, sondern, was das wichtigste ist, sie
hat schon an sich die vollkommenste unmittelbare Evidenz,
so daß kein Beweis davon nöthig ist.   So ist z. B. der
geometrische Grundsaz: daß die gerade Linie der kürzeste
Weg zwischen zween Punkten sey, so unmittelbar einleuchtend, daß seine Richtigkeit nicht nur in jedem beliebig gewählten Falle die Erfahrung zur Seite hat, sondern
auch schon an sich vor allen Einwürfen und Zweifeln sicher

ist,

ist, wenn gleich in der ganzen Natur keine gerade Linie
wirklich exiſtirte. Ja ſelbſt der Metaphyſiker kann die
Unterſuchung, wie der Verſtand a priori von Gegenſtänden ein ſynthetiſches Urtheil fällen kann, gewißermaaßen
entbehren, ſo lange er innerhalb den Grenzen der Sinnenwelt bleibt, und ſich bloß mit den allgemeinen Naturgeſezzen der körperlichen Dinge beſchäftiget. Denn obgleich ſeinen Grundſäzzen die mathematiſche unmittelbare
Evidenz fehlt, ſo hat er doch, ſo lange er innerhalb dem
erwähnten Gebiete bleibt, für die Richtigkeit derſelben
wenigſtens das einſtimmige Zeugniß der Erfahrung.
Wenn er indeſſen dieſe ſynthetiſchen Grundſäzze durch
nichts weiter, als durch das bloße Zeugniß einer allgemeinen Erfahrung rechtfertigen kann; ſo muß man ihn
nicht einen Metaphyſiker, ſondern einen bloßen Naturfor-
ſcher nennen, denn auszumitteln, was allgemeine Erfahrung lehrt, iſt das eigentliche Geſchäfte des leztern, vom
erſtern aber fordert man, daß er ſeine Erkentniſſe a priori, d. i. unabhängig von aller Erfahrung beweiſen ſoll.
Allein, wenn der Metaphyſiker ſich über die Grenzen der
Sinnlichkeit hinauswagt, wo ihm auch die Zuflucht fehlt,
ſeine ſynthetiſchen Säzze durch Erfahrung vertheidigen
zu können; womit will er ſich hier rechtfertigen, ſo lange
er nicht überhaupt die Art und Weiſe einſieht, wie der
Verſtand befugt ſey, a priori ſynthetiſch zu urtheilen?
wie will er hier ſich und andere überzeugen, daß die
Grundſäzze, die innerhalb der Sinnenwelt allgemein gültig ſind, auch auf Gegenſtände anwendbar ſeyn, die
außer der Sphäre der Sinnlichkeit liegen? So kann er
z. B. bey dem Gebrauche des Grundſazzes: alles, was
ge-

geschieht, hat eine Ursache, ganz unbekümmert seyn, so lange er denselben bloß als ein allgemeines Naturgesez in der Körperwelt gebraucht; und hier von jeder Begebenheit auf ihre Ursache schließt. Denn hier kann er sich getrost auf das allgemeine Zeugniß der Erfahrung berufen, die, so weit sie nur reicht, die Allgemeinheit jenes Sazzes überall bestätigt. Aber wenn er mit diesem Grundsazze über die Grenzen möglicher Erfahrung hinausgehen, und z. B. aus der Zufälligkeit des ganzen Weltalls auf eine nothwendige Ursache desselben schliessen will; so sezt er dadurch selbst voraus, daß jener synthetische Grundsaz nicht aus der Erfahrung geschöpft, sondern unabhängig von dieser seinen Ursprung im Verstande selbst habe, und daß also seine Allgemeingültigkeit schon an sich a priori erkannt werde. Allein wie kann er sich zu dieser Voraussezzung befugt halten, so lange er nicht erst überhaupt die Frage aufgelöset hat: wie der Verstand a priori zu synthetischen Säzzen kommen, und gewiß seyn könne, daß sie nicht bloße leere Verknüpfungen seiner Begriffe sind, sondern eine wahre Beziehung auf Gegenstände haben?

Das tiefe Stillschweigen, das man in Ansehung dieses Punktes in allen Schriften der Weltweisen findet, war die eigentliche Veranlassung, die den David Hume, in seinen philosophischen Versuchen über die menschliche Erkentniß, zum Scepticismus, und vielleicht auch zu seinen so ungezähmten Angriffen der Religion verleitete. Dieser scharfsinnige Forscher sahe es sehr gut ein, daß der größeste und wichtigste Theil unserer Erkentnisse darauf beruhe, daß wir von der Wirkung auf die Ursache,

N 2   und

und umgekehrt von der Ursache arf die Wirkung schließen.
Er erkannte auch zugleich ganz richtig, daß jede Wirkung
eine von ihrer Ursache ganz unterschiedne Begebenheit
ist, und daß daher der Saz: ein Ding A ist die Ursache
eines andern B, d. i. wenn etwas gesezt wird, so muß
auch nothwendig etwas anderes gesezt werden, das auf
jenes folgt, gar nicht aus dem Sazze des Widerspruchs
erkannt werden kann. Denn ein Widerspruch findet nur
alsdenn Statt, wenn das Gesezte und Aufgehobene eben
dasselbe Ding ist. So würde z. B. der Saz: wenn A
gesezt wird, so wird A nicht gesezt, ein offenbarer Widerspruch seyn. Aber in dem Sazze: wenn A gesezt
wird, so wird B nicht gesezt, oder: auf A folgt nicht B,
einen Widerspruch finden wollen, das hieße offenbar,
das Vergnügen suchen, sich selbst zu widersprechen Denn
hier ist nicht nur das Aufgehobene B vom Gesezten A
ganz verschieden, sondern sogar die Zeit, in welcher
A gesezt, und B nicht gesezt wird, ist verschieden. Da
ich nun ohne Widerspruch sagen kann: A ist jezo, aber
nicht im folgenen Augenblick; so kann ich um so mehr
ohne Widerspruch sagen: A ist jezo, aber B ist im folgenden Augenblick nicht. Diese Bemerkung war dem
grübelnden Hume äußerst auffallend. Er warf daher
die Frage auf: auf welchem Wege, und durch was für
Vernunftschlüsse kommen wir dazu, daß wir mit irgend
einem Dinge den ihm ganz fremden Begriff der Ursache
verknüpfen können, der doch gar nicht in ihm enthalten
ist, und daß wir also sagen können: A sey die Ursache von
B. d. i. auf etwas, was gesezt wird, müsse jederzeit nothwendig etwas anderes folgen, da doch die Nichtfolge des
leztern

N. leztern gar nichts Widersprechendes enthält? Nun sahe er einestheils, meinem Bedünken nach, sehr richtig ein, daß bloße Erfahrung oder Wahrnehmung uns niemals auf den Saz führen könne, daß ein Ding die Ursache eines andern sey; d. i. daß auf eine gesezte Begebenheit nothwendig eine andere folgen müsse. Denn bloße Erfahrung bezieht sich lediglich auf das Gegenwärtige und Vergangene, aber nicht auf das Zukünftige. Von ihr unterrichtet, können wir also zwar wissen, daß auf gewisse Begebenheiten bis zum jezzigen Augenblicke jederzeit gewisse andere erfolgt sind, z. B. daß wir beym Anrühren des Feuers Schmerz, des Schnees Kälte, beym Sonnenschein Wärme ꝛc. empfunden haben. Aber behaupten wollen, daß bloße Erfahrung uns lehren könnte, daß auch künftig auf ähnliche Begebenheiten der erstern Art jedesmal ähnliche Begebenheiten der zweiten Art nothwendig erfolgen müssen, das hieße offenbar sich selbst widersprechen, und Erfahrung, die bloß ein Bewußtseyn gegenwärtiger und vergangner Wahrnehmungen ist, für eine Vorherempfindung künftiger Begebenheiten ausgeben. Anderntheils aber stand Hume in dem Wahn, daß unser ganzes Wissen nichts weiter, als bloße Erfahrung sey. Denn er hielt alle Begriffe unsers Verstandes für bloße Abrisse oder Copeyen unserer sinnlichen Eindrücke, die von den leztern bloß durch den geringern Grad der Lebhaftigkeit unterschieden wären, und leugnete daher alle Erkentnisse a priori. Da also, nach seiner Meinung, alle unsere Erkentniß bloß aus Erfahrung geschöpft ist, bloße Erfahrung aber den Begrif der Ursache unmöglich erzeugen kann; so muste er natürlich folgern, daß die

N 3 • Ver-

Vernunft von Ursache und Wirkung gar nichts wissen
könne, und so blieb ihm freylich nichts übrig, als daß
er den Begriff der Ursache und Wirkung für ein bloßes
Geschöpf der Einbildungskraft erklärte, welches diese
bloß dadurch hervorbrächte, daß sie, wenn wir auf eine
gewisse Begebenheit eine andere folgen sehen, nach dem
Gesezze der Association, bey einer gleichartigen Begebenheit sich diese Folge von neuem vorstellte, und auf diese
Weise nach und nach eine Fertigkeit und Gewohnheit er-
langte, mit gewissen Begebenheiten andere als nothwendige Folgen zu verknüpfen.

So war der völlige Scepticismus des Hume fertig,
und alle vorgegebene metaphysische Vernunfterkenntnisse
waren ihm nichts weiter, als leere Erdichtungen der
Phantasie, die sowohl ihren Ursprung, als auch Beifall
und Glauben, den wir ihnen widmen, gar keinem Vernunftschlusse, sondern lediglich der Gewohnheit, ver-
knüpfte Erfahrungen in unserer Einbildungskraft immer
von neuem zu associiren, zu verdanken hätten, welche,
weil diese Associationen immer von wirklich gegenwärtigen
Dingen veranlaßt würden, einen so lebhaften Eindruck
auf uns machte, daß sie durch eine Art von Gefühl oder
Instinkt uns unmittelbar zum Beifall und Glauben antriebe. Ja Hume ging noch weiter, und leitete auch
selbst unsere Urtheile von den Graden der Wahrscheinlichkeit aus eben dieser Quelle her. Auf diese Weise war der
Grund nicht nur zu seiner kühnen Bestreitung aller Wun-
derwerke, sondern überhaupt zu allen seinen vermessenen
Angriffen, sowohl der geoffenbarten, als selbst der na-

tür-

türlichen Religion völlig gelegt. Und dieser Scepticismus entstand bey ihm bloß daher, weil er es gar nicht
einsehen konnte, wie die Vernunft im Stande sey, a
priori von einem Gegenstande etwas zu behaupten, das
doch gar nicht in seinem Begriffe liegt, und weil er auch
bey keinem Weltweisen hierüber die geringste Aufklärung
antraf. „Kein Lesen, (sagt er in seinem vierten Versuche) „kein Nachforschen ist noch vermögend gewesen,
„meine Schwierigkeit zu heben, oder mir in einiger Ma-
„terie von so ungemeiner Wichtigkeit ein Genüge zu ver-
„schaffen. Kann ich besser thun, als diese Schwierig-
„keit der Welt vorzulegen, ob ich schon vielleicht wenig
„Hoffnung habe, eine Auflösung zu erhalten?„ Natürlich konnte es einem für Wissenschaft, Religion und
Sittlichkeit so gefährlichen Scepticism nicht an geschickten
Widerlegern fehlen, und Hume bekam wirklich mehr,
als einen. Allein es ist in der That auffallend, daß kein
einziger von ihnen die wahre Streitfrage einsahe. Denn
alles, was man wider ihn vorbrachte, traf seinen eigentlichen Zweifel nicht im mindesten. Man analysirte
ihm die Begriffe der Ursache und Wirkung, man zeigte
ihm, daß der eine den andern schon in sich schließe, und
daß daher die Säzze ganz unwidersprechlich wären: wo
eine Ursache ist, da ist eine Wirkung, und wo eine Wirkung ist, da ist eine Ursache; allein man bedachte nicht,
daß Hume diese identischen Säzze gar nicht leugnete, und
eben so wenig die Definition der Ursache und Wirkung
anfocht, sondern daß er vielmehr wissen wollte, wie die
Vernunft zu diesen Begriffen käme, und wie sie von irgend einem Dinge sagen könnte: es sey die Ursache, oder

die

die Wirkung eines andern, d. i. wenn etwas gesezt wird, so müsse etwas anderes gesezt werden, was auf jenes folgt, oder ihm vorhergeht, und ob also nicht sein Verdacht gegründet sey, daß die Begriffe von der Ursache und Wirkung gar nicht Producte des Verstandes, sondern bloße Erdichtungen der Einbildungskraft seyn? Man warf ihm vor, daß er die Natur der hypothetischen Nothwendigkeit verkannte, indem er die Gewißheit bloß an die absolute Nothwendigkeit heftete, da doch auch bey zufälligen Dingen dasjenige, was unter Voraussezzung eines andern, mithin hypothetisch nothwendig ist, eben so unausbleiblich gewiß wäre, als das, was an sich nothwendig ist, allein man bemerkte wieder nicht, daß Hume gerade darüber Belehrung forderte, ob und wie die Vernunft im Stande wäre, zwischen zwey verschiedenen Dingen eine hypothetisch nothwendige Verknüpfung zu beweisen. Man berief sich auf die Wichtigkeit und Unentbehrlichkeit der Begriffe von Ursache und Wirkung, und der Schlüsse von einem auf den andern, man erwog aber nicht, daß Hume sich durch diesen Umstand gerade völlig in seinem Wahn bestärkte, indem er am Ende seines fünften Versuchs eben hieraus schloß: „es wäre nicht wahrscheinlich, daß die Natur dergleichen „unentbehrliche Kentnisse den betrüglichen Schlüssen und „Folgerungen unserer Vernunft anvertrauet haben sollte, „welche in ihren Wirkungen langsam ist, in den ersten „Jahren der Kindheit sich fast gar nicht äußert, und in „jedem Alter und Zeitlaufe des menschlichen Lebens dem „Irrthum und Versehen äußerst unterworfen ist, es sähe „vielmehr der gewöhnlichen Klugheit der Natur ähnlicher,

„eine

„eine so nothwendige Handlung und Wirkung des Ge-
„müths durch einen gewissen natürlichen Trieb und In-
„stinct, oder durch einen gewissen mechanischen Hang in
„Sicherheit zu sezzen, welcher in seinen Wirkungen un-
„fehlbar wäre, sich sofort bey dem ersten Anschein des
„Lebens und Denkens entdeckte, und von allen den mit
„Mühe ausgearbeiteten Schlüssen und Folgerungen des
„Verstandes unabhängig wäre. , Man verwies ihn endlich auf das allgemeine Urtheil des gemeinen gesunden
Menschenverstandes, allein man vergaß wieder, daß
Hume dieses Urtheil nicht für eine Wirkung des Verstandes hielt, sondern es bloß von der Gewohnheit und einem gewissen Gefühl ableitete, und daß er eben davon
unterrichtet seyn wollte, wie der Verstand zu solchen Urtheilen, als die über Ursache und Wirkung sind, fähig
und berechtigt sey. Kurz: die eigentliche Frage, die
Hume aufgeworfen hatte, und deren Beantwortung er
für unmöglich hielt, nämlich: wie der Verstand zwischen
ganz verschiedenen Dingen eine nothwendige Verknüpfung
erkennen, oder, nach der Kantschen Sprache, a priori
synthetische Urtheile erzeugen könne, wurde von allen seinen Gegnern gänzlich übersehen, und sein Scepticism
blieb also unwiderlegt.

Diese Zergliederung des Humischen Scepticism wird
hoffentlich die Wichtigkeit der drey ersten Aufgaben der
Kantschen Vernunftcritik ausser allen Zweifel sezzen. Kant
gesteht in der Vorrede zu seinen Prolegomenen selbst, daß
das Humische Problem ihm zuerst den dogmatischen
Schlummer unterbrochen, und seinen Untersuchungen im

Felde

Felde der speculativen Philosophie eine ganz andere Richtung
gegeben.   Hume schränkte seine Frage bloß auf die Begriffe von Ursache und Wirkung ein.   Allein Kant sahe
bald, daß sie ganz allgemein bey allen metaphysischen Begriffen Statt findet, und suchte daher die Auflösung derselben im Ganzen auf.   Und so verdient seine Critik schon
aus diesem Gesichtspunkte den größesten Dank und die
sorgfältigste Untersuchung jedes Philosophen, da sie unmittelbar darauf ausgehet, den noch gar nicht widerleg-
ten Humischen Scepticism aus dem Grunde zu zernichten.

Sobald erst einmal die Auflösung der drey ersten
Aufgaben der Vernunftcritik auf eine überzeugende Art
zu Stande kommt; so kann man von derselben sicher erwarten, daß sie auch zugleich zu einer entscheidenden Auflösung der beiden leztern führen, und uns nicht nur zu
einer genauen Grenzbestimmung der Sphäre unsers möglichen Wissens, sondern auch zur Aufdeckung der wahren
Ursachen verhelfen muß, warum die Vernunft nicht nur
so unaufhaltsam diese Grenzen zu überfliegen sucht, sondern sich auch so fest einbildet, in diesem leeren Raume
noch immer wichtige Eroberungen machen zu können.
Welch eine wünschenswürdige Sache es aber sey, daß
wir einmal diesen Gipfel glücklich erreichten, bestimmt
angeben zu können, wie weit wir eigentlich mit unserer
Speculation kommen können, das ist wohl einem jeden
so einleuchtend, daß es unnüz wäre, auch nur ein Wort
darüber zu sagen.

Wenn man alles dieses zusammennimmt; so ist die
Wichtigkeit der Untersuchungen, welche die Kantsche Ver-
nunft-

nunftcritik zum Gegenstande hat, offenbar. So viel ich
einsehe, umfassen und erschöpfen sie nicht nur alles, was
man nur irgend zur sichern Grundlage einer vollkommenen
und zuverläßigen Metaphysik erfordern kann, sondern der
ganze Gesichtspunkt, den sie uns zur Prüfung und Berichtigung unserer philosophischen Erkentnisse eröfnen, ist
unstreitig so unerwartet und neu, daß es bey der so rühm-
lichen Bemühung unsers Zeitalters, die Aufklärung in allen Gattungen der menschlichen Erkentniß zu befördern,
entweder ein unerhörter Schlummer, oder eine unver-
zeihliche Vorliebe zu dem einmal angenommenen System
seyn würde, wenn diese neue Aussicht, welche ein Philosoph, wie Kant, durch so vieljähriges höchst mühsames For-
schen eröfnet hat, von unsern Weltweisen zur nähern Untersuchung und Berichtigung der Philosophie nicht aufs
beste genuzzet würde.

Die Sache aber wird noch wichtiger, wenn man
auf die Art, wie Kant, die angeführten Probleme aufgelöset, und auf das Resultat seiner Untersuchungen sie-
het. Dieses besteht im Ganzen genommen kurz in folgendem:

Auflösung der ersten Aufgabe. Sinnlichkeit
und Verstand sind zwo wesentlich unterschiedene Quellen
unserer Erkentniß, die aber bloß in Verbindung ein wirkliches Erkentniß liefern. Die Sinnlichkeit besteht in der
Fähigkeit unserer Seele, unmittelbar Vorstellungen von
Gegenständen zu empfangen, bloß dadurch, daß wir von
denselben auf diese oder jene Art afficirt werden. Die
Ver-

ſtellungen, die ſie uns liefert, beziehen ſich alſo auf den Gegenſtand, der uns afficirt, unmittelbar, d. i. ſie ſind Anſchauungen. Nun haben aber alle unſere Anſchauungen eine zwiefache Form. Die eine Art ſtellt uns die Gegenſtände als außer uns und außerhalb einander, d. i. im Raum vor. Die andere ſtellt uns dieſelben als etwas in uns und in unſerm Gemüthe ſelbſt Befindliches vor, und zwar entweder als zugleich vorhandene, oder als auf einander folgende Dinge, d. i. in der Zeit. Mithin ſind Raum und Zeit die beiden Formen, an welche alle unſere Anſchauungen gebunden ſind, und da ſie Vorſtellungen ſind, die ſich auf die Gegenſtände unmittelbar beziehen, ſo ſind ſie ſelbſt Anſchauungen. Nun muß der Grund, warum alle unſere Anſchauungen gerade an dieſe beiden Formen gebunden ſind, in der Art der Empfänglichkeit unſerer Vorſtellungsfähigkeit, wie ſie von Gegenſtänden afficirt werden kann, mithin in der urſprünglichen Natur unſerer Sinnlichkeit ſelbſt liegen. Alſo ſind Raum und Zeit reine Anſchauungen, die ſchon a priori vor aller wirklichen Empfindung, urſprünglich in der Vorſtellungsfähigkeit unſerer Seele befindlich ſind, und allen unſern wirklichen Empfindungen als nothwendige Bedingungen ihrer Möglichkeit bereits zum Grunde liegen. Aber eben daher ſind Raum und Zeit auch nicht etwas, was an den Gegenſtänden ſelbſt haftete, ſondern ſie ſind bloße ſubjective Vorſtellungen in uns. Das Seyn im Raum und in der Zeit, mithin auch die Ausdehnung, Undurchdringlichkeit, Folge, Veränderung, Bewegung u. ſ. w. ſind alſo gar nicht Eigenſchaften, die den Gegenſtänden ſelbſt und an ſich zu-

kom-

kommen, sondern Vorstellungen in unserm Gemüthe, die lediglich an der Natur unserer Sinnlichkeit haften. Daher kennen wir die Dinge bloß so, wie sie uns erscheinen, d. i. wir kennen bloß die Eindrücke, die sie auf unsere sinnliche Vorstellungsfähigkeit machen, was sie dagegen an sich seyn, oder was für Vorstellungen sich etwa andere vernünftige Wesen von ihnen machen mögen, ist uns gänzlich unbekannt.

Auflösung der zweiten Aufgabe. Alle unsere Erkenntniß fängt also von den Sinnen an. Denn diese geben uns Gegenstände, indem sie uns unmittelbare Vorstellungen, oder Anschauungen von ihnen liefern. Indessen sind alle unsere Anschauungen vor sich allein etwas blindes und todtes, wobey sich unsere Seele nur leidentlich verhält, indem sie die Eindrücke, oder Modificationen ihrer sinnlichen Vorstellungsfähigkeit von den Gegenständen, welche sie afficiren bloß empfängt und annimmt. Die Anschauungen der Gegenstände enthalten also zwar den Stoff zu Erkenntnissen, aber vor sich allein sind sie noch selbst keine Erkenntniß. Sollen sie dieses werden, so muß sie noch der Verstand denken. Unser Denken aber ist nicht anders, als durch Begriffe möglich, mithin sind diese eben so die eigenthümliche Form unsers Verstandes, als Raum und Zeit die eigenthümliche Form unserer Sinnlichkeit ausmachen. Also muß der Verstand die Anschauungen, die uns die Sinnlichkeit von den Gegenständen liefert, erst unter Begriffe bringen, wenn aus ihnen ein Erkenntniß werden soll. Begriffe sind demnach thätige Vorstellungen unsers Verstandesvermögens,

und

und da sie unmittelbar die Anschauungen der Gegenstände
zum Object haben; so beziehen sie sich auf die Gegen=
stände selbst nur mittelbar.   Da nun die Sinnlichkeit
uns bloß Vorstellungen liefern kann, die sich auf den Ge=
genstand unmittelbar beziehen; so können die Sinne uns
keine Begriffe geben, mithin müssen diese reine Producte
des Verstandes seyn, und da bloß vermittelst ihrer ein
jedes Erkenntniß, mithin auch die Erfahrung selbst, erst
möglich wird; so müssen sie, unabhängig von aller Er=
fahrung, schon a priori als die ursprünglichen Formen
alles unsers Denkens, in der Natur unsers Verstandes
selbst liegen.   So wie es also in unserer Sinnlichkeit
keine Anschauungen a priori giebt, die allen unsern empi=
rischen Anschauungen, die wir durch die Empfindung er=
langen, als nothwendige Formen zum Grunde liegen; so
giebt es auch in unserm Verstande reine Begriffe a priori,
die allen unsern Erkentnissen als nothwendige Formen
zum Grunde liegen, und aus welchen demnach unsere ge=
sammte Erkentniß zusammengesezt werden muß.   Nun ist
Denken und Urtheilen einerley, mithin enthält ein jeder
Begriff, den wir uns von Gegenständen machen, eine
besondere Form eines Urtheils über dieselben.   Also muß
es gerade so viel Hauptarten reiner Begriffe a priori ge=
ben, als es Formen möglicher Erfahrung giebt.   Nun
giebt es, wie aus der Logik bekannt ist, der Form nach,
vier Hauptgattungen von Urtheilen, deren jede drey be=
sondere Arten in sich enthält; nämlich alle Urtheile unter=
scheiden sich überhaupt in Ansehung der Quantität, der
Qualität, der Relation, und der Modalität.

									Die

Die von der ersten Gattung sind: allgemeine, besondere, einzelne.

Die von der zweiten: bejahende, verneinende, unendliche.

Die von der dritten: categorische, hypothetische, disjunctive.

Die von der vierten: problematische, assertorische, apodictische.

Sieht man nun auf die Begriffe, welche die verschiedene Form der Verknüpfung in diesen Urtheilen enthalten; so ergiebt sich daraus die vollständige Tafel aller reinen Begriffe a priori, die alle mögliche Formen unsers ganzen Denkens enthalten, und die daher Kant Categorien nennt. Alle unsere ursprünglichen Begriffe a priori nämlich sind:

1) Die der Quantität: Einheit, Vielheit, Allheit.

2) Die der Qualität: Realität, Negation, Limitation.

3) Die der Relation: Substanz, Ursache, Gemeinschaft.

4) Die der Modalität: Möglichkeit, Daseyn, Nothwendigkeit.

Diese vier Hauptbegriffe, nebst den zwölf Begriffen, die ihre Bestandtheile ausmachen, enthalten den

ganzen

ganzen Vorrath aller Stammbegriffe, die a priori in unserm Verstande liegen, und aus denen alle unsere möglichen Erkentnisse zusammengesezt werden müssen. Und so ist nicht nur das ganze Vermögen unsers Verstandes aus der Natur desselben selbst, mithin völlig a priori ausgemessen, sondern auch zugleich die reine Abkunft unserer Begriffe aus dem Verstande, und ihre völlige Unabhängigkeit von aller Erfahrung, erwiesen.

Auflösung der dritten Aufgabe. Raum und Zeit sind zwar als reine Anschauungen a priori bloße subjective Vorstellungen in uns. Allein so fern sie die nothwendigen Formen unserer Sinnlichkeit sind, ohne welche gar kein Gegenstand von uns empirisch angeschauet, oder empfunden werden kann; so haben sie eine nothwendige Beziehung auf Gegenstände unserer Sinne, d. h. Raum und Zeit sind nothwendige Prädicate alles dessen, was ein Gegenstand unserer äußern oder innern Empfindungen seyn soll. Auf diese Weise stehen also folgende synthetische Grundsäzze a priori fest:

1) Alles, was ein Gegenstand unserer äußern Sinne seyn, d. i. als ein äußerliches Ding von uns empirisch angeschauet oder empfunden werden soll, ist im Raum, und ihm kommen also auch alle Prädicate des Raums, z. B. die Ausdehnung, Theilbarkeit rc. nothwendig zu.

2) Alles, was ein Gegenstand unserer Sinne überhaupt, es sey des äußern oder des innern, seyn soll

soll, ist in der Zeit, und ihm kommen also auch alle Prädicate der Zeit, z. B. der Simultaneität, der Folge ꝛc. nothwendig zu.

Also beruhet die objective Realität des Raums und der Zeit, d. i. ihre synthetische Verknüpfung mit Gegen=ständen, bloß darauf, weil ohne sie kein Gegenstand von uns empirisch angeschauet und empfunden werden kann. Eben so sind alle reine Begriffe a priori zwar bloß etwas Subjectives in unserm Verstande. Allein so fern sie die Formen alles unsers Denkens sind, ohne welche kein Ge=genstand gedacht werden, mithin aus allen unsern An=schauungen gar kein Erkenntniß entspringen kann, so fern müssen sie sich ebenfalls nothwendig auf alle Gegenstände unserer Sinnlichkeit beziehen, das heist: sie müssen noth=wendige Prädicate aller Gegenstände unserer Sinnlichkeit seyn. Denn sonst wären alle unsere Anschauungen blind, und wir könnten sie gar nicht erkennen, mithin wäre nicht nur alle Erkentniß vom Raum und der Zeit, folglich die ganze Mathematik unmöglich, sondern es wäre auch gar keine Wahrnehmung, also gar keine Erfahrung möglich. Daher steht folgender allgemeiner synthetischer Grundsaz a priori fest: Alles, was ein Gegenstand möglicher Er=fahrung seyn soll, muß nicht nur im Raum und in der Zeit seyn, sondern ihm muß auch von jeder Classe der reinen Verstandesbegriffe wenigstens einer nothwendig zu=kommen. Also beruht die objective Realität aller unserer reinen Begriffe bloß darauf, weil ohne sie keine Erkent=niß von Gegenständen der Sinne, mithin keine Erfah=rung möglich ist. Wollte man demnach z. B. behaupten,

O   daß

daß der Begrif der Ursache gar keine Beziehung auf Gegenstände hätte, sondern ein bloßes Phantom wäre, das
uns nur lange Gewohnheit als etwas Wirkliches vor-
spiegelte; so müste man überhaupt alle Erkenntniß sinnlicher Gegenstände, d. i. die Möglichkeit der Erfahrung
selbst leugnen. Weit gefehlt also, daß, wie Hume vor-
gab, unsere Begriffe nur Copeyen unserer sinnlichen Eindrücke wären, die wir bloß aus der Erfahrung schöpften;
so sind sie es vielmehr, durch deren Verknüpfung mit den
Gegenständen die Erfahrung selbst erst möglich wird.

Unsere Begriffe a priori haben also objective Realität, oder eine Beziehung auf Gegenstände, weil sie mit
jedem Gegenstande möglicher Erfahrung als nothwendige
Prädicate verknüpft werden müssen. Nun aber sezt eine
solche Verknüpfung voraus, daß zwischen dem Begriffe
und dem Gegenstande eine Gleichartigkeit sey. Allein
Begriffe sind mit den Anschauungen, als ihren Gegenständen, ganz ungleichartig. Also muß es eine dritte vermittelnde Vorstellung a priori geben, die sowohl mit der Anschauung als mit dem Begriffe eine gewisse Gleichartigkeit hat, und vermittelst welcher also die Verknüpfung
des Begriffs mit dem Gegenstande möglich wird. Diese
vermittelnde Vorstellung, welche Kant das Schema des
Begrifs nennt, ist nun die Zeit. Denn diese ist nicht
nur mit allen Anschauungen gleichartig, indem sie selbst
eine reine Anschauung a priori ist; sondern da sie zugleich die Form aller sowohl der innern als der äußern
Empfindungen ist, so ist auch ihre Vorstellung in jeder
empirischen Anschauung der Gegenstände enthalten, und
da

da sie eine Vorstellung a priori ist; so ist sie sofern auch mit jedem Begriffe a priori gleichartig. Also ist die Verknüpfung eines reinen Begriffs mit einem Gegenstande bloß vermittelst der Zeit, als seines Schema, möglich, d. i. kein Gegenstand kann unmittelbar unter einen reinen Begriff selbst, sondern bloß unter sein Schema, nämlich die Zeit, subsumiret werden. Ohne dieses Schema sind daher alle unsere reine Begriffe ganz leere Begriffe, ohne allen Inhalt und Anwendung auf Gegenstände. So ist z. B. der Begriff der Substanz, wenn man ihn ohne sein Schema, nämlich ohne Fortdauer in der Zeit, oder Beharrlichkeit denkt, ein ganz leerer Begriff, unter dem man sich zwar ein Subject denkt, das nicht wieder ein Prädicat eines andern ist, mit dem man aber gar nichts machen kann, weil man gar keine Bedingung weiß, unter welcher derselbe auf irgend einen Gegenstand bezogen und angewandt werden kann.

Vermittelst dieses Schema der reinen Begriffe laßen sich nun nach dem Leitfaden ihrer obigen Tafel, zugleich alle synthetische Grundsätze a priori genau bestimmen, und sie sind folgende:

1) Grundsaz der Quantität: Alle Erscheinungen sind ihrer Anschauung nach, extensive Größen.

2) Grundsaz der Qualität: In allen Erscheinungen hat die Empfindung, und das Reale, das ihr an dem Gegenstande entspricht, eine intensive Größe, oder einen Grad, d. i. jede Realität kann durch un-

end-

endliche Zwischengrade immer kleiner werden, ehe sie = o wird.

3) Grundsäzze der Relation:

a) In allen Erscheinungen ist etwas Beharrliches, d. i. die Substanz, und etwas Wandelbares, oder Accidenzen.

b) Alles, was geschieht, hat eine Ursache.

c) Alle Substanzen, so fern sie zugleich sind, stehen in einer Wechselwirkung unter einander.

4) Grundsäzze der Modalität:

a) Was mit der Form der Erfahrung übereinkommt, ist möglich.

b) Was mit der Materie der Erfahrung, d. i. mit der Empfindung zusammenhängt, ist wirklich.

c) Was mit dem Wirklichen nach allgemeinen Bedingungen der Erfahrung zusammenhängt, ist nothwendig.

So ist dann durch die angezeigte Deduction der reinen Verstandesbegriffe nicht nur das Humische Problem: wie der Verstand fähig sey, sich a priori zwischen ganz verschiedenen Gegenständen eine nothwendige Verknüpfung zu denken, völlig aufgelöst, sondern zugleich die ganze Anzahl aller möglichen synthetischen Grundsätze a priori genau bestimmt.

Auflösung der vierten Aufgabe. Eben diese Deduction der reinen Verstandesbegriffe zeigt es aber auch zugleich, daß ihre objective Realität sich bloß auf Gegenstände möglicher Erfahrung, mithin bloß auf sinnliche Dinge, oder Erscheinungen einschränkt. Mithin sind alle synthetische Grundsätze des reinen Verstandes nichts anders, als Grundsätze, auf denen die Möglichkeit der Erfahrung beruht, folglich nichts weiter, als die allgemeinen nothwendigen Gesetze der Natur. Also erstreckt sich der Gebrauch der reinen Begriffe und Grundsätze unsers Verstandes bloß auf das Feld der Sinnlichkeit, oder auf den regelmäßigen Zusammenhang der Natur. Sobald man sie daher auf Dinge anwendet, die außerhalb dem Felde möglicher Erfahrung, d. i. außer dem Gebiete der Sinnlichkeit liegen; so ist ihre objective Realität unerweislich, und sie sind also alsdenn ganz leere Verknüpfungen, die keine Beziehung auf irgend einen Gegenstand haben, mithin nichts weiter, als bloße Gedankenspiele.

Hieraus ergiebt sich also die genaue Grenzbestimmung unsers Verstandes auf folgende Art:

1) Alle Elementarbegriffe, deren unser Verstand fähig ist, und die den verschiedenen Urstoff aller seiner möglichen Erkentnisse a priori ausmachen, sind genau diejenigen, welche ihre obige Tafel anzeigt,

so

so daß wir nun mit völliger Gewißheit a priori wissen, daß es weder mehrere, noch wenigere derselben giebt, und daß also ihre Tafel genau und vollständig ist.

2) Alle diese Elementarbegriffe sind bloß auf sinnliche Gegenstände anwendbar, und dienen daher bloß dazu, um die nothwendigen Prädicate einer jeden möglichen Anschauung zu bestimmen. Also sind alle Gegenstände, auf welche sie sich beziehen, nichts anders, als die bloßen Anschauungen der Dinge, und das Mannigfaltige, das in diesen Anschauungen enthalten ist. Hieraus fließen daher die Folgen:

a) Von allen unsern Elementarbegriffen ist überhaupt kein einziger auf Objecte anwendbar, die wir uns außer dem Gebiete der Natur oder außerhalb dem Felde möglicher Erfahrung vorstellen. Daher können wir sie z. B. auf das allervollkommenste Wesen gar nicht anwenden, mithin gar nicht beweisen, daß dasselbe eine Größe oder Qualitäten habe, daß es eine Substanz, eine Ursache anderer Dinge, daß es möglich, oder wirklich, oder nothwendig sey. Denn da das vollkommenste Wesen kein Gegenstand der Sinnlichkeit ist, so fehlt hier allen diesen Begriffen ihr Schema, nämlich die Zeitbestimmung, ohne welches sie sich mit keinem Gegenstande verknüpfen laßen. Wir können also nicht von

von ihm sagen, daß es eine Größe habe; denn
den Begriff der Größe, der hier Allheit seyn
müßte, kann unser Verstand bloß vermittelst der
Zeit, durch successive Wiederhohlung der Einheit erzeugen. Wir können auch keine Qualität
desselben angeben, denn das, was unser Verstand von den Qualitäten der Dinge weiß, ist
bloß das Reale, das unserer Empfindung correspondirt, und das er sich daher als eine Einheit
vorstellet, die successiv bis zur Null abnehmen
kann. Wollte man es ferner eine Substanz
nennen, so kann man doch nicht beweisen, daß
es beharrlich sey, d. i. in aller Zeit fortdaure,
mithin würde dieser Begriff bloß so viel von ihm
sagen: es sey ein Subject, das Prädicate habe,
und das nicht wieder ein Prädicat anderer Dinge
sey. Allein da wir uns dieses Subject nicht als
etwas Beharrliches oder Fortdaurendes vorstellen
können, so ist dasselbe für unsere Begriffe gar
nicht ein von ihnen verschiedener Gegenstand,
von dem wir dadurch das mindeste Erkentniß
erlangen, sondern eine ganz leere Vorstellung,
die bloß logisch, außer diesem logischen Gebrauch
aber ohne Sinn ist, und gar kein Object bezeichnet. Eben so wenig kann man beweisen,
daß es die Ursache der Welt sey, denn der Begriff der Ursache zeigt etwas Vorhergehendes an,
auf welches die Wirkung nach einer Regel folgt.
Endlich kann man auch weder seine Möglichkeit,
noch sein nothwendiges Daseyn beweisen; denn,

O 4   wenn

wenn die Möglichkeit, die Wirklichkeit und die Nothwendigkeit, von welcher die Rede ist, nicht einen bloßen Begriff, sondern den Gegenstand des Begriffs betreffen soll, so betrift sie entweder eine Substanz, oder ein Accidens der Substanz, d. i. entweder etwas Beharrliches, oder das, was im Beharrlichen wechselt, also seßen die Begriffe der Möglichkeit, des Daseyns und der Nothwendigkeit desselben allemal eine Zeitbestimmung voraus, die aber beym vollkommensten Wesen nicht Statt findet. Was von dem vollkommensten Wesen gilt, gilt auch von einem einfachen Wesen. Denn da dieses gleichfalls kein Gegenstand unserer Sinnlichkeit seyn kann; so ist keiner von allen unsern Elementarbegriffen auf dasselbe anwendbar. Mithin hat unser Verstand unter allen seinen Begriffen gar keinen, den er damit verknüpfen kann.

b) Selbst von den Gegenständen der Sinnlichkeit können uns alle unsere Elementarbegriffe gar keines von denjenigen Prädicaten lehren, die ihnen an sich selbst zukommen, sondern alle Prädicate, die sie ihnen beilegen können, betreffen bloß ihre Anschauung und die Verknüpfung des Mannigfaltigen in derselben, mithin bloß die Art, wie sie uns erscheinen. So wenig uns also unsere Sinne eine Vorstellung von dem verschaffen können, wie die Dinge, die wir empfinden, ohne Beziehung auf unsere Sinnlichkeit,

keit, an sich selbst beschaffen seyn mögen; eben
so wenig ist auch unser Verstand fähig, sich
hievon den geringsten Begriff zu machen, sondern alle Begriffe, die wir von ihnen haben können, betreffen bloß die mannigfaltigen Eindrücke, die sie auf unsere sinnliche Vorstellungsfähigkeit machen.   Wie wir z. B. von den Dingen, die wir Materie nennen, nicht sagen können, daß sie an sich ausgedehnt, beweglich,
undurchdringlich rc. seyn: so können wir auch
von ihnen nicht sagen, daß sie an sich eine
Größe, oder Qualitäten haben, daß sie Substanzen seyn, unter einander in Wechselwirkung
stehen, daß sie möglich oder wirklich seyn.
Dieses will, damit man es nicht unrichtig verstehe, so viel sagen: In Ansehung dessen, was
die Dinge an sich sind, sind sie gar keine Gegenstände weder für unsere Sinne, noch für unsern Verstand, sondern als Gegenstände unserer
Sinne und unsers Verstandes sind sie gar
nichts, was außer uns wäre, sondern bloße
Vorstellungen in uns, nämlich bloße Modificationen unserer Sinnlichkeit, oder Vorstellungen
von den Eindrücken, die sie auf unser Gemüth
machen, und diese Vorstellungen sind die eigentlichen Gegenstände, welche der Verstand denkt,
d. i. auf welche er alle seine Begriffe bezieht.

c) Wenn man daher sinnliche Gegenstände als
    Dinge betrachtet, die an sich von unserm Ver-

D 5   stande

stande erkannt werden könnten: so macht man sich von ihnen einen widersprechenden Begriff; mithin stellt man sich in diesem Fall ein Unding vor. Daher sind die drey cosmologischen Fragen: ob die Welt dem Raum nach endlich oder unendlich sey, ob sie einen Anfang habe, oder immer da gewesen sey, ob die Menge der Theile, aus welchen die Materie besteht, endlich, oder unendlich sey, bloße Chimären. Denn in den beiden erstern Fragen stellt man sich die Welt, und in der dritten jeden Körper als ein in dem Verstande gegebenes Ganze vor. Nun aber ist weder eine dem Raum nach unendliche, noch eine endliche, d. i. eine von einem leeren Raum begrenzte Welt dem Verstande als eine mögliche Erscheinung oder als ein Gegenstand der Sinnlichkeit gegeben, also müste sie ihm als ein Ding an sich selbst gegeben seyn. Da man aber unter der Welt den Inbegriff aller sinnlichen Gegenstände versteht; so wäre der Inbegriff aller sinnlichen Dinge ein Ding an sich selbst. Dieses aber ist ein Widerspruch. Also ist sowohl eine endliche als eine unendliche Welt ein Unding. Eben dieses gilt auch sowohl von einer Welt, die bereits eine unendliche Zeit hindurch existirt hat, als von einer solchen, die einen Anfang hat, und vor welcher also eine leere Zeit verflossen ist. Ein Gleiches gilt endlich sowohl von einer Materie, die aus unendlich vielen, als von einer solchen, die aus einer endlichen Anzahl Theile zusammen-

ge-

gesezt ist. Denn jeder Theil der Materie ist ein Gegenstand der Sinnlichkeit. Eine unendliche Menge von Theilen aber ist eben so wenig, als eine endliche Anzahl derselben ein Gegenstand der Sinnlichkeit. Das erstere ist für sich klar. Das zweite aber erhellet daraus, weil jeder Theil im Raum, der Raum aber noch immer weiter theilbar ist, mithin kein Theil untheilbar oder der lezte seyn kann. Also stellt man sich hier wiederum auf eine widersprechende Art die Theile der Materie, die bloß sinnliche Gegenstände sind, als Dinge an sich selbst vor.

d) Da aber unser Verstand von nichtsinnlichen Gegenständen überhaupt, und folglich auch davon, wie die Dinge, deren Eindrücke auf unsere äußere oder innere Empfindungsfähigkeit wir kennen, an sich beschaffen seyn mögen, sich nicht den mindesten Begriff machen, und daher auch weder ihr Daseyn, noch ihre Möglichkeit beweisen, ja sich nicht einmal einen Begriff von einem Verstande, der dergleichen Dinge zu erkennen vermögend ist, machen kann, so ist er auch aus eben diesem Grunde auf gar keine Weise fähig, das Daseyn oder die Möglichkeit nichtsinnlicher Gegenstände, und also auch der Dinge an sich selbst zu widerlegen, oder durch irgend einen auch nur scheinbaren Grund zu bezweifeln. Denn in Dingen, von denen wir gar nichts wissen können, ist jede Behauptung, sie sey pro oder contra,

contra, gleich ungereimt. Unser Verstand
würde also, eben indem er sich seine Grenzen
bestimmt, sie auf die lächerlichste Weise selbst
überschreiten, wenn er behaupten oder auch nur
vermuthen wollte, daß es gar keine nichtsinnliche
Dinge gäbe, daß alles bloß Natur wäre, daß
unsern sinnlichen Eindrücken gar kein Etwas,
als ein Ding an sich selbst zum Grunde läge,
kurz, daß er selbst so allbefassend wäre, daß seine
Art, sich die Dinge vorzustellen, die einzig mög=
liche, und daher alles, was außerhalb der
Sphäre seiner Erkentniß läge, gar nichts wäre.
Also kann sich zwar unser Verstand mit allen sei=
nen Begriffen nicht über die Sphäre der Sinn=
lichkeit hinauswagen, sondern außerhalb dieser
Grenze ist für ihn ein völliges Leeres, aber eben
indem er sich diese Grenze sezt, so giebt er es zu=
gleich selbst als ein Problem auf, ob nicht außer=
halb dieser Grenze noch ein unendliches Feld von
nichtsinnlichen Gegenständen vorhanden sey. Nun
kann er zwar dieses Problem nicht in der Art
auflösen, daß er im Stande wäre, das Daseyn
und die Möglichkeit, geschweige dann die Be=
schaffenheit nichtsinnlicher Gegenstände zu be=
weisen. Allein wofern etwa gewisse nothwendige
Zwecke der Menschheit vorhanden sind, die nicht
anders erreicht werden können, als unter der
Voraussezzung, daß es nichtsinnliche Gegenstände
gebe; so gewinnen wir durch die oberwähnte
Grenzbestimmung den großen Vortheil, daß
dieser

dieser Voraussezzung gar nichts im Wege steht, und
daß kein Mensch in der Welt im Stande ist, uns diesen Glauben vom Daseyn solcher nichtsinnlichen Gegenstände durch irgend einen auch nur scheinbaren
Grund zweifelhaft zu machen.   So können wir
z. B. das Daseyn des höchsten Wesens und die
Unsterblichkeit unserer Seele zwar auf keine Art
beweisen, allein unser ganzes practisches Interesse
fordert uns unausbleiblich auf, beide Lehren als
ungezweifelte Wahrheit vorauszusezzen, und sie
also fest zu glauben.   Denn sonst müsten wir
allen moralischen Gesezzen ihren ganzen Effect
und Nachdruck absprechen,   und sie als bloße
Hirngespinste ansehen.   Dieses aber hieße eben
so viel, als die ganze Würde der Menschheit
zernichten, denn ohne Befolgung der moralischen
Gesezze findet nicht nur keine menschliche Glückseligkeit Statt, sondern ohne sie sind wir nicht
einmal würdig, glücklich zu seyn, ja nicht würdig des Vorrechts, Vernunft zu haben.   Also
hängen die moralischen Gesezze nicht nur mit unserer Glückseligkeit, sondern unmittelbar mit dem
ganzen Werthe der Menschheit, folglich mit unsern höchsten nothwendigsten Zwecken so genau zusammen, daß wir sie nicht aufheben können, ohne
uns vor uns selber verabscheuungswürdig zu werden.   Aber eben so genau hängt daher mit demselben auch unser Glaube an Gott und an ein
künftiges Leben zusammen, und wir sind hiebey
gesichert, daß keine Speculation in der Welt im

Stande

Stande ist, uns diesen Glauben mit irgend einem Scheine der Gründlichkeit verdächtig zu machen, denn ohne noch die Trugschlüsse in den Einwürfen wider diese Lehren aufgedeckt zu haben, können wir schon a priori mit der größten Zuverläßigkeit zum voraus wissen, daß dergleichen wirklich in ihnen vorhanden sind.

e) Allein wenn wir gleich zureichende subjective Gründe haben, gewisse nichtsinnliche Gegenstände vorauszusezzen und zu glauben, ohnerachtet ihr Daseyn aus objectiven Gründen gar nicht bewiesen werden kann; so können wir gleichwohl keinem von unsern Begriffen, in seinem eigentlichen Sinne genommen, auf dieselben anwenden, und uns also gar nicht rühmen, daß wir die mindeste Erkentniß davon haben, wie sie an sich beschaffen seyn mögen, sondern alles, was uns hier übrig bleibt, besteht bloß darin, daß wir ihr Verhältniß gegen die sinnlichen Dinge analog nach den Verhältnissen, welche sinnliche Dinge gegen einander haben, zu bestimmen suchen. So würden wir z. B. uns eines groben Anthropomorphismus schuldig machen, wenn wir dem höchsten Wesen einen Verstand und Willen in der Bedeutung zuschreiben wollten, in welcher wir diese beiden Wörter allein gebrauchen können. Denn wir kennen keinen andern Verstand und Willen, als den unsrigen, der an die Natur der Sinnlichkeit gebunden ist, aber einen Verstand

stand und Willen von dieser Art dem höchsten
Wesen beilegen, und von ihm sagen, daß es
denkt, urtheilt und begehrt, wie Menschen denken, urtheilen und begehren, dieses hieße offenbar, die Gottheit nach der Natur des Menschen
formen.   Eben so wenig können wir vom höchsten Wesen im eigentlichen Sinne sagen, daß es
die Ursache der Welt sey.   Denn unser Begriff
der Ursache zeigt allemal etwas in der Zeit Vorhergehendes an, auf welches die Wirkung folgt,
ein Vorhergehen in der Zeit aber findet bey Gott,
als einem nichtsinnlichen Wesen, gar nicht Statt.
Wenn wir daher z B. sagen: Gott ist allwissend;
so ist der Begriff, den wir uns hievon machen
können, bloß dieser: das, was wir in Gott All-
wissenheit nennen,   verhält sich zu allen Eigenschaften, die jedes mögliche Ding an sich selbst
besizzet, so, wie sich das menschliche Wissen zu
den sinnlichen Dingen verhält.   Eben so ist der
Begriff,   den wir uns von der Liebe Gottes
machen können, bloß dieser: das, was wir in
Gott Liebe nennen, verhält sich zur Wohlfarth
des ganzen menschlichen Geschlechts, wie die Liebe
der Eltern zum Wohl ihrer Kinder.   Auf gleiche
Art ist der Begriff, den wir uns davon machen
können, daß Gott die Ursache und der Regierer
der Welt ist, nur dieser: das höchste Wesen
verhält sich zur Welt, wie z. B. eine Uhr zum
Künstler, der sie verfertigt, oder wie ein Land
zu seinem Regenten.   Eben so, wenn wir die

Dinge

Dinge an sich selbst Substanzen, oder die Ur=
sache von denen Eindrücken, die sie auf unsere
Sinnlichkeit machen, nennen wollen, so können
wir darunter nichts weiter verstehen, als dieses:
sie verhalten sich zu den Eigenschaften, die ihnen
an sich zukommen, wie in den Erscheinungen
das Beharrliche zu dem, was in ihm wandelbar
ist, und zu den Eindrücken, die sie auf unsere
Sinne machen, wie unter sinnlichen Dingen
das, was vorhergeht, sich zu demjenigen ver=
hält, was auf jenes allemal nothwendig folgt.
Auf diese Weise wissen wir also davon, wie so=
wohl das höchste Wesen, als irgend ein anderes
Wesen an sich selbst beschaffen seyn möge, in
der That nicht das mindeste, aber wir wissen
doch davon wenigstens das, was es für uns ist,
und mehr ist uns auch nicht nöthig.

3) Alle synthetische Grundsätze unsers Verstandes, ver=
mittelst welcher wir von Gegenständen zu urtheilen
vermögend sind, sind genau diejenigen, welche ihre
obige Tafel angiebt, und wir kennen also nun=
mehr a priori die ganze Grundlage aller Erkent=
nisse, deren unser Verstand fähig ist. Es trete da=
her jemand mit irgend einer metaphysischen Behaup=
tung auf; so kann man nunmehr bey der Prüfung
derselben ohne viele Umschweife verfahren. Denn
man darf nur vor allen Dingen erst fragen, auf
welchen Grundsatz eine solche Behauptung gebauet
worden. Ist dieser nicht unter der Zahl der ange=
führ=

führten allein möglichen Grundsätze unsers Verstandes
befindlich; so kann man schon hieraus mit Zuverläßigkeit und apodictisch schließen, daß alle für die Behauptung gegebene Beweise fehlerhaft sind.

4) Alle diese Grundsätze unsers Verstandes aber haben nur in so fern objective Gültigkeit, in so fern
von ihnen die Möglichkeit der Erfahrung abhängt,
mithin ist ihr Gebrauch bloß auf das Gebiet möglicher Erfahrung eingeschränkt, und sie dienen bloß
dazu, den nothwendigen Zusammenhang der sinnlichen Dinge unter einander zu bestimmen. Sie
sind also nichts anders, als die allgemeinen Regeln
oder Gesetze, denen jeder sinnliche Gegenstand unterworfen ist, und man kann daher mit Recht sagen, daß unser Verstand, anstatt seine Grundsätze
von der Natur erst abzulernen, vielmehr durch dieselben der Natur ihre Gesetze schon a priori vor-
schreibet, und daß er also die wahre Gesetzgebung
der Natur sey, so daß ohne diese Grundsätze unsers
Verstandes alle Regelmäßigkeit und Ordnung zwischen den sinnlichen Dingen, mithin die Möglichkeit der Erfahrung selbst wegfallen würde. So
bald wir uns daher mit den Grundsätzen unsers
Verstandes über die Natur hinaus zu nichtsinnlichen
Gegenständen erheben wollen; so ist dieses ein Mißbrauch derselben, den wir durch nichts zu rechtfertigen im Stande sind. Dieses ist auch schon aus
ihrem nähern Anblicke selbst klar. Denn zuerst ist
in jedem der benannten Grundsätze unsers Verstan-

des das Subject selbst ein sinnlicher Gegenstand.
Das Prädicat aber bezeichnet in jedem derselben
gleichfalls bloß einen sinnlichen Gegenstand. Denn
im Grundsatze der Quantität ist das Prädicat
ausgedehnte Größe: im Grundsatze der Qualität
das, was der Empfindung correspondirt. Die
Grundsätze der Modalität sind eigentlich bloße Erklärungen der Möglichkeit, Wirklichkeit, und Nothwen-
wendigkeit, und zeigen schon an sich an, daß diese
Begriffe bloß sinnliche Gegenstände bezeichnen können. Was die Grundsätze der Relation betrift;
so ist im Grundsatze der Substanzialität das Prädicat das Beharrliche und Wandelbare, folglich
etwas, was in der Zeit existirt; und im Grundsatze
der Gemeinschaft, Wechselwirkung zwischen sinnlichen Dingen. Im Grundsatze der Caussalität:
alles, was geschieht, hat eine Ursache, könnte es
zwar anfänglich scheinen, als ob das Prädicat:
Ursache, das von dem Subjecte ganz unterschieden
ist, auch auf nichtsinnliche Dinge gehen könnte.
Allein auch dieses findet nicht Statt. Denn der
Begriff der Ursache zeigt hier bloß etwas an, was
in der Zeit vorhergeht, mithin etwas, was selbst
eine Begebenheit, folglich ein Gegenstand der
Sinnlichkeit ist.

5) So wenig aber unser Verstand von nichtsinnlichen
Gegenständen sich irgend einen Begriff machen und
urtheilen kann; so wenig kann auch unsere Vernunft
auf irgend einen nichtsinnlichen Gegenstand schließen,
mithin

mithin kann uns kein Vernunftschluß auf neue Gegenstände führen, die außerhalb der Sphäre möglicher Erfahrung liegen, sondern alles, was wir durch
unsere Vernunftschlüsse ausrichten können, besteht
bloß darin, daß wir aus allen den mannigfaltigen
Erkentnissen, die uns unser Verstand von der Sinnenwelt liefert, so viel möglich, ein systematisches
vollständiges Ganzes zu machen suchen.   Denn in
jedem Vernunftschlusse enthält der Obersaz eine allgemeine Regel des Verstandes, im Untersaz subsumirt unsere Urtheilskraft einen gewissen Gegenstand
unter die allgemeine Bedingung dieser Regel, und
im Schlußsazze folgert unsere Vernunft hieraus, daß
das, was im Obersaz unter der gesezten Bedingung allgemein gesagt wurde, auch von dem Gegenstande gesagt werde, der nach dem Untersaz unter jener Bedingung enthalten ist.   Soll daher ein
Vernunftschluß nicht mit leeren Begriffen spielen, sondern uns ein Erkentniß von einem Gegenstande liefern, und also objective Realität haben; so muß
der Obersaz, als das Fundament desselben, selbst
objective Gültigkeit haben, folglich muß er nothwendig einer von den synthetischen Grundsäzzen des
Verstandes seyn, weil diese allein eine Beziehung
auf Gegenstände haben.   Nun aber bezieht sich in
jedem synthetischen Grundsazze des Verstandes das
Prädicat allemal bloß auf sinnliche Gegenstände.
Da nun das Prädicat, welches der Schlußsaz vom
Gegenstande sagt, eben dasselbe ist, welches der
Obersaz vom Subjecte sagt; so muß jeder Gegen-

stand,

stand, von welchem uns der Schlußsaz belehren
kann, nothwendig ein sinnlicher Gegenstand seyn.
Ferner muß das Subject des Schlußsazzes, nach
Vorschrift des Untersazzes, allemal unter der Bedingung enthalten seyn, unter welcher die Regel des
Obersazzes allgemein gültig ist.   Allein in allen
synthetischen Grundsäzzen des Verstandes ist die
Bedingung ihrer allgemeinen Gültigkeit allemal eine
Zeitbestimmung, als das Schema aller Begriffe.
Also muß das Subject im Schlußsazze allemal unter der Zeitbestimmung bestehen,   und so erhellt
auch hieraus, daß es kein anderer, als ein sinnlicher Gegenstand seyn kann.   So ist es z. B.
schlechterdings unmöglich, durch irgend eine Reihe
von Vernunftschlüssen zu beweisen, daß es freye
Handlungen in metaphysischer Bedeutung gebe, d. i.
solche Handlungen, die nicht selbst wieder nothwendige Folgen vorhergehender Handlungen sind, imgleichen, daß eine oberste Ursache der Welt da seyn
müsse.   Denn in beyden Fällen müßte man im ersten Schlusse von dem Grundsazze ausgehen: alles,
was geschieht, hat eine Ursache, und so käme man
im Schlußsazze wieder auf eine Ursache.   Allein da
das Prädicat: Ursache, im Obersaz etwas bedeutet, was in der Zeit vorhergeht, mithin selbst wieder eine Begebenheit ist, so ist auch die Ursache,
auf welche der Schlußsaz führt, selbst wieder eine
Begebenheit, folglich etwas, was gleichfalls die
Wirkung einer andern Ursache ist.   Man mag
also, so viele Schlüsse auf einander häufen, als

man

man will; so bleibt man immerfort im Felde der Erscheinungen, oder im Gebiete der Sinnlichkeit, wo jede Ursache und Handlung, auf welche man kommt, eine neue Ursache oder Handlung vorausseßt, und man gelangt also nie zu einer solchen, die eine absolut erste, mithin keine Erscheinung, sondern ein nichtsinnlicher Gegenstand wäre Auf diese Weise ist also klar, daß die Vernunft durch ihre Schlüsse eben so wenig, als der Verstand durch seine Begriffe und Grundsäzze, uns über die Grenzen möglicher Erfahrung hinausführen kann, und daß sie also mit ihren Speculationen dem Verstande gar keine neue Objecte verschaffen kann, sondern sich bloß damit begnügen muß, die allgemeinen Naturkenntnisse, die uns der Verstand liefert, weiter zu bearbeiten, und sie, so weit es angeht, in ein vollständiges System zu bringen.

6) Alle Begriffe, die unsere Vernunft sich irgend von Etwas, was absolut unbedingt ist, machen mag, sind also bloße Ideen, deren objective Realität durch keine Art von Vernunftschlüssen erweislich ist. Denn in der Sinnenwelt ist alles bedingt, folglich gehört das absolut Unbedingte nicht zur Sinnenwelt, mithin müste es ein nichtsinnlicher Gegenstand seyn. Auf nichtsinnliche Gegenstände aber können uns, wie gezeigt worden, keine Vernunftschlüsse führen. Also ist jeder Begriff von etwas absolut Unbedingtem eine bloße Idee, deren objective Realität unerweislich ist.

P 3

7)

7) Also ist der Grundsaz: wenn das Bedingte gegeben ist; so ist auch das absolut Unbedingte gegeben,
nichts weiter, als eine subjective logische Maxime
der Vernunft, ihren Erkentnissen im Felde der Natur, so viel möglich, systematische Vollständigkeit
und Einheit zu verschaffen, und daher bey keiner
Erscheinung stehen zu bleiben, sondern vom Kleinern zum Größern, vom Größern zum Kleinern,
von Ursache zu Ursache, so weit als möglich, fortzugehen. Sobald man dagegen diesen Grundsaz
als einen metaphysischen betrachtet, und aus demselben auf die Möglichkeit und das Daseyn solcher Gegenstände schließet, die absolut unbedingt
sind, so sind alle diese Schlüsse dialectische Trugschlüsse, mit denen die Vernunft sich selbst täuscht.

8) Da nun die ganze speculative Cosmologie, Psychologie und Theologie bloß auf diesem Grundsaz
beruhet; so sind alle diese drey metaphysische Wis-
senschaften, so fern sie speculativ behandelt werden,
nichts weiter, als ein System von lauter Trug=
schlüssen. Da man auch ferner mit der Ontologie
bisher den stolzen Begriff verknüpft hat, daß diese
uns mit denjenigen Eigenschaften bekannt mache,
die jedem Dinge an sich selbst zukommen, aus der
ganzen Critik aber erhellet, daß wir von keinem
Dinge das mindeste wissen können, wie es an sich
selbst beschaffen seyn möge, sondern jedes Ding bloß
so kennen, wie es uns erscheint; so fällt auch die

Ou-

Ontologie, in der bisherigen Bedeutung genommen, ganz weg, und muß in eine bloße Analytik unserer Verstandesbegriffe verwandelt werden.

Auf diese Weise ist also die ganze Metaphysik, so fern sie auf speculative Art und dogmatisch behandelt werden soll, nichts weiter, als eine Metaphysik der Natur, und diese besteht aus zwey Theilen, nämlich aus der Analytik unserer Begriffe, die die Stelle der Ontologie einnimmt, und der rationalen Naturwissenschaft, oder Physiologie, welche die Grundsätze des Verstandes, mithin allgemeine Naturgesetze a priori bestimmt. Was dagegen die rationale Cosmologie, Psychologie und Theologie betrift: so findet von diesen gar kein dogmatischer Vortrag Statt, sondern eine bloße critische Aufdeckung der Trugschlüsse, in welche jeder Philosoph sich nothwendig verwickeln muß, wofern er hier etwas dogmatisch behaupten will. Indessen wird das, was in der Psychologie und Theologie die Speculation nicht leisten kann, durch die reine Moral ersezt, denn diese macht uns den Glauben an Gott und an ein künftiges Leben zu einer so dringenden Angelegenheit, daß niemand an diesen großen Wahrheiten zweifeln kann, ohne die wesentlichen Zwecke der Menschheit zu zernichten, und sich in seinen eigenen Augen verabscheuungswürdig zu werden. Es giebt also außer der Metaphysik der Natur noch eine Metaphysik der Sitten, die aus den practischen Principien der reinen Moral hergeleitet werden muß, und wenn dieses geschehen ist, so ist es das Geschäfte der speculativen Vernunft, die Begriffe von Gott

P 4

und

und dem künftigen Leben zu berichtigen, und vor aller
Einmischung sinnlicher Vorstellungen in Sicherheit zu sez=
zen. Was aber die rationale Cosmologie anlangt; so
zeigt sich hier das sonderbare Phänomen, daß die Ver=
nunft hier in offenbaren Widerstreit mit sich selbst geräth,
so daß der Thetiker und Antithetiker sich beide gleich bün=
dig widerlegen können. In den beiden ersten Antinomien
ist der Widerspruch ein wahrer Widerspruch. Denn eine
endliche oder unendliche Menge von Theilen in der Ma=
terie, imgleichen eine dem Raum und der Zeit nach be=
grenzte oder unbegrenzte Welt, sind insgesamt etwas
absolut Unbedingtes, mithin nichtsinnliche Gegenstände,
da doch Materie und Welt bloße Erscheinungen, mithin
sinnliche Gegenstände sind. Also ist hier ein Widerspruch
in den Begriffen selbst, und die Fragen über die Welt=
größe, den Weltanfang, und die Menge der Theile der
Materie fallen als bloße Chimären ganz weg. In den
beiden lezten Antinomien der Cosmologie aber ist der Wider=
spruch bloß scheinbar, und beruhet von beiden Seiten auf ei=
nem bloßen Mißverständnisse. Nämlich so fern unsere Hand=
lungen sich als Erscheinungen in der Sinnenwelt zeigen,
hat der Antithetiker allerdings Recht, daß sie so fern nicht
frey sind, sondern nothwendige Folgen vorhergehender
Handlungen seyn müssen, denn in der Sinnenwelt findet
gar keine Freiheit Statt, sondern hier ist alles Natur.
Betrachtet man dagegen diese Handlungen zugleich als
Wirkungen der reinen Vernunft, mithin als Eigenschaf=
ten eines nichtsinnlichen Gegenstandes, oder eines Dinges
an sich selbst, das gar nicht unter Zeitbedingungen
steht, so kann man mit dem Thetiker ohne Widerspruch
sagen,

sagen, daß eben diese Handlungen, die als Erscheinungen nothwendige Folgen unsers vorhergehenden sinnlichen
Zustandes sind, dennoch an sich als unmittelbare ursprüngliche Vernunfthandlungen gar nicht unter der Nothwendigkeit der Naturgesezze stehen, mithin völlig frey
seyn können. Eben so hat zwar in der ganzen Sinnenwelt das Daseyn einer jeden Ursache bloße hypothetische
Nothwendigkeit, allein hieraus folgt noch gar nicht, daß.
es nicht außerhalb der Welt ein absolut nothwendiges
Wesen geben könne, das sich zur Welt wie die Ursache
zur Wirkung verhält. Auf diese Weise muß also die speculative Vernunft in der Cosmologie, durch die critische
Aufdeckung der Trugschlüsse in den vier Antinomien, zeigen, daß, obgleich sie nicht vermögend ist, die Möglichkeit
der Freiheit und das Daseyn eines absolut nothwendigen
Wesens dogmatisch zu beweisen, sie dennoch aus eben dem
Grunde auch gar nicht im Stande sey, wider beide Behauptungen den geringsten gegründeten Einwurf und
Zweifel vorzubringen.

Auflösung der fünften Aufgabe. So deutlich es
auch schon der bloße Anblick der so vielen einander widersprechenden metaphysischen Systeme lehren kann, wie
sehr die Vernunft von jeher ihr Unvermögen gefühlet hat,
sich auf eine befriedigende Weise über die Grenzen der
Sinnlichkeit hinaus zu wagen; so schwer ist es ihr gleichwohl, den Hang hiezu zu unterdrücken, und sich zu
überzeugen, daß außerhalb diesen Grenzen gar keine Ent-
deckungen für sie zu hoffen seyn. Allein wir dürfen uns
hierüber gar nicht wundern. Denn der Grund dieses

un-

unwiderstehlichen Hanges, die Grenzen der Sinnlichkeit
zu überfliegen, liegt in der Natur unserer Vernunft
selbst. Als ein Vermögen zu schließen, d. i. aus gegebenen Urtheilen andere herzuleiten, kann sie mit den ursprünglichen Begriffen und Grundsäzzen des Verstandes
allein nicht zufrieden seyn, sondern sie muß schlechterdings
durch ihre Vernunftschlüsse die Erkentnisse, die aus jenen
Grundsäzzen möglich sind, so weit verfolgen, als es nur irgend angeht. Nun aber bleibt für sie, so lange das,
was sie durch ihre Vernunftschlüsse ausgemittelt hat, etwas bloß Hypothetisches oder Bedingtes ist, noch immer
die Frage nach der Bedingung desselben von neuem übrig.
Also findet sie das Ziel und Ende ihrer Fragen und
Schlüsse, die bey jedem Hypothetischen oder Bedingten
eben dieselben bleiben, bloß bey dem Absoluten, oder
Unbedingten. Auf diese Weise sieht sich unsere Vernunft
durch ihre eigene Natur aufgefordert, sich das Gesez
vorzuschreiben, in jeder Art der Vernunftschlüsse von Bedingung zu Bedingung so weit hinaufzusteigen, bis sie
auf etwas kommt, was absolut und unbedingt ist, und
so leitet eine jede mögliche Art der Vernunftschlüsse sie
ganz natürlich und unausbleiblich auf einen besondern Begrif des Absoluten oder Unbedingten, d. i. auf eine besondere Idee. Da es nun drey verschiedene Arten von
Vernunftschlüssen giebt, nämlich: categorische, hypothetische und disjunctive; so ist hieraus klar, daß es auch
nur drey Arten von Ideen, d. i. von nothwendigen Ver-
nunftbegriffen des Absoluten und Unbedingten geben
könne. In den categorischen Vernunftschlüssen verfolgt
die Vernunft die zusammengesezten Begriffe des Subjects

im

im Obersazze durch neue Prosyllogismen so lange, bis
sie auf den einfachen Begrif eines Subjects kommt, das
nicht weiter ein Prädicat anderer Subjecte ist.   Dieses
führt sie also auf die Idee eines absoluten Subjects, das
nicht ein Aggregat vieler, sondern eine absolute Einheit
ist.   In den hypothetischen Vernunftschlüssen geht die
Vernunft von der Bedingung im Obersazze durch Prosyllogismen so lange fort, bis sie in der Reihe derselben
auf eine solche kommt, bey der sie stehen bleiben kann.
Dieses führt sie also auf die Idee eines absolut Unbedingten in jeder Reihe gegebener Bedingungen.   In den disjunctiven Vernunftschlüssen sucht die Vernunft im Obersazze alle mögliche Prädicate auf, die etwa einem gegebenen
Begriffe zukommen können, um hernach durch Ausschließung
der übrigen, diejenigen zu bestimmen, die ihm nothwendig zukommen müssen,   mithin sezt sie zur wirklichen Bestimmung der Prädicate,   die einem gegebenen einge-
schränkten Begriff zukommen,   es als nothwendig voraus,
daß sie die ganze Summe aller möglichen Prädicate kenne.
Dieses führt sie also zur Idee von der absoluten Allheit
aller möglichen Prädicate.   Vermöge der ersten Idee
sieht also die Vernunft die absolute Einheit des Subjects
als die nothwendige oberste Bedingung eines jeden Subjects an,   in welchem Vielheit,   mithin Zusammensezzung
befindlich ist,   und da man unter dem Subject, wenn
man es metaphysisch für einen Gegenstand nimmt, eine
Substanz versteht;   so erzeugt sie sich hieburch die Idee
von einfachen Substanzen,   und schließt hieraus, daß
jede Substanz schon an sich einfach, oder ein Aggregat
von lauter einfachen Substanzen sey.   Und so macht sie
sich.

sich nicht nur die physiologische Idee von einfachen Ele-
menten der Materie, sondern auch vorzüglich die psychologische Idee von der einfachen Natur unsers denkenden
Selbst. Vermöge der zweiten Idee betrachtet die Vernunft die absolute Allheit und Vollständigkeit der Reihe
der Bedingungen als die nothwendige oberste Bedingung
eines jeden gegebenen Bedingten. Nun sezt erstlich jede
gegebene Zeit die ganze verflossene, und jeder gegebene
Raum den ganzen übrigen voraus. Daher macht sich
die Vernunft die erste cosmologische Idee von einem absolut gegebenen Weltganzen, sowohl dem Raume, als
der verflossenen Zeit nach. Ferner sezt jeder gegebene
Grad der Realität immer kleinere Zwischengrade voraus.
Daher macht sich die Vernunft die zweite cosmologische
Idee von der absolut gegebenen Vollständigkeit in der
Menge der realen Theile der Materie. Ferner sezt jede
gegebene Wirkung die ganze Reihe der vorhergehenden
Ursachen voraus. Daher macht sich die Vernunft die dritte
cosmologische Idee von der absoluten Vollständigkeit in der
Reihe der Ursachen. Endlich sezt jede Zufälligkeit der Existenz
noch immer eine neue Bedingung voraus. Daher macht
sich die Vernunft die vierte cosmologische Idee von einem absolut nothwendigen Wesen. Vermöge der dritten
Idee sieht die Vernunft die absolute Allheit aller möglichen Prädicate als die nothwendige oberste Bedingung
von jedem gegebenen Prädicate eines Subjects an. Da
man nun unter Prädicaten, wenn man sie im metaphysischen Sinne von Gegenständen sagt, Realitäten der
Substanz versteht; so macht die Vernunft sich endlich die
theologische Idee von einer Substanz, die alle und jede
Realitäten besizt.   So

So giebt es also bloß diese drey Arten von nothwendigen Vernunftideen, und in allen diesen drey Arten sieht die Vernunft das absolut Unbedingte als die oberste Bedingung an, zu welcher sie durch ihre Vernunftschlüsse nothwendig aufsteigen muß, wofern ihre Erkentniß von irgend einer Art des Bedingten systematische Vollständigkeit erlangen soll, und dieses ist allerdings richtig, indem leztere bey dem Bedingten, wo noch immer die Nachfrage nach einer weitern Bedingung übrig bleibt, nie erreicht werden kann. Da nun die Natur unserer Vernunft eben darin besteht, sich in jeder Art unserer Erkentnisse um systematische Vollständigkeit zu bewerben; so ist es ein nothwendiges Gesez unserer Vernunft, in ihren Schlüssen nie bey etwas Bedingtem stehen zu bleiben, sondern so lange fortzugehen, bis sie auf das absolut Unbedingte kommt, das die Reihe der Bedingungen vollendet. Allein eben hieraus erhellet, daß dieses Gesez, bis zum absolut Unbedingten aufzusteigen, nichts weiter, als ein Problem ist, das sich die Vernunft, da sie natürlicher Weise in ihren Erkentnissen systematische Vollständigkeit verlangt, um dieses Zweckes willen zu ihrer Befriedigung nothwendig aufgeben muß. Mithin hat die Idee vom absolut Unbedingten zwar allerdings vollkommene subjective Gültigkeit, denn sie ist auf keine Weise willführlich erdichtet, sondern die Vernunft bringt sie uns vermöge ihrer Natur selbst auf eine nothwendige und unvermeidliche Weise auf. Aber hieraus folgt noch nicht, daß es auch in der That absolut unbedingte Gegenstände gebe, und daß also die Idee von denselben auch objective Gültigkeit habe. Denn da die Vernunft sie bloß als ein regulatives Bedarf zur systematischen
tischen

tischen Vollständigkeit ihrer Erkentnisse erzeugt; so bleibt
es hiebey an sich noch ganz unentschieden, ob die Gegenstände unserer Erkentniß auch wirklich so beschaffen seyn,
daß für unsere Erkentniß von ihnen systematische Vollständigkeit zu erlangen sey.   Wenn daher die Vernunft
das absolut Unbedingte als einen Gegenstand ansieht, der
durch jedes gegebene Bedingte schon mitgegeben ist, und
sich auf diese Weise aus bloßen Begriffen den synthetischen
Grundsaz schafft: wenn das Bedingte gegeben ist, so ist
auch das absolut Unbedingte gegeben; so begeht sie einen
zwar sehr versteckten, aber dennoch unleugbaren Trug-
schluß, indem sie den Begriff des absolut Unbedingten,
den sie sich bloß zu ihrer Befriedigung als ein Problem
aufgab, um ohne weitere Deduction, d. i. ohne irgend
einen Beweis von der Befugniß hiezu, unmittelbar für
einen objectiv gültigen Begrif erkläret, der sich wirklich
auf Gegenstände bezieht.   Da indessen die Jdeen von
absolut unbedingten Gegenständen ein so unentbehrliches
Bedarf für unsere Vernunft sind, um den systematischen
Zusammenhang unserer Erkentnisse vollendet zu sehen; so
ist es ganz natürlich, daß auch der scharfsinnigste Philosoph nicht nur einen unvermeidlichen Hang zu jenem Trug-
schlusse in sich fühlen, sondern daß es ihm auch selbst
dann, wenn er die Täuschung desselben schon wirklich ein-
sieht, noch immer sehr schwer werden muß, sich von derselben gänzlich loszureißen.

So sind denn durch die Kantsche Critik alle
jene fünf Aufgaben über die Möglichkeit und die Grenze
reiner Vernunfteinsichten vollständig aufgelöst, aber auf
. eine

eine Art, wie es vielleicht kein Weltweiser vermuthet hat.
Nach ihr ist nun die Möglichkeit reiner Vernunfterkentnisse a priori, dergleichen die Metaphysik liefern soll,
festgestellt, allein sie erstrecken sich nicht weiter, als auf
die Sinnenwelt, mithin bloß auf die Bestimmung der
allgemeinen und nothwendigen Gesetze der Natur. Es
ist also zwar allerdings eine ganz apodictisch gewisse Metaphysik möglich, aber nicht eine solche, wie man bisher
geglaubt hat, die, nach der Anzeige ihres Namens,
über das, was jenseits der Physik, d. i. außerhalb den
Grenzen der Natur befindlich ist, dogmatisch urtheilen
soll, sondern die ganze mögliche Metaphysik, sofern sie
dogmatisch verfahren soll, ist nichts weiter, als eine Metaphysik der Natur. Der Ontolog giebt sich daher sehr
unrechtmäßig das stolze Ansehen, als ob er ausspähen
könne, wie jedes Ding, ohne Rücksicht auf unsere Sinnlichkeit, an sich selbst beschaffen seyn müsse; alles, was
er leisten kann, schränkt sich bloß auf die Zergliederung
unserer reinen Verstandesbegriffe ein. Der Psycholog
täuscht sich durch lauter Paralogismen, wenn er über
das, was uns unser innerer Sinn von unserm denkenden Ich
lehret, hinausgehet, und seine einfache unzerstörbare Natur zu
beweisen sucht. Der Cosmolog verfällt nicht nur bey
seinen Untersuchungen über die Weltgröße, den Weltanfang und die Menge der Theile der Materie in lauter Un-
sinn, er mag hierin behaupten, was er wolle, indem
er sich mit offenbaren Undingen beschäftiget, sondern er
giebt auch seinem Gegner jedesmal die Waffen zum gewissen Siege in die Hände, wenn er in den Fragen über
die metaphysische Freiheit unserer Handlungen und über

das

das Daseyn eines absolut nothwendigen Wesens den Beweis übernimmt, er mag ihn entweder für die Freiheit
und für ein nothwendiges Wesen, oder für das Gegentheil führen.   Der natürliche Theolog bildet sich endlich
vergebens ein, das Daseyn des vollkommensten Wesens
entweder aus dem bloßen Begriffe desselben, oder aus
dem Daseyn irgend eines Dinges überhaupt, oder auch
aus der bewundernswürdigen Ordnung und Zweckmäßigkeit, die im ganzen Naturreiche überall so auffallend her-
vorleuchtet, apodictisch herleiten zu können.   Denn die
Gewißheit vom Daseyn Gottes und eines zukünftigen Lebens beruhet nicht auf Speculationen, sondern sie ist
bloß ein Glaube, aber ein Glaube, zu welchem uns
unser ganzes practisches Interesse auffordert, ohne den
das ganze System der Sittlichkeit, mithin der ganze
Werth der Menschheit wegfiele.

Diesem zu Folge nimmt die Kantsche Critik alle metaphysische Systeme, die bis jezt vorhanden sind, ohne
Ausnahme, als Contrebande in Beschlag.   Also giebt
es nach ihr zur Zeit noch gar keine Metaphysik.   Und
diese Behauptung gründet sich nicht etwa auf bloße
Gründe der Wahrscheinlichkeit, oder auf ein muthmaßen-
des Meynen, sondern auf lauter apodictische Beweise a
priori, denn auf solche allein hat Kant seine ganze Critik aufgeführt.   Mithin ist es entweder apodictisch entschieden, daß alle bisherige metaphysische Systeme leere
Sophistereien sind, und daher eine gänzliche Reform der
Metaphysik schlechterdings nothwendig ist, oder man muß
zeigen, daß die Beweise der Vernunftcritik fehlerhaft
seyn,

seyn, und die apodictische Gewißheit nicht haben, die der Verf. ihnen zuschreibt.   Kurz: dieses wichtige und tiefsinnige Werk muß schlechterdings von Kennern geprüft, und zwar aufs strengste und genaueste geprüft werden. Das Resultat dieser Prüfung mag ausfallen, wie es wolle; so muß die Philosophie dadurch unausbleiblich gewinnen, ja ich getraue mir, zu sagen, daß die Critik des Verfassers selbst auf den Fall, wenn sie etwa die Probe nicht aushielte, dennoch in der Metaphysik Epoche machen, und unserer Art zu philosophiren wenigstens eine ganz neue Richtung geben würde.   Denn die Aufgaben, die sie einmal über die Möglichkeit objectiv gültiger Erkenntniße a priori, auf die Bahn gebracht, sind von der Beschaffenheit, daß jeder gründlicher Forscher der Wahrheit nothwendig auf eine befriedigende Auflösung derselben bedacht seyn muß.   Denn sonst wäre jezo der Scepticismus unwiderlegbar.   Gesezt also auch, die Auflösung, welche Kant gegeben, erhielte nicht den allgemeinen Beytritt der Weltweisen, so muß es nothwendig eine andere geben, folglich müßte jeder Philosoph sich in diesem Falle gedrungen fühlen, dieselbe aufzusuchen.   Und so ist nunmehr zu hoffen, daß, es sey auf dem Kantschen, oder irgend einem andern Wege, es doch endlich einmal zur völligen Entscheidung kommen werde, was wir eigentlich apodictisch wissen können, und wo dagegen unsere ganze speculative Philosophie aufhöre.

Soll aber durch die Vernunftcritik dieser wichtige Vortheil für die Philosophie entspringen; so wäre es,

mei-

meinem Bedünken nach, wohl ſehr zu wünſchen, daß
man ſich bey derſelben folgende Regeln zum unverbrüch-
lichen Geſezze machte: ·

1) Man verſchreie nicht, wie ſchon zum Theil geſchehen, das Werk des Verfaſſers, als eine zu weit
getriebene Grübeley, und als eine unnöthige, nur
verwirrende philoſophiſche Sprachneuerung. Denn
das wäre nicht Prüfung, ſondern eine Abfertigung,
die einestheils ein ſichtbarer Beweis wäre, daß
man den Verfaſſer nicht verſtehe, anderntheils aber
einen ſehr hohen Grad von Zuverſicht zu ſeinen einmal angenommenen Grundſäzzen verrathen würde,
eine Abfertigung, die um ſo beleidigender wäre,
da ſie einen Mann träfe, deſſen philoſophiſches Ge-
nie die gelehrte Welt ſchon längſt ſo ſehr geſchäzt, und
ein Gebäude, deſſen Aufführung die ſchärfſten und
mühſamſten Unterſuchungen durch eine Reihe von
Jahren erfordert hat.

2) Man klage nicht über den Mangel der Popularität, der den Unterſuchungen, welche die Critik
zum Gegenſtande hat, eigenthümlich zu ſeyn ſcheine.
Unterſuchungen, die man über die Möglichkeit unſerer Erkentniſſe ſelbſt, mithin über die erſten Gründe
derſelben anſtellt, müſſen natürlicher Weiſe ſchwer,
und daher Anfangs mit manchen Dunkelheiten um-
geben ſeyn. Aber ſie nur erſt von allen Seiten
durchgearbeitet, und zur völligen Entſcheidung gebracht!

bracht! Sie alsdenn nach und nach immer popu-
lärer zu machen, dürfte eben nicht ein sehr schwieri-
ges Unternehmen seyn. Wenn von Popularität
der Metaphysik die Rede ist; so kann man hier oh-
nehin nicht eine solche meynen, die es auch für den
gemeinen, ganz ungeübten Verstand wäre; denn
noch kenne ich keine Metaphysik, die auch für un-
philosophische Köpfe populär wäre, und im eigentlichen Sinne des Worts eine Volksmetaphysik
genannt werden könnte, und den Grund zu einer
solchen zu legen, hat auch Kant in seiner Critik
sich freylich nie zum Zwecke gesezt. Ein metaphy-
sisches System nenne ich populär, wenn es jedem
geübten Denker verständlich ist. Für diesen aber,
dünkt mich, muß das System der Critik, schon aus
dem Abriß, den ich davon gegeben habe, klar und
verständlich seyn.

3) Man appellire nicht, nach der immer mehr herr-
schend werdenden Mode unsers Zeitalters, an die
gesunde Vernunft, oder den gemeinen schlichten
Menschenverstand. Dergleichen Appellation; die
schon in jedem gesitteten Umgange Beleidigung ist,
ist es. um so mehr gegen Gelehrte, die eben über
die wichtigsten Gegenstände der Vernunft ernsthaft
und lehrbegierig nachforschen, und berechtiget sie
völlig zur Gegenappellation an den Gerichtshof der
gemeinen Höflichkeit und Bescheidenheit. Außer-

dem

dem aber ist sie allemal ein Beweis, daß der Cri-
tiker keine Gründe mehr vorzubringen weiß, und
zugleich nicht Lust hat, in den Gegenstand der Untersuchung tiefer einzudringen, denn getrauet er sich
noch, etwas Gründliches sagen zu können, so hat
er eine solche Zuflucht, die nur die Freistatt der
Unwissenheit und Bequemlichkeit ist, nicht nöthig.
Gesunder Verstand ist ein solcher, der richtig urtheilt.   Gemeiner schlichter Verstand ist der, der
ohne künstliche Regeln geradezu urtheilt.   Ob nun
beides Synonymen sind, überlasse ich dem Urtheil
eines jeden.   Wenigstens sind unsere bisherigen
metaphysischen Systeme nicht Producte des gemeinen schlichten Verstandes.   Wenn daher Kant den
Verdacht schöpft, daß sie Producte eines ungesun-
den, durch eine sophistische Dialektik verdorbenen
Verstandes sind, und das Gegründete dieses Ver-
dachts durch unmittelbare Zergliederung unsers Verstandesvermögens apodictisch zu beweisen sucht; so-
kann, dächte ich, die Berufung auf den gesunden
Menschenverstand wohl nirgends unschicklicher ange-
bracht werden, als bey der Beurtheilung eines
Werks, das eben damit umgeht, die Rechte des
gesunden Menschenverstandes gegen jede Sophisterey einer durch dialectische Künste verdorbenen Vernunft in Sicherheit zu stellen.

4) Man

4) Man abstrahire von allen bisherigen metaphysi=
schen Systemen, und prüfe die Vernunftcritik bloß
durch sie selbst, und nach ihrem eignen Verfahren.
Diese Regel muß ganz unausbleiblich beobachtet
werden, wofern nicht aus der ganzen Prüfung
ein eckelhaftes Schulgezänk und ein leerer Wort=
streit entstehen soll.   Denn da die Vernunftcritik
erst die Möglichkeit der Metaphysik untersucht; so
könnte wohl nichts widersinniger seyn, als
wenn der Prüfer seine eigene Metaphysik, die eben
von der Vernunftcritik bezweifelt wird, als ein
Richtmaaß zur Beurtheilung der leztern gebrauchen
wollte.   Will man daher den Werth oder
Unwerth der Vernunftcritik richtig beurtheilen; so
muß man bey der Beurtheilung eines jeden ihrer
Säzze sich immerfort erinnern, daß außer dem
Sazze des Widerspruchs jeder andere Grundsaz,
dessen wir uns hier bedienen wollen, eben zu denen
gehört, deren Gültigkeit erst durch die Vernunft=
critik entschieden werden soll.   Da nun die Ver=
nunftcritik selbst, ohne Rücksicht auf irgend ein
schon vorhandenes System, bloß durch unmittel=
bare Zergliederung unsers Vernunftvermögens
möglich ist; so gilt dieses aus eben dem Grunde
auch wiederum von der Prüfung derselben, mithin
ist kein anderer Weg hiezu möglich, als daß man
die von der Critik unternommene Zergliede=
rung des Vernunftvermögens Schritt vor Schritt
verfolget, und zusieht, ob sie vollständig, oder

Q 3   man

mangelhaft ſey. Hieraus aber iſt zugleich klar, daß eine gründliche Prüfung der Vernunftcritik eben ſo ſchwer, ja vielleicht noch ſchwerer ſeyn muß, als ſie ſelbſt, und daß alſo erſt oft wieder, holtes reifes Nachdenken über die Natur unſers Verſtandes nöthig iſt, wenn man ſich an eine gründliche Beurtheilung dieſes Werkes wagen will.

5) Man gehe geradezu auf den Hauptzweck des Werks, und prüfe daher nach der Reihe eine jede Auflöſung, welche die Critik von den oben ange, zeigten fünf Hauptaufgaben gegeben hat. Denn dieſe machen nicht nur ihren ganzen Endzweck aus, ſondern ſie ſind auch ihrer Natur nach ſo beſchaffen, daß jede folgende Auflöſung ſchon die Auflöſung der vorhergehenden Aufgaben vorausſezt. Eine zweck, mäßige Prüfung, die die Berichtigung und Erwei, terung der Wiſſenſchaft befördern ſoll, muß nie von Nebendingen anfangen, ſondern allemal gera, dezu das Fundament unterſuchen, auf welchem das Lehrgebäude aufgeführt iſt. Bey der Vernunftcri, tik aber iſt dieſes um ſo mehr nöthig. Denn in die, ſer iſt die ſynthetiſche Lehrmethode das ganze Werk hindurch mit ſolcher Strenge beobachtet worden, daß faſt durchgehends jeder einzelne Beweis völlig un, verſtändlich und einer kaum vermeidlichen Misdeu, tung unterworfen iſt, wofern man ſich nicht bereits

die

die ganze vorhergehende Ideenfolge des Verfassers
bekannt gemacht hat.   Daher könnte keine Arbeit
fruchtloser seyn, als wenn man seine Prüfung auf
einzelne aus dem Zusammenhange gerissene Behaup=
tungen richten wollte.

6) Da die Untersuchungen der Vernunftcritik bloß
speculativ sind, so verfahre man auch bey ihrer Prü=
fung bloß speculativ, und enthalte sich daher aller
Seitenblicke auf irgend ein Interesse.   Denn das
Resultat einer gesunden Speculation kann nie dem
wahren Interesse der Menschheit entgegen seyn. Je
mehr man daher bey speculativen Nachforschungen
von aller Rücksicht auf lezteres abstrahirt, desto un=
gezweifelter muß unsere Ueberzeugung werden, daß
das, was unser wesentliches Interesse angeht, auf
Stützen ruht, die keine speculative Spitzfindigkeit
erschüttern kann.   Wollte man dagegen das Inter=
esse schon in die Untersuchung selbst einflechten; so
würde man das Resultat derselben schon zum vor=
aus auf eine versteckte Art in sie hineinlegen,   und
die Beurtheilung würde also natürlicher Weise ein=
seitig und parteiisch werden.   Ich zweifele nicht,
daß die strenge Beobachtung dieser Regel manchem

Prüfer

Prüfer sehr schwer werden dürfte. Die Critik der reinen Vernunft ist ein Werk, das unser Interesse auf mannigfaltige Art angeht. Dieses Werk, das man, in Ansehung der Feinheit und Tiefe der darin enthaltenen Abstractionen, beinahe den Stolz der menschlichen Vernunft nennen könnte, ist gleichwohl die äußerste Demüthigung derselben. Es spricht ihr alles Vermögen, sich mit ihren Begriffen, Urtheilen und Schlüssen über das Feld der Sinnlichkeit hinaus erheben, und sich von irgend etwas, was kein Gegenstand möglicher Erfahrung ist, den geringsten Begriff machen zu können, gänzlich und zwar mit apodictischer Gewißheit ab, und erklärt daher alle bisherige metaphysische Systeme, sofern sie sich über gedachtes Feld hinausgewagt, für bloße Sophistereien. Für die Eigenliebe der menschlichen Vernunft, die so gern mit ihrem Allwissen groß thut, ist die Kantsche Critik also gar nicht schmeichelhaft, und dem Weltweisen, der sich im ruhigen Besitze seiner metaphysischen Lehrsätze schon gleichsam durch das Verjährungsrecht gesichert hielt, muß es natürlich befremdend seyn, denselben so ganz und gar für Usurpation erklärt zu sehen. Ausserdem scheint die

die Vernunftcritik auch unser practisches Interesse zu afficiren. Die Erkentniß Gottes, die
Freiheit des Willens, und die Unsterblichkeit
unserer Seele, sind die Grundpfeiler aller Religion und Sittlichkeit. Diese wichtige Wahrheiten apodictisch und aufs strengste zu beweisen,
ist daher für die Metaphysik, als die Grund-
wissenschaft der menschlichen Vernunft, beständ-
dig das Hauptziel gewesen. Die Vernunftcritik
aber erklärt nicht nur alle diese Beweise für
Trugschlüsse, sondern demonstrirt es zugleich,
daß die menschliche Vernunft zwar ganz unfähig
ist, diese Säzze zu widerlegen, aber sich
auch eben so wenig im Stande befinde, sie zu
beweisen. Sie zeigt daher, daß die Freiheit
des Willens in metaphysischer Bedeutung ein
Problem sey, das die Moral gar nicht afficirt,
indem für diese das Daseyn der practischen
Freiheit, das ein Erfahrungssaz ist, schon
völlig hinreicht, Gott und Unsterblichkeit aber
nicht Gegenstände des Wissens, sondern des
Glaubens sind, und zwar eines solchen, den
unser ganzes practisches Interesse voraussezt.
Die Vernunftcritik verändert also den Ort dieser wichtigen theoretischen Erkentnisse, und ver-

Q 5   sezt

sezt sie aus der Metaphysik in die reine Moral.   Sie hält nämlich die Moral für eine
practische Metaphysik, die eben so, wie die
theoretische Metaphysik der Natur, ganz unabhängig von aller Erfahrung, als eine reine
Vernunftwissenschaft a priori feststeht, mithin
apodictisch gewiß ist, deren Grundsäzze aber, da
sie aufs Thun gehen, Nichts seyn würden,
wenn sie ohne Effect wären, und aus diesem
Grunde Gott und ein künftiges Leben eben so
nothwendig voraussezzen, so nothwendig sie selbst
sind.   Die Veränderung, welche die Vernunftcritik in der Behandlung dieser großen Wahrheiten vornimmt, ist daher allerdings von solcher Wichtigkeit, daß unsere Weltweisen sich
billig beeifern müssen, dieses Werk in seinem
ganzen Zusammenhange auf das strengste zu prü-
fen.   Allein eben daher ist es um so nöthiger,
daß man gedachtes Interesse nicht in die Prüfung selbst einmische, sondern diese ganz unpar-
teiisch ohne Rücksicht auf jenes anstelle, um
desto sicherer auszumitteln, wohin jene Grund-
wahrheiten von Gott und unserer Seele eigentlich gehören, ob in die Sphäre unsers Wissens,
oder bloß in die unsers moralischen Verhaltens.

Hiezu

Hiezu kommt der Umstand, daß die Beurtheilung des erwähnten Interesse überhaupt noch zu
voreilig seyn würde, weil der Verfasser sein
System der reinen Moral, worauf hier alles
ankommt, noch nicht herausgegeben hat. So
viel ich einsehe, darf bey der Frage: ob Kant,
oder irgend einer von unsern beliebtesten Meta-
physikern Recht habe, der Moralist und Theologe
nicht im geringsten bekümmert seyn. Gesetzt,
das Kantsche System wäre unwiderlegbar, was
würden wir denn in diesem Falle in der That
verlieren? Hat man nicht das, was dasselbe
beweiset, schon von jeher empfunden, nämlich:
daß alle Versuche der Vernunft, sich über das
Feld der Erfahrungen hinaus zu schwingen, für
sie selbst noch immer unbefriedigend geblieben
sind? Wo ist denn der Philosoph, der uns mit
dem Innern der Dinge, wie sie ohne Beziehung auf unsere Empfindungen beschaffen sind,
bekannt gemacht, und uns z. B. einen Begriff
von dem eigentlichen Urstoff der Materie, oder
von der Art, wie ein Körper in den andern
wirken könne, gegeben hat? Wo sind denn die
metaphysischen Beweise für die Freiheit unsers
Willens, für die Unsterblichkeit unserer Seele,
und

und für das Daseyn Gottes, die eine unwider-
sprechliche apodictische Gewißheit mit sich führen?
Ist etwa Kant der erste Philosoph, der ihre
Bündigkeit bezweifelt hat? Zeigt nicht schon die
verschiedene Gestalt, unter welcher die Metaphysiker dieselben auftreten laßen, daß sie selbst die
Schwierigkeit fühlen, ihre Gründlichkeit einleuchtend zu machen? Wo ich nicht sehr irre,
so kann die Demüthigung, welche die menschliche
Vernunft durch die Kantsche Critik leidet, red-
lichen Forschern der Wahrheit eben nicht so ganz
neu und unerhört vorkommen, und das Eigenthümliche dieser Critik in Bestimmung der Grenzen unserer Vernunft besteht nicht etwa darin,
als ob ihre Grenzbestimmung selbst eine so ganz
neue und unerwartete Lehre wäre, sondern bloß
darin, daß sie dieselbe auf eine demonstrative Art
a priori aus der Natur unserer Vernunft selbst
zu beweisen sucht. Gesezt also, diese Demonstration wäre richtig, so wüßten wir nun das,
was unparteiische Forscher schon längst vermuthet haben, mit völliger Gewißheit, so wäre es
entschieden, daß auch die theoretischen Grund-
wahrheiten der natürlichen Religion nicht eine
Sache des dogmatischen Wissens, sondern eines

ver-

vernünftigen Glaubens sind, der aber eben so
fest steht, als die strengste Demonstration, weil
ohne ihn die ganze Bestimmung der Menschheit
wegfiele, und der nun zugleich den Vortheil
hätte, daß er wider alle speculative Angriffe, von
welcher Art sie immer seyn mögen, schon a priori
gesichert wäre, so hätte der Philosoph nun seine
feste bestimmte Anweisung, statt unnüzzer theore-
tischer Grübeleyen über hyperphysische Gegenstände,
vielmehr seine Nachforschungen außer dem Felde
der Natur desto sorgfältiger auf die Principien der
reinen Moral zu richten, und die natürliche Theologie aus diesen herzuleiten.   Und hängt nicht
dieses System selbst mit der Christlichen Religion
sehr vortreflich zusammen?   Wird die Göttlich-
keit und das Wohlthätige derselben hier nicht
desto einleuchtender, da es ein eben so unleug-
bares als merkwürdiges Factum in der philosophischen Geschichte ist, daß die gesunde und
richtige Gotteserkentniß, welche jezt die Welt be-
glückt, ein Kleinod ist, das wir keinen Speculationen grübelnder Metaphysiker, sondern
lediglich der Bekantmachung der unverbesserlich
reinen Sittenlehre des Christenthums zu verdanken haben?   Ist es erwiesen, daß selbst die natür-

liche

liche Erkentniß Gottes nicht auf Wiſſen, ſondern
bloß auf Glauben beruhet; ſo muß dieſes um ſo mehr
von der geoffenbarten gelten, ſo iſt auch erwieſen,
daß es ein ſehr armſeliger Eigendünkel des Ver-
nünftlers iſt, wenn er ſich für fähig hält, zuver-
ſichtlich zu entſcheiden, was dem vollkommenſten
Weſen anſtändig oder unanſtändig ſey, und was
für Rathſchlüſſe daſſelbe zum Wohl ſeiner Geſchöpfe
faſſen könne, oder nicht; ſo iſt es alſo auch erwieſen, daß alle metaphyſiſchen Einwürfe wider die
Geheimniſſe der Religion nichts weiter, als leere
Sophiſtereyen ſeyn können, mit ſo einer hohen
Mine von philoſophiſcher Weisheit ſie immer
auftreten mögen.